普通高校经济管理类应用型本科系列规划教材

安徽省一流教材建设项目成果

Strategic Management

战略管理

主编 向 隅 余呈先

中国科学技术大学出版社

内 容 简 介

本书在介绍战略管理基本理论的基础上，系统展现了战略管理从分析到选择再到实施与控制的全过程。在关键知识点辅以案例讲解，旨在帮助读者更好地理解和掌握战略管理这门学科的精髓。本书适合作为普通高校本科阶段工商管理类专业教材，也可作为 MBA 相关课程教材以及企业中、高层战略管理及决策人员的参考用书。

图书在版编目(CIP)数据

战略管理/向隅,余呈先主编. —合肥:中国科学技术大学出版社,2022.3
ISBN 978-7-312-05409-9

Ⅰ.战… Ⅱ.①向… ②余… Ⅲ.企业战略—战略管理—高等学校—教材 Ⅳ.F272.1

中国版本图书馆 CIP 数据核字(2022)第 039884 号

战略管理
ZHANLÜE GUANLI

出版	中国科学技术大学出版社
	安徽省合肥市金寨路96号,230026
	http://press.ustc.edu.cn
	https://zgkxjsdxcbs.tmall.com
印刷	安徽省瑞隆印务有限公司
发行	中国科学技术大学出版社
开本	787 mm×1092 mm 1/16
印张	14
字数	349 千
版次	2022 年 3 月第 1 版
印次	2022 年 3 月第 1 次印刷
定价	50.00 元

前　言

　　战略管理是企业管理领域的核心话题，是企业经营成败的关键。为了适应社会主义市场经济进一步发展环境下对应用型、复合型、创新型管理人才的需求，目前国内普通高校的工商管理类专业已经普遍开设了"战略管理"课程。

　　本书的特色主要体现在：以培养应用型人才为导向，以提升实践和创新能力为原则。考虑到学习本课程的一部分学生将来会参加注册会计师（CPA）考试，为给学生打下良好的知识基础，本书的内容和体系以CPA考试《公司战略与风险管理》科目中的战略管理部分为参照，在具体概念表述和有关知识阐述上努力与此书保持一致。为了使读者更加容易阅读、理解和思考有关知识，本书的另一个特色在于，所有章节的开篇和最后都辅以实际案例；在一些重要的章节之中也增加了案例，而且尽可能地选取了国内较新的本土化案例进行说明；在一些具体知识讲解后面随之辅以三言两语的简单实例更是不胜枚举，由此增加了本书的可读性。

　　当前市面上关于"战略管理"的图书汗牛充栋，让人眼花缭乱，难以取舍。作为普通高校工商管理类的专业核心课程教材，编者希望通过本书的编写，改善已有各类教材经常存在的理论性过强、语言表述拗口晦涩、案例纯粹照搬国外等缺陷。本书在介绍战略管理基本理论的基础上，系统展现了战略管理从分析到选择再到实施与控制的全过程。在关键知识点辅以案例，旨在帮助读者更好地理解和掌握战略管理这门课程的精髓。本书适用于普通高校本科阶段工商管理类专业使用，也可作为MBA学员以及企业中高层战略管理决策人员的参考用书。

　　本书由向隅和余呈先担任主编，由储平平和鲍璐担任副主编。具体编写任务分工如下：向隅编写第五、第六、第七章以及第一章的部分内容；余呈先编写第九、第十章；储平平编写第一、第二章；鲍璐编写第三、第八章；汪婷编写第四章以及第十章的部分内容。全书由向隅进行审稿和统稿工作，并对每章课后思考题进行了统一设计。

　　本书在体系设计和内容选取上，除了参考CPA考试指定的《公司战略与风险管理》一书外，还参考了罗玉明和刘莉芳主编的《企业战略管理》一书。本书具有特色的"蓝海战略"一章除了一些编者自己的理解和感悟外，总体上是W.钱·金（W. Chan Kim）和莫博涅（Mauborgne）所著《蓝海战略》一书知识的浓缩。当然，无论是国外翻译过来的著作还是CPA的考试用书，在语言表述上都存在明显的翻译痕迹，本书在编写时都尽可能地按照中国人的习惯进行了重新表述。在互联网技术日新月异的今天，本书在不少内容上还参考了很多网络资料如百度百科、知乎、简书等。除了案例部分注明出处外，还有不少内容由于各种原因无法注明出处，在此一并表示感谢。

　　作为安徽省高等学校省级质量工程"一流教材"建设项目的成果，本书在编写和出版过程中得到了安庆师范大学经济与管理学院和教务处各位领导的大力支持，尤其是

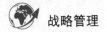

杨国才教授和潘锦云教授,他们对本书的编写给予了很多的关心和指导,我的同事赵亚娟博士为本书的编写提供了不少有益的思路,在此对他们表示衷心的感谢。

最后还要诚挚感谢中国科学技术大学出版社,本书在编写和出版过程中得到了出版社的鼓励和鼎力支持,感谢出版社相关编辑人员的辛勤工作。

由于编者水平有限,再加上战略管理涉及的知识面广、理论繁杂,而且有些具体概念和知识多有不同表述,本书内容难免出现不当之处,恳请专家、学者和读者批评指正。

编 者

目　　录

前言 ··· (ⅰ)

第一章　战略管理概述 ·· (1)
第一节　企业战略的概念、特征及原则 ································ (2)
第二节　企业使命与战略目标 ·· (5)
第三节　战略的层次与战略管理过程 ··································· (11)

第二章　企业外部环境分析 ·· (16)
第一节　外部环境分析概述 ··· (17)
第二节　宏观环境分析 ··· (18)
第三节　产业环境分析 ··· (25)
第四节　竞争环境分析 ··· (35)
第五节　企业外部环境的综合评价 ······································ (40)

第三章　企业内部环境分析 ·· (44)
第一节　企业资源与能力分析 ·· (45)
第二节　企业核心能力分析 ··· (49)
第三节　企业内部价值链分析 ·· (54)
第四节　企业内部环境的综合评价 ······································ (58)

第四章　总体战略 ·· (63)
第一节　总体战略的类型 ·· (63)
第二节　成长型战略的实现途径 ··· (76)
第三节　企业总体战略决策的方法 ······································ (85)

第五章　竞争战略 ·· (92)
第一节　成本领先战略 ··· (93)
第二节　差异化战略 ·· (98)
第三节　集中化战略 ·· (102)
第四节　零散产业与新兴产业的竞争战略 ····························· (104)

第六章　蓝海战略 ·· (110)
第一节　蓝海战略概述 ··· (110)
第二节　蓝海战略的制定 ·· (115)
第三节　蓝海战略的执行 ·· (122)

第七章　职能战略 ··(127)
第一节　营销战略 ···(127)
第二节　财务战略 ···(135)
第三节　其他职能战略 ··(144)

第八章　国际化经营战略 ··(151)
第一节　国际化经营战略概述 ···(152)
第二节　国际化经营战略的选择 ··(156)
第三节　国际化经营战略的实施与控制 ···(163)

第九章　战略实施 ··(167)
第一节　企业战略实施概述 ···(168)
第二节　战略实施与企业组织结构 ··(172)
第三节　战略实施的领导与资源配置 ···(185)
第四节　战略实施与企业文化 ···(188)

第十章　战略控制 ··(193)
第一节　战略控制概述 ··(194)
第二节　战略控制方法 ··(199)
第三节　战略变革管理 ··(206)

参考文献 ···(218)

第一章　战略管理概述

导入案例

海尔的发展之路

诞生于1984年的"海尔",是海尔集团家电主品牌。30多年来,海尔品牌始终站在技术革命的前列。

传统工业时代,海尔以优异的质量和服务创建产品品牌,成为中国家电知名品牌之一,随着海尔全球化品牌战略的实施,海尔连续10次蝉联"全球大型家用电器品牌零售量第一"(引自欧睿国际数据),成为当之无愧的全球知名家电品牌。

互联网时代,海尔创平台品牌。从传统家电企业转变为互联网企业,以人单合一价值引领为基础,通过"平台、小微"等组织结构变革,海尔实现了与上下游的关系从零和博弈变成利益共享共同体。

物联网时代,海尔从传统制造企业转型为共创共赢的物联网社群生态,率先在全球创立物联网生态品牌。现在的"海尔"在满足用户的最佳体验并与用户不断交互迭代的同时,构建了共创共赢的链群生态,实现生态圈内利益攸关方的不断增值。作为全球生态品牌引领者,海尔的链群生态,从为用户提供有竞争力的家电产品,迭代到向用户提供成套的智慧家电产品,再迭代到向用户提供成套的智慧家庭解决方案,最终为用户提供一个定制化的智慧生活方式。

从海尔U+、COSMOPlat、大顺逛等全球平台横空出世,到以用户体验为核心的全场景定制化"生活X.0"概念实现惊艳四座,快速迭代升级的生态品牌开启了海尔新的历史篇章。海尔U+智能生活平台融合了全球资源的开放式生态系统,包括食联生态、衣联生态、居住生态、互娱生态等物联网生态圈,在各种智能家居生活场景中为用户带来前所未有的智慧家庭生活体验,满足了用户对理想家的美好憧憬。整合全球技术资源的海尔高端制造平台COSMOPlat——全球唯一一个以用户为中心的工业互联网平台。在这里用户可以参与产品全流程设计,任何人都是设计者、发明家,定制自己的个性化美好"生活X.0"。

目前,海尔的生态圈已经形成了雄厚的社群基础,2018年,海尔智能产品的用户销量超过2.1亿台,实时在线用户数达到2800万,顺逛平台网络触点达到113万个,链接了数亿的用户资源。海尔品牌生态收入涨势强劲,达到151亿元,同比增长75%。在"万物互联"的物联网时代,以智慧家庭引领的海尔生态品牌将为全球用户带来越来越多的美好生活体验,成为全球生态品牌的引领者。

资料来源:海尔集团官网,https://www.haier.com/about_haier.

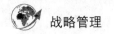

案例思考题

目前海尔进入了哪一发展阶段？其做出这一选择的依据是什么？

第一节　企业战略的概念、特征及原则

一、企业战略的概念

在中国，"战略"一词历史久远，原本是军事方面的术语。"战"指战争，"略"指谋略、施诈。所谓战略，是指对战争全局的筹划和指导，它依据敌对双方军事、政治、经济、地理等因素，照顾战争全局的各方面、各阶段之间的关系，规定军事力量的准备和运用。春秋时期孙武的《孙子兵法》被认为是中国最早的对战略进行全局筹划的著作。

战略后来泛指对全局性、高层次的重大问题的筹划和指导。譬如，1957年1月27日毛泽东在省市自治区党委书记会议上的讲话中强调："调动一切积极力量，为了建设社会主义。这是一个战略方针。"邓小平在《高级干部要带头发扬党的优良传统》一文中指出："我们一定要认识到，认真选好接班人，这是一个战略问题。"

战略的英文"strategy"一词，源于希腊语"strategos"，意为军事将领、地方行政长官，后来演变成军事术语，指军事将领指挥军队作战的谋略。

战略一词应用于工商企业管理领域，并迅速发展成为当代管理理论核心概念的历史并不长。1938年美国学者巴纳德(C. I. Bernad)在其著作《经理的职能》一书中，为说明企业决策机制，从有关企业的各种要素中产生了"战略"因素的构想，但该词并未得到广泛应用。1962年美国管理学家艾尔弗雷德·D.钱德勒(Alfred D. Chandler)在《战略与结构》一书中，将战略定义为"确定企业基本长期目标、选择行动途径和为实现这些目标进行资源分配"。这标志着"战略"一词被正式引入企业经营管理领域，由此形成了企业战略的概念。1965年美国经济学家安索夫(H. I. Ansoff)所著的《企业战略论》使用了"企业战略"一词并得到广泛关注和应用。

由于"战略"一词具有独特的理念、极强的实践性和鲜明的时代性，至今还没有形成关于"战略"统一、规范化的定义。下面介绍理论界具有代表性的几种观点。

(1) 战略是"终点"加"途径"的结合物。美国哈佛大学教授波特概括了20世纪60年代和70年代理论界对企业战略的各种看法，把企业战略的定义描述为"……战略是企业为之奋斗的一些终点与企业为达到它们而寻求的途径的结合物"。这种观点强调了战略的计划性、全局性和长期性等内在属性。

(2) 战略是一种意图。"战略是一种意图"是哈默尔和普拉哈拉德关于战略含义的著名论断。所谓意图，是指一种最终追求的目标。意图虽然仅仅是一种直觉或愿望，并不具体明晰，当然更谈不上完善，但它却扮演了"罗盘"的角色。在充满高度不确定性和存在大量偶然性的现实商业环境中，在变化越来越快的市场上，即使是最好的战略也不可能给企业一个完全确定的既定路线。因此他们认为，作为指引方向和导航的"罗盘"，远比具体而详尽的"地图"重要得多。这种观点着重强调了战略在企业经营中发挥方向性作用的内在属性。

(3) 战略是一个应急过程。明茨伯格和沃特斯指出，合适的战略制定与决策过程，依赖于环境波动的程度,一个好的战略应该能够给企业多种选择,并配有相应的应急措施。企业可以对这些选择做出清晰的权衡,同时又能适应市场上迅速发生的变化。为了提高应急能力,企业应该把自己锤炼成为"自组织""自适应"的组织。

对于"自组织"的强调和推崇,成为20世纪90年代后期许多企业管理论著的主要特征。这些理论彻底放弃了机械式的战略模式和组织模式,代之以更激动人心和革命性的有机模式——自组织模式。自组织和自适应理论认为,战略规划的程序和结果都应该和现实紧密相连;组织的自发学习和创新,可以使企业更好地适应复杂多变的环境。因此,这种观点强调了战略的应变性、竞争性和风险性等内在属性。

关于战略的定义,明茨伯格还认为,从企业未来发展的角度来看,战略表现为一种计划(plan);而从企业过去发展历程的角度来看,战略则表现为一种模式(pattern);如果从产业层次来看,战略表现为一种定位(position);而从企业层次来看,战略则表现为一种观念(perspective);此外,战略也表现为企业在竞争中采用的一种计谋(ploy)。这是关于企业战略比较全面的看法,即著名的5P模型。

(4) 战略是计划和应变的组合。事实上,在实践中企业大部分战略是事先的计划和突发应变之策的组合。美国学者汤姆森指出:"战略既是预先性的(预谋战略),又是反应性的(适应性战略)。……战略制定的任务包括制订一个策略计划,即预谋战略,然后随着事情的进展不断对它进行调整。一个实际的战略是管理者在公司内外各种情况不断暴露的过程中不断规划和再规划的结果。"

通过梳理以上对企业战略的各种看法,我们认为,企业战略是为了适应复杂多变的经营环境,更好地实现企业经营目标而做出的全局性、长远性和方向性的谋划。它是企业合理配置资源的前提,是企业各项具体决策和行动的基础。

二、战略管理的含义及特征

广义的战略管理是指运用战略对整个企业进行管理,其代表人物是安索夫。安索夫最初在其1976年出版的《从战略规划到战略管理》一书中提出了"企业战略管理"这一概念。他认为,企业的战略管理是指将企业的日常业务决策同长期计划决策相结合而形成的一系列经营管理业务。

狭义的战略管理是指对战略的制定、实施、控制和修正进行的管理,其代表人物是斯坦纳。斯坦纳在他1982年出版的《企业政策与战略》一书中认为:企业战略管理是确定企业使命,根据企业外部环境和内部经营要素确定企业目标,保证目标的正确落实并使企业使命最终得以实现的一个动态过程。

由于目前居主流地位的是狭义的战略管理的概念,所以我们在书中采用了战略管理狭义的观点,认为战略管理是指企业确定其使命,根据组织外部环境和内部条件设定企业的战略目标,为保证目标的正确落实和实现进行谋划,并依靠企业内部资源和能力将这种谋划和决策付诸实施,以及在实施过程中进行控制的一个动态管理过程。

虽然不同企业的具体使命与目标千差万别,但是所有企业的战略管理都共享一个终极目标,即帮助企业不断取胜,在经营活动中创造和保持长期持久的竞争优势以及卓越优良的经营绩效。

从战略管理的含义中可以看出,企业战略管理具有以下主要特点:
(1) 全局性。企业的战略管理是以企业的全局为对象,根据企业总体发展的需要而制定的。它所管理的是企业的总体活动,所追求的是企业的总体效果。虽然这种管理也包括企业的局部活动,但是这些局部活动是作为总体活动的有机组成在战略管理中出现的。具体地说,战略管理不是强调企业某一事业部或某一职能部门的重要性,而是通过制定企业的使命、目标和战略来协调企业各部门自身的表现。对企业各部门绩效评价的基本依据是它们对实现企业使命、目标、战略的贡献大小。这样就使得战略管理具有全局性的特点。

(2) 长远性。战略管理中的战略决策是对企业未来较长时期(一般不少于5年)内,就企业如何生存和发展等进行统筹规划。虽然这种决策以企业外部环境和内部条件的当前情况为出发点,并且对企业当前的生产经营活动有指导、约束作用,但是这一切是为了更长远的发展,是长期发展的起步。从这一点上来说,战略管理也是面向未来的管理,战略决策要以经理人员所期望或预测将要发生的情况为基础。在迅速变化和竞争性的环境中,企业要取得成功必须对未来的变化采取预应性的态势,这就需要企业做出长期性的战略计划。

由于战略管理的着眼点是企业的未来而不是现在,是谋求企业的长远利益而不是眼前的利益,所以战略谋划一定要克服急功近利、目光短浅的行为。

(3) 纲领性。战略确定了企业的发展方向和目标,是原则性和总体性的规定,对企业所有行动能起到强有力的指引和号召作用。战略规划是对企业未来的粗线条设计,是对企业未来成败的总体谋划,而不纠缠于现实的细枝末节。

(4) 竞争性。竞争是市场经济永恒的话题。企业在进行战略决策时,应该以竞争为导向,并且考虑竞争对手的战略意图和选择,进而做出更加科学、更有针对性的战略选择。

(5) 风险性。战略管理是对企业未来发展方向和目标的谋划,而未来是不确定的。战略的制定、实施和评价都是一个复杂的系统工程,其效果取决于对各种因素的综合判断,对企业能力方面的要求很高。因此,战略必然带有一定的风险性。

三、战略管理的原则

一般认为,科学的战略管理通常是在以下原则指导下进行的。

(1) 适应环境原则。来自环境的影响力在很大程度上会影响企业的经营目标和发展方向。战略的制定一定要注重企业与其所处的外部环境的互动性和适应性。

(2) 全程管理原则。战略管理是一个过程,包括战略的制定、实施、控制与评价。在这个过程中,各个阶段互为支持、互为补充,忽略其中任何一个阶段,企业战略管理都不可能成功。

(3) 整体最优原则。战略管理要求将企业视为一个整体来处理,强调整体最优,而不是局部最优。战略管理不是片面强调企业某一个局部或部门的重要性,而是通过制定企业的宗旨、目标来协调各单位、各部门的活动,使它们形成合力。

(4) 全员参与原则。由于战略管理是全局性的,并且有一个制定、实施、控制和修订的完整过程,所以战略管理绝不仅仅是企业领导和战略管理部门的事。在战略管理的全过程中,企业全体员工都将参与。其中,战略规划主要依赖于高层管理者的决策和选择,而战略实施则要求各部门、各级人员的广泛参与和通力配合。

(5) 反馈修正原则。实务中,战略的实施过程通常需要分为多个阶段,以最终实现企业的整体战略目标。在战略实施过程中,无论是外部环境因素还是企业的资源和能力,都可能发生变化,甚至有时候这种变化是十分巨大的。因此,战略的制定和实施并不是一劳永逸的事情,企业只有不断地跟踪、反馈、修正,方能确保战略的适应性和有效性。

第二节　企业使命与战略目标

战略管理的关键,就在于决定企业的长期发展方向(到哪里去)以及如何朝着既定方向迈进(怎么去)。企业的使命(愿景)及其战略目标,就是要解决企业到哪里去的问题。这既是战略分析的终点,也是其出发的起点。简而言之,企业的使命(愿景)浓缩了企业存在的根本原因,共同决定和派生出具体的战略目标体系。

一、企业愿景与使命

(一) 愿景与使命的概念

愿景(vision),或译为远景、远见,在20世纪90年代企业管理领域盛行一时。所谓愿景,是由组织内部的领导层制定,借由团队讨论,获得组织一致的共识,形成大家愿意全力以赴的未来方向。通常来说,它更注重描述企业未来一定时期内的发展方向和期望达到的一种状态及境界。

而企业使命,是指企业在社会进步和社会经济发展中所应担当的角色和责任。使命阐明了企业的根本性质和存在的理由,说明企业的经营领域、经营思想,为企业目标的确立与战略的制定提供依据。

在现有的文献与实践研究中,对于愿景与使命两个名词的定义与关系并未达成共识。有人认为,使命高于愿景,更为长期和根本;也有人认为,愿景决定使命,因而使命服务于愿景;也有人将两者混淆,等同于一体。

由于企业愿景和企业使命都是对一个企业未来的发展方向和目标的构思和设想,都是对未来的展望、憧憬,所以人们很容易把两者理解为一个意思或一个概念。不同的企业,甚至在同一个企业内部,都经常出现企业愿景和企业使命互相通用或混用的现象。

考虑到愿景和使命两词在内涵上有诸多相似之处,并且此处阐述愿景和使命概念的目的是为企业具体战略目标的设定奠定基础,因此,本书在涉及这一概念时,选取"使命"一词作为标准表述,对愿景和使命两个概念之间的差异不做区分,仅仅把它们作为考察企业具体战略目标体系的基础与依据。

(二) 对使命内涵的理解

企业在制定战略之前,必须先确定企业使命。美国著名管理学家彼得·德鲁克认为,为了从战略角度明确企业的使命,应系统地回答下列问题:
(1) 我们的事业是什么?
(2) 我们的顾客群是谁?
(3) 顾客的需要是什么?
(4) 我们用什么特殊的能力来满足顾客的需求?
(5) 如何看待股东、客户、员工、社会的利益?
从上述问题中可以看出,企业使命一般包含以下内容:

1. 企业定位

必须把企业经营看作一个顾客满足的过程,而不是一个产品生产过程。所以,在确定企业生存目的时,应说明企业要满足顾客的某种需求,而不是仅仅说明企业要生产某种产品。

2. 经营哲学

企业经营哲学是对企业经营活动本质性认识的高度概括,是包括企业的核心价值观、一致认可的行为准则及企业共同的信仰等在内的管理哲学。

一个伟大的组织能够长久生存下来,最主要的条件并非结构形式或管理技能,而是我们称之为信念的那种精神力量,以及这种信念对于组织的全体成员所具有的感召力。首先,任何组织若想生存下去并取得成功,它就必须建立起一系列牢固的信念,这是一切经营政策和行动的前提。其次,必须始终如一地坚持这些信念,相信它们是正确的。最后,一个组织或企业在自己的整个寿命期内必须随时准备改变自身,以应付环境变化的挑战,但它的信念却不应当改变。

3. 企业形象

企业形象是指企业以其产品和服务、经济效益和社会效益给社会公众和企业员工所留下的印象,或者说是社会公众和企业员工对企业整体的看法和评价。

总之,使命足以影响一个企业的成败。明确企业的使命,就是要确定企业实现远景目标必须承担的责任或义务。彼得·德鲁克基金会主席弗兰西斯女士认为,一个强有力的组织必须要靠使命驱动。企业的使命不仅回答企业是做什么的,更重要的是为什么做,是企业终极意义的目标。崇高、明确、富有感召力的使命不仅为企业指明了方向,而且使企业的每一位成员明确了工作的真正意义,激发出内心深处的动机。

以下是一些国内外知名企业对自身使命的界定:

华为——聚焦客户关注的挑战和压力,提供有竞争力的通信解决方案和服务,持续为客户创造最大价值。

联想电脑——为客户利益而努力创新。

万科——建筑无限生活。

迪士尼——使人们过得快活。

荷兰银行——透过长期的往来关系,为选定的客层提供投资理财方面的金融服务,进而使荷兰银行成为股东最乐意投资的标的及员工最佳的生涯发展场所。

微软——致力于提供使工作、学习、生活更加方便、丰富的个人电脑软件。

索尼——体验发展技术造福大众的快乐。

惠普——为人类的幸福和发展做出技术贡献。

耐克——体验竞争、获胜和击败对手的感觉。

沃尔玛——给普通百姓提供机会,使他们能与富人一样买到同样的东西。

IBM——无论是一小步,还是一大步,都要带动人类的进步。

麦肯锡——帮助杰出的公司和政府更为成功。

(三)明确企业使命的重要性

彼得·德鲁克认为,使企业遭受挫折的最重要的原因,恐怕就是人们很少充分地思考企业的使命是什么。企业在制定战略之前,必须先确定企业使命,明确企业的经营思想,为企业目标的确立与战略的制定提供依据。事实证明,那些一代代经历各种变迁而成员依然紧密团结、走向辉煌的企业,都拥有一个全体员工共同高举的战略旗帜——企业使命。当大家齐心协力认准方向,拥有共同的信念和目标时,就会爆发出极大的能量,足以克服很多意想不到的困难。

一般来说,明确企业使命具有以下重要意义:
(1) 保持整个企业经营目的的统一性。
(2) 为配置企业资源提供基础或标准。
(3) 建立统一的企业氛围和环境。
(4) 明确发展方向与核心业务。
(5) 协调内、外部各种矛盾。
(6) 树立用户导向的思想。
(7) 表明企业的社会政策。
(8) 为企业提供持续稳健向上的框架。

(四)使命制定应该注意的问题

很多公司都有自己的使命陈述,可同样很多公司的使命都没有转化为公司的自觉行为,没有成为凝聚公司全体成员的感召和动力。其原因是多方面的,其中有两个方面尤为关键:一个是公司使命的合理性,另一个是公司的使命是否真诚。

1. 公司使命的合理性问题

使命不是随随便便写的。看看大多数公司的使命,都是些主观口号性的东西。使命的确立有其方法,但现在的管理教材在谈到公司使命的重要性时,都只谈使命的重要性,或举一些公司的使命陈述作为案例,没有讲述如何去确定适合公司的正确而合理的使命。

使命的形成是在主体和环境之间展开的,是要解决主体意愿和环境可能之间的矛盾,解决其可能性的问题,包括机会利用的可能性和机会实现的可能性。机会利用的可能性涉及环境的供需情况,机会实现的可能性涉及主体的利益包容情况。通过对各类信息的综合分析,了解需求的容许范畴,并对其做出可用与否和能用与否的检验,明确什么时间、什么空间、哪部分人群、干什么事最有意义、最符合客观环境的核心条件。只有既可用(物质性)又能用(能动性)的机会,才是切实的。由此形成的客体——使命,才有实际意义。

使命反映的是组织应当而且可以负有的重大社会责任。只有是组织能胜任而又能被环境所接纳的重大社会责任才能够形成组织的使命。对于特定企业来说,使命一定要有针对性。使命不是一成不变的,使命是一个历史的范畴、动态的概念,在不同时期有不同的内涵。

2. 使命是否真诚的问题

使命是发自组织内心的,是一种自觉的意识。而现在很多公司的使命是写给客户、员工和社会看的,只是为了装饰,不是老板或高层自觉的意识和行为。这种所谓的"使命"其实是虚假的使命,所以起不到应有的作用。

总而言之,一个公司的使命必须是组织能胜任而又能被环境所接纳的责任才是合理的,使命要符合所选择事业发展的趋势,而且使命的确立本身是自觉的、真诚的,并且公司所有的行为都是围绕公司的使命在进行,才能被客户、员工和社会所认可接纳,才能激励公司的员工为实现其使命而奋斗。

需要说明的是,如果一个企业必须要分开表述企业愿景和企业使命才能足以清楚地说明、设计企业未来的发展方向和目标,并对员工产生激励、导向作用,那就首先要在企业愿景和企业使命的概念及其区别上达成统一的理解和认同,尤其是要统一认清企业愿景和企业使命的差别在哪里。

二、企业战略目标

根据企业的使命,企业可以设计和建立具体的战略目标体系,从而帮助企业向着使命所指引的方向前进,保证企业使命的完成。显然,战略目标从企业的使命中派生,具有比较强的可操作性和可测量性。

企业制定战略目标,是为了使企业使命更加具体化,将企业总体的努力方向变成为各部门、各层次职工的行动准则。其结果不仅明确了企业的工作重点,而且提供了评价工作绩效标准。

(一)战略目标的概念

战略目标,是对企业战略经营活动预期取得的主要成果的期望值。战略目标的设定,同时也是企业使命的展开和具体化,是企业使命中确认的企业经营目的、社会使命的进一步阐明和界定,也是企业在既定的战略经营领域展开战略经营活动所要达到的水平的具体规定。

战略目标与传统的财务目标既有联系也有区别,中长期的财务目标可以视为战略目标的一部分。从企业经营的角度来看,需要建立两种类型的业绩标准:与财务业绩有关的业绩标准以及与战略业绩有关的标准。企业想要同时获得良好的财务业绩和良好的战略业绩,就要求管理层既建立财务目标体系(着眼于短期),又建立战略目标体系(着眼于中长期)。

典型的战略目标包括:在产品质量、客户服务或产品创新等方面超越竞争对手,建立技术上的领导地位,使整体成本低于竞争对手的成本,抓住诱人的成长机会,等等。

(二)战略目标体系

企业的战略目标是多元化的,既包括经济目标,也包括非经济目标。彼得·德鲁克在《管理的实践》一书中提出了8个关键领域的目标:

(1)市场方面的目标:应表明本公司希望达到的市场占有率或在竞争中达到的地位。

(2)技术改进和发展方面的目标:对改进和发展新产品,提供新型服务内容的认知及措施。

(3)提高生产力和效率方面的目标:有效的衡量原材料的利用,最大限度地提高产品的数量和质量。

(4)物质和金融资源方面的目标:获得物质和金融资源的渠道及其有效的利用。

(5)利润方面的目标:用一个或几个经济目标表明希望达到的利润率。

(6)人力资源方面的目标:人力资源的获得、培训和发展,管理人员的培养及其个人才能的发挥。

(7)职工积极性发挥方面的目标:对职工激励、报酬等措施。

(8)社会责任方面的目标:注意公司对社会产生的影响。

归纳起来,在企业使命和企业功能定位的基础上,企业战略目标一般可以按市场目标、创新目标、盈利目标和社会目标等四大内容展开。并且,每一个目标又可以作进一步分解。

1. 市场目标

一个企业在制定战略目标时最重要的决策是企业在市场上的相对地位,它常常反映了企业的竞争地位。企业所预期达到的市场地位应该是最优的市场份额,这就要求对顾客、对目标市场、对产品或服务、对销售渠道等做仔细的分析。

(1) 产品目标,包括产品组合、产品线、产品销量和销售额等。

(2) 渠道目标,包括纵向渠道目标,也就是渠道的层次;以及横向渠道目标,即同一渠道成员的数量和质量目标。

(3) 沟通目标,包括广告、营业推广等活动的预算和预算效果。

2. 创新目标

在企业中基本上存在着三种创新:技术创新、制度创新和管理创新。为树立创新目标,战略制定者一方面必须预计达到市场目标所需的各项创新,另一方面必须对技术进步在企业的各个领域中引起的发展做出评价。

(1) 制度创新目标。随着生产的不断发展,引起新的企业组织形式的出现。制度创新目标即对企业资源配置方式的改变与创新,从而使企业适应不断变化的环境和市场。

(2) 技术创新目标。这一目标将导致新的生产方式的引入,既包括原材料、能源、设备、产品等有形的创新目标,也包括工艺程序的设计、操作方法的改进等无形目标。制定技术创新目标将推动企业乃至整个经济广泛而深刻的发展。

(3) 管理创新目标。管理创新涉及经营思路、组织结构、管理风格和手段、管理模式等多方面的内容。管理创新的主要目标是试图设计一套规则和程序以降低交易费用,这一目标的建立是企业不断发展的动力。

3. 盈利目标

盈利目标的达成取决于企业的资源配置效率及利用效率,包括人力资源、生产资源、资本资源的投入-产出目标。

(1) 生产资源目标。在通常情况下,企业通过改进投入与产出的关系就可以获利。一方面,提高每个投入单位的产量;另一方面,在单位产量不变的情况下,成本的降低同时也意味着利润增加。

(2) 人力资源目标。人力资源素质的提高能使企业的生产率得以提高,同时还能减少由于人员流动造成的成本开支。因此,企业的战略目标中应包括人力资源素质的提高、建立良好的人际关系等目标。

(3) 资本资源目标。达成企业盈利目标同样还需要在资金的来源及运用方面制定各种目标,一方面,确定合理的资本结构并尽量减少资本成本;另一方面,则通过资金、资产的运作来获得利润。

4. 社会目标

现代企业越来越认识到自己对用户及社会的责任,一方面,企业必须对本组织造成的社会影响负责;另一方面,企业还必须承担解决社会问题的部分责任。企业重视社会责任关系并注意良好的社会形象,既为自己的产品或服务争得信誉,又促进组织本身获得认同。企业的社会目标反映企业对社会的贡献程度,如环境保护、节约能源、参与社会公益活动、支持社会福利事业和地区建设活动等。

(1) 公共关系目标。这一目标的着眼点在于企业形象、企业文化的建设,通常以提升公众满意度和社会知名度为目的。

(2) 社会责任目标。社会责任目标常常是指企业在处理和解决社会问题时应该或可能做什么,如在对待环境保护、社区问题、公益事业时所扮演的角色和所发挥的作用。

(3) 政府关系目标。企业作为纳税人支持着政府机构的运作;同时,政府对企业的制约和指导作用也是显而易见的。这一目标的达成往往会给企业带来无形的竞争优势。

在实践中,由于企业性质的不同,企业发展阶段的差异,战略目标体系中的重点目标往往会大相径庭。战略目标体系的另外一种构建方法,可以从业绩、能力和社会目标三个方面展开,如表1.1所示。

表1.1 企业战略目标体系

分类	目标项目	目标项目构成
业绩目标	财务稳定性	自有资本比率、现金流量比率、盈亏平衡点
	收益性	销售利润率、资本利润率、资产周转率
	成长性	销售增长率、利润增长率、资本扩张率
能力目标	综合	战略决策能力、集团组织、企业文化、品牌商标
	研发能力	技术创新能力、专利数量、新产品比率
	生产制造	生产能力、质量水平、合同执行率、成本降低率
	市场营销	市场开发能力、渠道利用能力、服务水平
	人事组织	核心员工保留率、人力资源开发能力
	财务能力	资金筹集能力、资金运用效率
社会目标	顾客	提高产品质量、降低产品价格、改善服务水平
	股东	分红水平、股票价格
	员工	工资水平、职工福利、能力发展
	社区	就业机会、环境保护、公益事业

(三) 战略目标的制定程序

战略目标既是使命的具体化,又是选择战略方案的依据,在整个战略决策过程中起到承上启下的作用。为使战略目标与战略方案有机地结合起来,制定战略目标必须遵循如下程序:

首先,根据环境预测和内部评估确定战略目标的期望水平。

其次,预测企业未来的战略绩效水平,并找出目标期望水平和未来预测水平之间的差距。

再次,探讨弥补差距的战略方案。

最后,综合调整各项战略,并修改对企业未来绩效水平的预测。经过调整和修订,如果期望水平与预测水平之间的差距可以得到弥补,期望的目标水平即成为战略目标。否则,就必须重新确定目标的期望水平。

第三节　战略的层次与战略管理过程

一、企业战略的层次

由于企业的战略目标是一个体系,企业战略不仅要说明企业总体目标以及实现目标的方法,也要说明企业每项具体业务以及每个职能部门的目标和实现目标的方法。因此,一般可以将企业战略分为三个层次:总体战略、业务单位(SBU)战略和职能战略。

(一)总体战略

总体战略又称公司层战略,是企业最高层次的战略。总体战略通常指对以下战略问题做出的决策和采取的行动:经营何种业务,进入哪些市场,如何实现各业务之间的战略匹配从而增强各业务的自身竞争力和企业总体业绩,如何分配公司资源,在何等程度上集权和分权,建立怎样的组织架构以及计划和控制系统。

总体战略考虑企业在何处竞争,常常涉及整个企业的业务结构、组织结构和财务结构方面的问题。

(二)业务单位战略

业务单位战略也被称为 SBU 战略或竞争战略,是在企业总体战略的制约下,指导和管理具体战略经营单位的计划和行动。企业竞争战略要解决的核心问题是,如何通过确定顾客需求、竞争者产品及本企业产品这三者之间的关系,来奠定本企业产品在市场上的竞争优势并维持这一地位。

业务单位战略考虑如何在选定的行业内进行竞争。对于一家单一业务企业来说,总体战略和业务单位战略是合二为一的;只有对多元化的企业来说,总体战略和业务单位战略的区分才有意义。

(三)职能战略

职能战略又称为职能部门战略,是按照总体战略或业务战略对企业内各种职能活动进行的谋划。职能战略是为企业战略和业务单位战略服务的,所以必须与企业战略和业务单位战略相配合。比如,企业战略确立了差异化的发展方向,要培养创新的核心能力,企业的人力资源战略就必须体现对创新的激励:要重视培训,鼓励学习;把创新贡献纳入考核指标体系;在薪酬方面加强对各种创新的奖励;给予创新型人才更多的晋升机会,等等。

职能战略考虑如何在职能部门内部分配资源以确保总体战略和业务单位战略的实现。由于各个职能部门任务不同,因此难以归纳出一般性的职能战略。

企业战略的层次如图 1.1 所示。

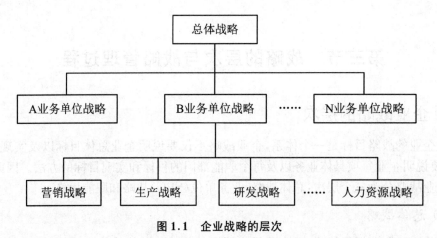

图1.1 企业战略的层次

二、企业战略管理过程

狭义的战略管理过程是战略分析、战略选择与战略实施及控制三个环节相互联系、循环反复、不断完善的一个动态管理过程。广义的战略管理过程还包括企业使命和战略目标的确定。

（一）战略分析

战略分析是整个战略管理流程的起点，对于企业制定何种战略具有至关重要的作用。战略分析的主要作用是明确"企业目前处于什么位置"。

有些战略学家认为，确定战略使命和目标的重要性大于对环境和资源的分析。这些战略学家指出，企业首先需要确定自己的目标，然后才是分析如何能够完成目标。而主流观点则认为，必须要在深入分析环境和竞争资源的背景下制定目标。例如，汽车制造商在确定目标之前，需要考虑市场的需求以及包括企业技术能力在内的资源问题，才能制定出一个具体且合乎现实的目标。

本书认同主流观点，认为战略分析主要包括以下内容：

其一，明确企业的使命和目标。必要时，在战略分析的基础上进行重新评估和修正，以使它们更加科学、更加具有指引和导向作用。

其二，外部环境分析。战略分析要深入了解企业所处的环境（包括宏观、产业、竞争环境等）的现状以及将要发生哪些变化，这些变化给企业将带来更多的机会还是更多的威胁。

其三，内部条件分析。战略分析还要深入了解企业自身所处的相对地位，具有哪些资源以及战略能力，与竞争对手相比，具有哪些突出的优势和劣势，以及这些优势能否继续保持，这些劣势通过努力能否得到扭转。

另外，战略分析还需要了解与企业有关的利益相关者的利益及期望，在战略制定、评价和实施过程中，这些利益相关者会有哪些反应，这些反应又会对组织行为产生怎样的影响和制约。

（二）战略选择

战略选择阶段所要解决的问题是"企业向何处发展"。狭义的战略选择包括总体战略、竞争战略和职能战略选择；广义的战略选择还包括使命和战略目标的选择，本书采用的是狭义概念。

1. 战略选择的目标

一个跨行业经营的企业战略选择应当解决以下基本的战略问题：

（1）总体战略的选择。包括企业的经营范围或战略经营领域，即规定企业从事生产经营活动的行业，明确企业的性质和所从事的事业，确定企业以什么样的产品或服务来满足哪一类顾客的需求。

（2）竞争战略的选择。企业在某一特定经营领域的竞争优势，即要确定企业提供的产品或服务，要在什么基础上取得超过竞争对手的优势。

（3）职能战略的选择。职能战略能够为企业提供发展能力，从而更好地实现企业的总体战略和竞争战略，最终顺利达成企业的使命和战略目标。职能战略首先要根据使命、战略目标、业务战略，考虑整体上的核心发展能力；为实现核心发展能力，又进一步考虑市场营销战略、技术研发战略、生产制造战略、人力资源战略和财务战略等。

2. 战略选择的具体步骤

（1）制定战略选择方案。根据不同层次管理人员介入战略分析和战略选择工作的程度，将战略形成的方法分为三种形式：

① 自上而下。先由企业最高管理层制定企业的总体战略，然后由下属各部门根据自身的实际情况将企业的总体战略具体化，形成系统的战略方案。

② 自下而上。企业最高管理层对下属部门不做具体规定，但要求各部门积极提交战略方案。

③ 上下结合。企业最高管理层和下属各部门的管理人员共同参与，通过上下级管理人员的沟通和磋商，制定出适宜的战略。

三种形式的主要区别在战略制定中对集权与分权程度的把握上。

（2）评估战略备选方案。评估备选方案通常使用三个标准：

一是适宜性标准，考虑选择的战略是否发挥了企业的优势，克服了劣势，是否利用了机会，将威胁削弱到最低程度，是否有助于企业实现目标；

二是可接受性标准，考虑选择的战略能否被企业利益相关者所接受。实际上并不存在最佳的、符合各方利益相关者的统一标准，经理们和利益相关团体的不同的价值观和期望在很大程度上影响着战略的选择；

三是可行性标准，对战略的评估最终还要落实到战略收益、风险和可行性分析的财务指标上。

（3）选择战略。此步骤指最终的战略决策，即确定准备实施的战略。如果用多个指标对多个战略方案的评价产生不一致时，确定最终的战略可以考虑以下几种方法：① 把企业目标作为选择战略的依据。② 提交上级管理层审批。③ 聘请外部机构。

（三）战略实施及控制

战略实施是战略管理过程第三阶段的活动，把战略制定阶段所确定的意图性战略转化为具体的组织行动，保障战略实现预定目标。新战略的实施常常要求一个组织在组织结构、经营过程、能力建设、资源配置、企业文化、激励制度、治理机制等方面做出相应的变化和采取相应的行动，同时也涉及对被实施的战略进行评估和对实施过程进行控制。

企业战略管理过程如图 1.2 所示。

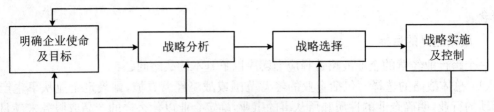

图 1.2 战略管理过程

课后案例

"修理"通用

在耐人寻味的自我检讨中,通用汽车(GM)正努力摆脱过去低效臃肿的生产线,试图以新面貌示人。就在 2010 年 1 月 21 日晚间,通用宣布今年将关闭欧宝位于比利时安特卫普的工厂,以进一步缩减成本。据了解,为了应对欧洲市场销量的放缓,欧宝正努力将产能削减 20%。

在关闭工厂、精简业务的同时,通用希望重新赢得消费者的信任。去年末播放的一则广告片中,通用董事长惠特克首次走到台前当起了代言人,号召消费者关注新通用公司。他对观众说道:再给通用一次机会吧。那么,通用能否顺利地脱胎换骨?

要了解通用重组的难度,就要先分析公司"从偶像变为败将"的原因。事实上,通用"熄火"的原因是多方面的。要知道,它一直是底特律最大的公司。通用的发展带着美国汽车市场的通病。美国虽然屡次遭遇能源危机,但是仍然沉迷于大排量高利润车型,对于小排量车型的研发和推进始终没有取得大的突破。

此外,为了拼命维持在美国市场的份额,通用在发展了 8 个不同品牌、60 款令人混淆的车型的情况下,还在不断地增加。对通用来说,随着品牌繁复而来的,还有过多的经销商。结果,各经销商之间开始互相打起了价格战,而不是与外部品牌竞争。销售的下滑使得经销商将两个或多个通用品牌放在一起售卖,进一步模糊了不同款型之间的定位。而为了维持每个经销商的销量,通用甚至抑制了通过互联网接受消费者订单的热情。

事实上,通用的问题还不止于此。它的福利成本太高了,公司需要为每辆汽车支付 1600 美元的"附加费"——主要包括医疗和养老金。此外,通用每年要支付 87 亿美元的工人工资,它直接或间接地提供了近 90 万个工作岗位。

处于如此窘境的公司通常都会缩小生产规模,但紧缩并不是通用可以做出的选择。它的工会协议规定,不管通用的销售或利润情况多么糟糕,如果它要关闭工厂或解雇工人,都会面临严厉的惩罚。无论公司是否盈利,都要保持工厂最低 80% 的运转量。即使生产线停工,通用也必须支付下岗工人的工资与丰厚的医疗及养老金。

在这种情况下,处于多重困境中的通用不得不申请破产重组。在通用汽车首席重组官、咨询公司 Alix Partners 副主席阿尔·科赫(Al Koch)眼里,"过去 20 年,通用一直在走下坡路。它既是时代的受害者,也是犯了战略错误的一家企业"。阿尔·科赫是企业重组老手,曾帮助美国连锁零售企业 Kmart 度过破产保护期。在通用汽车最有价值资产被剥离至新公司实体后,阿尔·科赫负责处理剩余资产。

"破产未必是坏事,长痛不如短痛。"阿尔·科赫称。于是,在短短 40 天内,通用经历了快速的重组行动,"包括破产文件的提交,拟定新的商业计划书,与工会、政府、债权人等相关利益方进行斡旋等",公司希望通过大刀阔斧的整合行动,使其臃肿的品牌组合与生产规模趋于合理。从重组结果看,新通用出售或剥离了部分品牌,只保留别克、雪佛兰、凯迪拉克和GMC四大品牌,将款式削减到30多种。同时,公司关闭了5家美国工厂,裁撤了全球近2万名员工,并削减了40%的经销商。在整个类似"休克疗法"的过程中,通用将甩掉共计790亿美元的债务。在这个基础上,公司计划从现在至2011年推出25个新款式。

阿尔·科赫表示,"从品牌来说,雪佛兰和凯迪拉克的利润可观,别克在中国市场相当成功,此外,别克与GMC(吉姆西)也不需要很大的资本投入。从经销商来看,精简后的经销网络充分考虑了区域客户的分布及每个经销商的平均销量"。

精简的工作还在继续。对瘦身后的新通用来说,尽管历史遗留的成本问题、工作制度及公司债务已大多在破产过程中被剥离,但这次史无前例的试验,仍可能留下不少后遗症。

就目前来看,通用做了一系列的努力,但能否起死回生,还取决于消费者是否愿意重新打开钱包。这很可能要等上几年的时间。事实上,在削减工厂和品牌、开发新品、加大宣传的表象下,公司最大的挑战还在于改变固有的思维方式。在罗兰贝格汽车项目负责人沈军看来,通用将重心转移到小排量或者新能源的研发,从方向上肯定是对的。但问题是,"整个美国汽车制造业的生产结构,高昂的人工和管理成本,才是通用的命门。这些光靠切换生产线是解决不了的。"

资料来源:http://www.21cbh.com/HTML/2010-2-1/164759_2.html.

案例分析题

1. 通用汽车面临哪些战略困局?
2. 假如你是通用汽车的战略管理人员,你会提出何种战略备选方案?

◆**本章思考题**

1. 企业使命的定位与陈述在博大宽广和细致精准之间应该如何平衡?如何判断企业的使命宣言与真实使命之间的差距?
2. 在学习过程中你觉得企业战略管理于企业而言,其价值到底体现在哪里?

第二章　企业外部环境分析

导入案例

昔日的手机霸主——诺基亚

曾经人手一部的诺基亚，因为拒绝了安卓系统而逐渐在时代的浪潮中掉队。当所有人都在担心诺基亚是否还"活着"的时候，这个昔日的手机霸主却靠着功能机闯出了一片天。根据 Counterpoint 的统计数据，诺基亚手机在 2020 年的销量达到 4660 万部，其中智能手机的占比仅为 17%。虽然在智能机市场的竞争力很弱，但在功能机市场，诺基亚是仅次于 iTel 的第二大品牌，市场份额达到 16%。

2G 时代的诺基亚毋庸置疑是市场的霸主，从 1996 年之后的 14 年间，诺基亚是横扫全球手机市场的存在。然而，曾经的辉煌和智能机时代的滑铁卢形成了最讽刺的对比，因为错过了安卓系统，诺基亚逐渐走下神坛。在备受好评的 Android 2.3.4 系统推出之后，诺基亚彻底失去了系统优势。

时至今日，诺基亚仍在尝试重返智能机市场。然而，无论是和微软联手，还是向安卓妥协推出 5G 手机，诺基亚始终没有在智能机市场掀起太大的浪花。在各大机构的统计中，诺基亚的市场份额甚至都可以忽略不计。

在这样尴尬的处境中，功能机成为诺基亚手机的救命稻草。从全球范围来看，虽然智能机的普及是不可阻挡的趋势，但由于各地经济发展的不平衡，以及通信基础设施建设的不完善，功能机仍有较大的市场。根据 We Are Social 的统计，截至 2019 年，在全球范围内，有高达 47.2% 的人口仍没有接触到移动互联网服务。这意味着，传统功能机面临着至少 34 亿人口的市场需求，这足以养活诺基亚等一众主打功能机的品牌。

曾经在 2G 时代，诺基亚推出了多款经典机型，比如诺基亚 5100、诺基亚 6280 等，承载了一代人的青春记忆。而在"卖身"HMD 后，诺基亚开始了疯狂的复刻之路，"情感牌"也让诺基亚收获了众多粉丝。比如诺基亚在 2020 年底推出了两款复刻经典机型，诺基亚 6300 和诺基亚 8000。从外观来看，这两款机型均重现了复古设计，但在功能方面又根据市场需求做出了创新，比如这两款手机均支持 4G，并支持浏览器、在线听书等实用功能。对于学生党、老人群体来说，诺基亚的复刻机型无疑是很好的选择。而且对于很多商务人士来说，诺基亚复刻机型的超长待机功能，也是成为备用机的加分项。从曾经的手机霸主，到如今靠情怀和功能机"维生"，诺基亚的选择虽然令人唏嘘，但也不失为一条出路。

资料来源：https://new.qq.com/omn/20210214/20210214A02IJS00.html。

案例思考题

诺基亚在智能手机时代走向没落的原因是什么？

第一节 外部环境分析概述

企业战略分析的对象又称为战略环境,是指对企业战略活动产生影响的各种因素的总和。企业战略环境可以分为外部环境和内部环境两大类。

企业与环境之间存在着密切的联系。企业与环境之间的基本关系,是在局部与整体的基本架构之下的相互依存和互动的动态平衡关系。因此,企业必须研究环境,主动适应环境,在环境中求得生存和发展。迈克尔·波特认为,竞争战略制定的实质就是确定一个企业与环境的关系。所以,企业从事生产经营活动,必须从环境的研究与分析开始。一般而言,企业的战略分析遵循先外部再内部、先宏观再微观的分析逻辑。

一、外部环境的含义及分类

企业的外部环境是指存在于企业外部的,影响企业经营管理活动及其发展的各种客观因素与力量的总和。外部环境一般是由短期内不为企业所支配的变量组成的,是企业不可控制的因素。

在管理学文献中,企业外部环境的特征一般可以概括为动态性、复杂性、不确定性和资源丰富性。其所涉及的指标众多,这些指标各有侧重,又有重叠,但基本上能够反映和覆盖环境的主要特点。根据外部环境因素对企业生产经营活动影响的方式和程度,假定企业位于一个圆圈的中心,按照由外向内的顺序,企业的外部环境主要包括宏观环境、产业环境两大类。

一般而言,处于最外层的宏观环境影响所有的行业与企业,但其影响通常并不直接与具体。相比较而言,企业所处的产业环境,也就是企业外部环境的"内层"部分,对企业影响相对更加广泛、深入、直接、持久。企业的外部环境结构如图2.1所示。

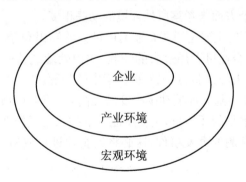

图 2.1 外部环境结构

二、外部环境分析的重要性

外部环境分析有利于企业更加科学地制定企业的战略,有效地做出各项经营决策,也有利于企业更好地识别和把握市场机会,及时规避各种潜在的环境威胁。

任何一个企业的战略设计,都离不开对外部环境的分析和洞察。外部的发展环境决定了企业生存和发展的土壤,也决定了企业发展的机遇和风险。社会的快速发展和信息技术的进步,导致了企业生存环境和竞争环境的快速变化,高绩效企业必须对所在环境保持高度的关注,并有能力根据环境的变化而动态调整自身的战略方向,进而趋利避害,保持企业发展的有利环境。

有竞争力的战略必然出自对决定产业吸引力的竞争规则的深刻理解。迈克尔·波特指出,战略是一个企业"能够做的"(即组织的优势和劣势)和"可能做的"(即环境的机会和威胁)之间的有机组合。外部环境分析的重点是识别和评价超出公司控制能力的外部发展趋势与事件。成功的战略必须将主要的资源用于利用最有决定性的机会。通过外部环境分析,企业可以很好地明确自身面临的机会与威胁,从而决定企业选择做什么。对外部环境的未来变化做出正确的预见,是战略能够获得成功的前提。

三、外部环境的整体衡量

为了使企业战略更好地适应环境的特点,企业必须确认环境的总体状况。分析和确认环境的总体状况,一是看环境的复杂性,二是看环境的动荡程度或稳定性。

(一) 外部环境的复杂性

外部环境的复杂性是指企业在进行外部环境分析时所应当考虑到的环境因素的总量水平。

一般说来,随着时代的发展,企业作为一个开放系统,它所分析的外部环境因素会有越来越多样化的发展趋势,因而企业所面临的外部环境会变得更加复杂。

例如,随着我国进一步对外开放和与世界经济的接轨,迫使很多企业在经营决策时需要加强对国际同行业者情况的了解,以及考虑生产要素在国际范围内的优化组合。而对这些因素的关注在相对封闭的经营环境中是不需要的。

(二) 外部环境的动荡程度

企业可以从以下两个方面来考察所处环境的动荡程度。

(1) 环境的新奇性。这主要是说明企业运用过去的知识和经验对这些事件的可处理程度。动荡水平低的环境,企业可以用过去的经验、知识处理经营中的问题;而动荡程度高的环境,企业就无法仅用过去的经验、知识处理经营中的问题。

(2) 环境的可预测性。随着环境动荡程度的提高,环境的可预测性逐渐降低,不可预测性逐渐提高。在高动荡水平的环境里,企业所能了解的只是环境变化的弱信号,企业环境中更多地存在着许多不可预测的突发事件,这必将给企业进行战略分析和战略决策带来更大的挑战。

第二节 宏观环境分析

宏观环境,又称一般环境,包括政治、法律、经济、社会文化、社会一般技术水平等要素。另外,宏观环境还包括自然环境,即一个企业所在地区或市场的地理、气候、资源分布、生态环境等因素。由于自然环境稳定性强,企业一般容易应对,因而正常情况下在战略分析时不作为重点研究对象。

宏观环境既可以为企业提供有利的契机,也可能给企业带来威胁和压力。环境的突变,会给企业经营环境带来巨大变化,而事实上这种突变通常难以预测和掌控。虽然在分析时企业的宏观环境基本上是给定的,但企业仍应加强对宏观环境变化的分析以期更好地应对机会与威胁。

以宏观环境及其变化会对企业产生什么影响作为出发点来考虑问题是非常重要的。其分析的意义在于评价这些因素对企业战略目标和战略制定的影响。这里需要强调的是,企业宏观环境虽然比较"大",但对企业战略的影响却是实实在在的。所以,我们在思想上绝不能对此有所忽视。为了更好地从总体上把握宏观环境分析的概貌,一个常用的工具就是PEST分析模型。这里的P代表政治和法律环境(political factors),E是经济环境(economic factors),S是社会和文化环境(social factors),T是技术环境(technological factors)。

一、政治和法律环境

政治和法律环境分析,是指企业对其经营所涉及的国家或地区的政治体制、政治形势、方针政策以及法律法规等方面对于企业战略的影响进行分析。

(一)政治环境分析

作为一般背景,政治环境因素影响所有企业,但不同企业所受影响程度会有所不同。具体来讲,政治环境因素分析包括以下四个方面:

(1)企业所在地区和国家的政局稳定状况。比如,很少有企业会选择到经常发生战乱或者政局不稳定的国家和地区去投资。

(2)政府行为对企业的影响。政府如何拥有国家土地、自然资源(例如,森林、矿山、土地等)及其储备都会影响一些企业战略。比如,航空业企业的经营活动必须在某种程度上受政治游戏的影响,因为两国之间的空港互相开放协议可能主要是政治博弈而非仅仅是出于经贸利益。

(3)执政党所持的态度和推行的基本政策。例如,产业政策、税收政策、进出口限制等,以及这些政策的连续性和稳定性。政府要通过各种法律、政策及其他一些旨在保护消费者、保护环境、调整产业结构与引导投资方向等措施来推行政策。

(4)各政治利益集团对企业活动产生的影响。一方面,这些集团通过议员或代表来发挥自己的影响,政府的决策会去适应这些力量;另一方面,这些集团也可以对企业施加影响,例如诉诸法律、利用传播媒介等。

(二)法律环境分析

现代企业,其所有权、雇佣关系以及各种经营活动,主要是以法律合同和契约来界定与维系的。在法律允许的范围内从事经营活动是企业经营的一个底线。企业需要熟知其法律环境,既要做到自律,减少不必要的纠纷与麻烦,也要善于用法律来保护自己。

一些政治因素对企业行为有直接的影响,但一般来说,政府主要是通过制定法律法规来间接影响企业的活动。影响企业战略性决策的法律法规有很多。全球绝大部分国家,已经成为或正在成为受各类法律监管的经济体。这些法律法规的存在有以下四大目的:

(1)保护企业,反对不正当竞争。

（2）保护消费者，这包括许多涵盖商品包装、商标、食品卫生、广告及其他方面的消费者保护法规。

（3）保护员工，这包括涉及员工招聘的法律和对工作条件进行控制的健康与安全方面的法规。

（4）保护公众权益免受不合理企业行为的损害。

法律环境因素分析主要是对以下因素进行分析：

（1）法律规范，特别是和企业经营密切相关的经济法律法规。例如，我国的公司法、中外合资经营企业法、合同法、专利法、商标法、税法、企业破产法等。

（2）国家司法机关和执法机关。例如，在我国主要有人民法院、人民检察院、公安机关以及各种行政执法机关。与企业关系较为密切的行政执法机关有工商行政管理机关、税务机关、物价机关、计量管理机关、技术质量监督机关、专利管理机关、环境保护管理机关、政府审计机关等。此外，还有一些临时性的行政执法机关，例如各级政府的财政、税收、物价检查组织等。

（3）企业的法律意识，是指在某个社会占主流的企业对法律制度的认识、态度和对法律的自觉遵循情况。这既跟一个社会法制健全程度有关，也取决于企业违法成本的大小。企业的法律意识，最终都会物化为一定性质的法律行为，并造成一定的行为后果，从而构成每个企业不得不面对的法律环境。

另外，跨国经营的企业还需同时关注国际法所规定的国际法律环境和目标国的国内法律环境。

政治和法律环境对企业经营环境或未来发展产生的影响，大致可分为以下三大类：

（1）所有权风险。企业或其资产可能被国家没收。

（2）经营风险。企业可能需要让本地企业参与项目，从而对经营决策产生不利影响，或者发生关键技术的泄密。

（3）转移风险。企业可能会受限于转移资金或返回利润的能力。

跨国企业可以采取措施来降低政治和法律风险。这些措施包括：

（1）在向某个国家投资前先进行详细的政治和法律风险评估。

（2）与其他企业一起执行项目以分散风险。

（3）分散投资，避免完全依赖某个国家。

（4）向本国政府寻求政治支持。

（5）与当地企业合作以提高项目的可承接性并寻求政治支持。

政治法律环境作为影响企业战略决策的因素，往往具有直接性、不可逆转性。政治法律环境一旦影响到企业，就会发生十分迅速和明显的变化，而企业是无法推卸和转移这种变化的。

例如，美国特朗普政府以减少贸易逆差、保护就业、国家安全等种种借口，对中国华为等企业进行各种打压，从而对有关企业战略意图的实现带来了很大负面影响，甚至对少数企业的持续经营带来了严峻的挑战。

然而，不管政体如何、政策如何偏好，一个关键的问题是一国政治活动以及政府政策的可预见性。跨国经营的企业要尽可能地理解政府运作的模式，并揣摩其政策的连续性和突变性的可能。比如，一家国外投资银行驻中国的首席经济学家就曾经一针见血地指出："我们不关心也无须关心政府政策的对错，我们只关心我们是否能够准确地预测政府政策的走向。只要我们预测正确,我们就能挣钱。"

二、经济环境

宏观经济的趋势同样决定了企业经营在微观层次上的活动空间和走向。经济周期的不同阶段,给企业提供不同的机会与威胁,影响企业所面对的需求与供给水平。政府对宏观经济的调控(比如,财政政策与货币政策),也会对企业产生巨大影响。具体而言,企业的经济环境主要可从社会经济结构、经济发展水平、经济体制、宏观经济政策、当前经济状况和其他一般经济条件等六个要素方面分析。

(一)社会经济结构

社会经济结构,是指国民经济中不同的经济成分、不同的产业部门及社会再生产各方面在组成国民经济整体时相互的适应性、量的比例以及排列关联的状况。社会经济结构主要包括五个方面的内容:产业结构、分配结构、交换结构、消费结构和技术结构。其中,最重要的是产业结构。例如,从三大产业的结构演变趋势来看,中国第三产业的比重将会日益向发达国家看齐,这预示着第三产业中孕育着巨大的发展机会。

(二)经济发展水平

经济发展水平,是指一个国家经济发展的规模、速度和所达到的水平。反映一个国家经济发展水平的常用指标有国内生产总值、国民收入、人均国民收入和经济增长速度。经济发展水平会对一个国家或地区的总体消费结构和水平产生影响。例如,中国从曾经的自行车王国迅速成为私家车逐渐普及的国家,就是国家整体经济发展水平不断提高的结果。

(三)经济体制

经济体制,是指国家经济组织的形式,它规定了国家与企业、企业与企业、企业与各经济部门之间的关系,并通过一定的管理手段和方法来调控或影响社会经济流动的范围、内容和方式等。例如,中国实行的是有中国特色的社会主义市场经济体制,这跟西方的经济体制存在明显不同。

(四)宏观经济政策

宏观经济政策,是指实现国家经济发展目标的战略与策略,它包括综合性的国家发展战略和产业政策、国民收入分配政策、价格政策、物资流通政策等。

(五)当前经济状况

当前经济状况会影响一个企业的财务业绩。经济的增长率取决于商品和服务需求的总体变化。其他经济影响因素包括税收水平、通货膨胀率、贸易差额和汇率、失业率、利率、信贷投放以及政府补助等。

(六)其他一般经济条件

其他一般经济条件及其发展变化趋势对一个企业的成功也很重要。一般工资水平、供应商及竞争对手的价格变化,会影响到产品的生产成本和服务的提供成本以及它们被出售的市场情况。这些经济因素可能会影响行业内竞争的激烈程度,也可能会延长产品寿命、鼓励企业用自动化取代人工、促进外商投资或引入本土投资、使强劲的市场变弱或使安全的市场变得具有风险。

三、社会和文化环境

企业既是经济实体,亦是社会实体,它必须顺应特定国家或地区的社会和文化特点及其发展潮流,寻求公众和社区的理解、接纳、包容与支持。除了法律等正式的制度约束之外,社会习俗、关系网络、人脉资源等软性的制度安排以及隐性关系与资本,同样对企业的经营产生重要影响,决定了其存在的社会合法性。

社会和文化因素的范围甚广,它们主要包括人口因素、社会阶层分布、生活方式变化、文化传统和价值观等。

(一)人口因素

人口因素包括企业所在地居民的地理分布及密度、年龄、教育水平、国籍等。人口因素对企业战略的制定具有重大影响。例如,人口总数直接影响着社会生产总规模;人口的地理分布影响着企业的厂址选择;人口的性别比例和年龄结构在一定程度上决定了社会的需求结构,进而影响社会供给结构和企业生产结构;人口的教育文化水平直接影响着企业的人力资源状况;家庭户数及其结构的变化与耐用消费品的需求和变化趋势密切相关,进而影响到耐用消费品的生产规模等。大型企业通常会利用人口统计数据来进行客户定位,并用于研究应如何开发产品。

对人口因素的分析可以使用以下一些变量:结婚率、离婚率、出生率和死亡率、人口的平均寿命、人口的年龄和地区分布、人口在民族和性别上的比例、地区人口在教育水平和生活方式上的差异等。

例如,中国独生子女一代需要肩负照料和赡养双方老人的重担,这需要社会化的支持与服务,对我国医疗、保险、社会保障、养老、家政服务等相关行业提供了广阔的发展空间与前景。

(二)社会阶层分布

社会阶层分布主要涉及社会的分层情况、各阶层之间的差异以及人们是否可在各阶层之间转换、人口内部各群体的规模、财富及其构成的变化以及不同区域(城市、郊区及农村地区)的人口分布等。

通过考察一个社会阶层固化程度、阶层转换的可能性和特定阶层规模的变化趋势,对于企业进行市场细分、产品定位及调整具有重要的意义。

例如,随着农民工进城而产生的住房、农民工子女教育等问题,一方面需要政府政策引导,同时也必然会给相关行业带来商机。

(三)生活方式变化

生活方式变化主要包括当前及新兴的生活方式和对时尚的追求。随着社会经济的不断发展和对外交流程度的不断提高,人们的生活方式也随之发生变化。人们对品质的要求会越来越高,对社交、自尊、求知、审美的需要更加强烈,这也是企业面临的机遇与挑战。

例如,大众在消费上对健康的关注使得绿色食品和非转基因食品受到欢迎,而一些有害身体健康的行业,如烟草,则面临日益萎缩的消费市场。而现代社会快节奏的生活方式催生了美团、饿了么等外卖平台的兴起。

（四）文化传统

文化传统是一个国家或地区在较长历史时期内形成的一种社会习惯,它是影响经济活动的一个重要因素。例如,一家食品公司应当了解伊斯兰国家的宗教背景、某个地区人们的偏好或哪些食品不大会被人们所接受。又比如,中国的春节、西方的圣诞节就为某些行业带来商机。

（五）价值观

价值观,是指社会公众评价各种行为的观念标准。不同的国家和地区,人们的价值观各有差异。例如,西方国家的个人主义较强,而日本的企业则注重内部关系融洽。随着国际交流的不断加深,不同文化的碰撞和融合导致社会价值观念日益趋向多元化,这为企业开展差异化经营提供了良好的基础。

四、技术环境

技术发展的突飞猛进,尤其是在信息技术、人工智能、基因工程等领域的革命,是当今世界的一个突出特色。数码技术对传统胶片相机和胶卷的取代,智能手机对非智能手机甚至家用电脑的替代,等等,都是技术进步导致的结果。即使曾经是行业领导企业,如果未能顺应技术进步的趋势,最终都会被市场无情地淘汰。

因此,即使是所谓的传统行业,也不能忽视一般技术水平及其变化趋势对企业产生的影响。社会一般技术水平在很大程度上决定了如何生产产品或提供服务、应使用哪些技术和设备以及应如何进行经营管理。例如,众多传统制造业企业利用工业机器人提升生产线的自动化水平,从而提升了生产效率,节约了人工成本,增强了产品的市场竞争力。

技术环境对战略所产生的影响包括：

（1）基本技术的进步使企业能对市场及客户进行更有效的分析。例如,使用数据库或自动化系统来获取数据,能够更加准确地进行分析。

（2）新技术的出现使社会和新兴行业对本行业产品和服务的需求增加,从而使企业可以扩大经营范围或开辟新的市场。

（3）技术进步可创造竞争优势。例如,技术进步可令企业利用新的生产方法,在不增加成本的情况下,提供更优质和更高性能的产品和服务。

（4）技术进步可导致现有产品被淘汰,或大大缩短产品的生命周期。

（5）新技术的发展使企业可更多关注环境保护、企业的社会责任及可持续成长问题,也使生产越来越多地依赖于科技的进步。

对宏观环境因素的汇总如图 2.2 所示。

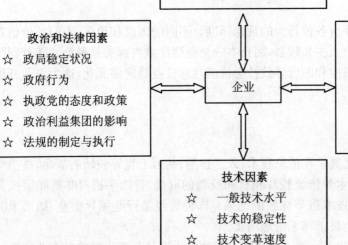

图 2.2　企业面临的主要宏观环境

单元案例

中国 3D 打印行业 PEST 分析

1. 在 P(政治法律环境)方面

国家鼓励"大众创业,万众创新",为 3D 打印的发展提供沃土;工业 4.0 背景下,国家出台《中国制造 2025》,3D 打印作为智能制造的一种,受到政策重视;2015 年 2 月,工信部、发改委、财政部联合发布《国家增材制造产业发展推进计划(2015—2016 年)》,明确提出到 2016 年,初步建立较为完善的增材制造(即 3D 打印)产业体系,整体技术水平保持与国际同步,在航空航天等直接制造领域达到国际先进水平,在国际市场上占有较大的市场份额。增材制造产业销售收入实现快速增长,年均增长速度 30% 以上。

2. 在 E(经济环境)方面

当前我国整体经济存在下行压力,传统制造业亟待转型升级;中国作为传统制造业大国,在发达国家"再工业化,制造业回流"以及发展中国家低成本优势显现的大背景下,加快发展 3D 打印是我国由制造大国迈向制造强国的有效途径之一。

3. 在 S(社会文化环境)方面

我国老龄化问题日益凸显,人口红利渐失,劳动力成本上升,亟待新型生产方式提高生产效率和效益,这为 3D 打印的发展提供动力;我国消费者个性化需求增多,3D 打印契合这样的趋势;2012—2013 年,受以美国为首的世界 3D 打印热潮席卷以及媒体和政府关注度的提高,中国 3D 打印热掀起,民众和企业对 3D 打印的认知度提高。

4. 在 T(技术环境)方面

国外 3D 打印相关技术专利陆续到期(FDM 为 2009 年到期,SLA 为 2014 年到期,DLP 为 2015 年到期),为我国发展 3D 打印提供一定的技术便利;目前传统制造方式已不能很好地满足人们在生产和生活方面日益增长的需求,3D 打印是一个很好的补充;此外,产学研结合更加紧密,"五大 3D 打印团队"都很好地将学校研究成果转化为产业价值。

资料来源:https://www.chyxx.com/industry/201603/400950.html.

案例思考题

中国 3D 打印企业的发展面临哪些机会和威胁?

第三节 产业环境分析

产业环境是指对处于同一产业内的企业都会发生影响的环境因素。波特教授在《竞争战略》一书中指出:"形成竞争战略的实质就是将一个公司与其环境建立联系。尽管相关环境的范围广阔,包括社会的,也包括经济的因素,但公司环境的最关键部分就是公司投入竞争的一个或几个产业。"与宏观环境不同的是,产业环境只对处于某一特定产业内的企业以及与该产业存在业务关系的企业产生影响。

产业环境与竞争环境既有联系又有区别,竞争环境在很大程度上可以看作产业环境偏微观的部分。产业环境与竞争环境的区别主要体现在以下两个方面:

首先,竞争环境是指企业在特定的区域市场和特定的产品范围内所面临的竞争动向。相比产业环境,竞争环境是对企业战略有最直接影响的因素。并且,企业竞争对手的范围可能会超出某一特定产业的范围,例如,考虑到消费者的时间约束,一家影院和其他娱乐休闲行业的企业就存在潜在的竞争关系。

竞争环境与产业环境的另一个不同点在于,产业环境是从全行业的整体出发思考问题,而竞争环境则是从个别企业出发思考问题,观察特定的区域内同行的竞争状况,或者观察同行在原材料取得、产品市场占有上与其他企业的竞争情况。

因此,这里主要从行业整体角度,对产业环境分析进行说明,而关于竞争环境分析的内容将在下一节进行介绍。

一、产业生命周期

产业生命周期是在产品生命周期基础上发展而来的概念。产品生命周期(product life cycle),是指产品从准备进入市场开始到被淘汰退出市场为止的全部运动过程,是由需求与技术的生产周期所决定的,是产品或商品在市场运动中的经济寿命,也即在市场流通过程中,由于消费者的需求变化以及影响市场的其他因素所造成的商品由盛转衰的周期。一般分为引入期(导入期)、成长期、成熟期(饱和期)、衰退期四个阶段。

与之相对应的,产业生命周期可以理解为每个产业都要经历的一个由成长到衰退的演变过程,也就是从产业出现到完全退出社会经济活动所经历的时间。一般可以把产业生命周期分为起步阶段、成长阶段、成熟阶段和衰退阶段四个阶段。

识别产业生命周期所处阶段的主要标志有：产业发展规模、市场增长率、需求增长潜力、产品品种多少、市场参与者数量、进入壁垒、行业成本状况、平均利润水平、技术革新以及用户购买行为等。图 2.3 是以产量为纵轴画出的产业生命周期图。

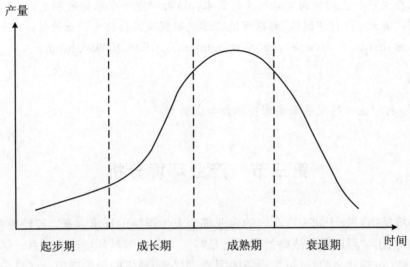

图 2.3　产业生命周期图

（一）起步期

起步期也叫初创期或幼稚期。由于新产业刚刚诞生或初建不久，只有为数不多的创业公司投资于这个新兴的产业。在这一阶段，产品的研究、开发费用较高，产品市场需求狭小（因为大众对其尚缺乏了解），导致销售收入较低，因此产业内企业可能不但没有盈利，反而容易发生亏损。这一时期企业规模一般较小，市场参与者不多，竞争对手少。产业初创期产品在技术上有很大的不确定性，企业在产品、市场、服务等策略上有很大的余地，对行业特点、行业竞争状况、用户特点等方面的信息掌握不多，产业进入壁垒较低。

由于产业结构尚未成型，产业游戏规则也在制定之中，企业可以考虑把争取成为行业领导企业作为战略目标。为了实现这一目标，在将来市场竞争中赢得主动，企业在这一时期应该把战略重点放到投资研究开发和技术改进，不断提高产品质量上面。

（二）成长期

在这一时期，拥有一定市场营销和财务力量的企业逐渐主导市场，这些企业往往是较大的企业。在成长阶段，新产业的产品经过广泛宣传和消费者的试用，逐渐以其自身的特点赢得了大众的欢迎或偏好，市场需求开始迅速上升，新产业也随之繁荣起来。由于这一原因，这一阶段有时被称为投资机会时期。与市场需求变化相适应，供给方面相应地出现了一系列的变化。由于市场前景良好，投资于新产业的厂商大量增加，产品也逐步从单一、低质、高价向多样、优质和低价方向发展，因而这一阶段出现了生产厂商和产品相互竞争的局面。

归纳起来，成长期的特点是市场增长率很高，需求高速增长，技术渐趋定型，产业特点、产业竞争状况及用户特点已经比较明朗，产业进入壁垒提高，产品品种及竞争者数量增多。这一阶段，产品价格和单位产品净利润往往是最高的。

企业在成长期的战略目标应该是争取更大的市场份额。为了实现这一目标,企业在这一时期应该把战略重点放到市场营销上面,因为这一时期是树立良好品牌形象的最佳阶段。

(三)成熟期

当增长率降到较正常的水平时,产业即进入了成熟期。这是一个相对稳定的阶段,各年销售量变动较小,利润增长幅度也较小,但是市场内的竞争变得更加激烈了。在这一时期里,在竞争中生存下来的少数大厂商垄断了整个行业的市场,每个厂商都占有一定比例的市场份额。由于彼此势均力敌,市场份额比例发生变化的程度较小。厂商与产品之间的竞争手段以价格竞争为主,并逐渐从价格手段转向各种非价格手段,如提高质量、改善性能和加强售后维修服务等。

归纳起来,这一时期的产业特征主要表现为市场增长率不高,需求增长缓慢,技术上已经成熟,行业特点、行业竞争状况及用户特点非常清楚和稳定,买方市场已经形成,行业盈利能力下降,新产品和产品的新用途开发更为困难,行业进入壁垒很高。

在该阶段,企业在战略上应重点关注效率、成本控制和市场细分,努力保持令人满意的投资报酬率。同时,要监控产业是否存在潜在的兼并机会,以建立更加强大的市场竞争地位。

(四)衰退期

由于新产品和大量替代品的出现,原产业的市场需求开始逐渐减少,产品的销售量也开始下降,全行业产能严重过剩,某些厂商开始向其他更有利可图的产业转移资金。至此,整个产业便进入了生命周期的最后阶段。在衰退阶段里,厂商的数目逐步减少,市场逐渐萎缩,利润率持续下降、很容易出现全行业亏损局面。

需要强调的是,企业必须要搞清楚产业的这种衰退究竟是暂时性的还是永久性的。对于前者,企业在战略上应该选择通过防御,努力控制成本,维持必要的经营现金流,以坚持到行业状况好转的那一天;对于后者,企业除非确信该行业能够持续存在并且自身拥有独特的能力成为行业的最终幸存者,否则及时采用退却战略,尽早退出该产业应该是更好的选择。

二、产业五种竞争力

产业五种竞争力又称为"五力模型",是波特教授于 20 世纪 80 年代初提出来的。他认为行业中存在着决定竞争强度和盈利水平的五种力量,这五种力量综合起来影响着产业的吸引力以及现有企业的竞争战略决策。五种力量分别为同行业内现有竞争者的竞争能力、潜在竞争者进入的能力、替代品的替代能力、供应商的讨价还价能力与购买商的议价能力。五种竞争力如图 2.4 所示。

五种竞争力模型将大量不同的竞争因素汇集在一个简单的模型中,以此分析一个行业的基本竞争态势,具有简单明了的特点。由于不同力量的特性和重要性因行业和公司的不同而变化,一种可行战略的提出首先应该包括确认并评价这五种力量。企业应该尽可能地将自身的经营与竞争力量隔绝开来,努力从自身利益需要出发影响行业竞争规则、先占领有利的市场地位再发起进攻性竞争行动等手段来对付这五种竞争力量,以增强自己的市场地位与竞争实力。

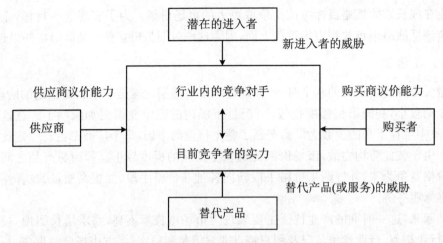

图 2.4 产业的五种竞争力

（一）五种竞争力分析

1. 潜在进入者的进入威胁

新进入产业者越容易进入的产业市场，当前产业的获利能力就越容易被削弱。新进入产业的企业会对现有的竞争者构成威胁，削弱现有企业产生理想财务回报率的能力，分割市场份额并激化市场竞争。新进入者通常会采取降低产品价格、引入有特色的新产品或提高服务质量等策略来赢得市场份额。新进入者的威胁很大程度上取决于各种进入壁垒的高度。决定进入壁垒高度的主要因素有以下几个方面：

（1）规模经济。规模经济表现为在一定时间内产品的单位成本随总产量的增加而降低。新进入者如果以较小的生产规模进入，就必须要长期忍受产品成本高的劣势，从而不利于与原有厂商开展竞争。

（2）客户忠诚度。在市场上存在了很长时间或拥有良好形象而获得的信誉会提高消费者的忠诚度，从而使新进入者一开始难以建立品牌知名度并以此获得新的市场份额。

（3）资本金投入。一些需要投入大量的资金才能开展经营的行业，将会把资金实力不够的潜在进入者挡在行业大门之外。如银行、钢铁、汽车、重化工等资本密集型产业，因为需要大额的资本投入，所以具有较高的进入壁垒。

（4）转换成本。如果消费者从一个供应商转向另一个供应商的成本较高，那么无论是从时间、金钱方面还是从便利性方面考虑，消费者改变购买意向的可能性都较低，这就增加了新进入者从原有厂商手中争夺客户的难度。

（5）对销售渠道等关键资源的控制。企业经营所需的关键资源可能包括销售渠道、原材料供应、专利或专有技术等。以销售渠道为例，新进入者想要通过已有渠道来销售其产品和服务可能会遇到困难，因为这些渠道很可能被现有的厂商垄断。例如，超市会优先将货架提供给知名品牌，新进入者在货架上获得一席之地来摆放产品进行促销的机会就会大大减少。

（6）政府政策。政府可能会通过限制执照发放（例如，保险、汽车、通信和电视广播行业）和限制外资的方式来限制新公司进入某行业。

（7）现有企业的市场优势。现有企业的市场优势主要体现在品牌优势上。尤其是现有企业通过差异化战略已经建立起很高的产品忠诚度的情况下,新进入者想要在产业里与现有企业争夺客户,建立自己的客户群将变得异常困难。

(8) 现有企业的阻止进入行为。现有企业为了巩固自己在市场上的地位,采取各种对策以阻止和威慑新企业的进入。例如,原有企业互相协调,把利润率降低到一个很低的水平,从而让新进入者无利可图,从而达到阻止潜在进入者进入该产业的目的。

2. 供应商的议价能力

供应商,是指那些向产业提供产品或服务的上游产业的厂商。广义的供应商还包括劳动力和资本等的供应商。供应商的竞争威胁主要体现在两个方面:一是提高供应价格,二是降低供应产品或服务的质量。这些手段将会使下游行业利润下降。

许多因素会提高供应商的议价能力,从而降低公司在行业中的盈利性,这些因素包括:

(1) 市场中没有替代品,因而没有其他供应商。
(2) 该产品或服务是独一无二的,且转换成本非常高。
(3) 供应商所处的行业由少数几家公司主导。因为行业中可供选择的供应商只有少数几家,购买商与供应商在价格、质量条件上进行谈判时就没有什么选择余地。
(4) 供应商的产品对于客户的生产业务很重要。
(5) 企业的采购量占供应商产量的比例很低。
(6) 供应商能够直接销售产品并与企业抢占市场。

例如,以淘宝为代表的主流电商平台,对于一般中小电商来说就具有很强的议价能力。

3. 购买商的议价能力

购买商是指该行业的客户或客户群,包括该行业的客户和寻求低成本以提高其自身利润或获取更好货源的分销商,希望为其消费者获得更多好处的政府机构或其他非营利性组织,或希望以较低价格买入优质产品的个人消费者。购买商可能会要求降低产品价格,提高产品质量和获得优质的服务,其结果是使行业竞争更加激烈,导致行业利润下降。

从本质上来说,买方的议价能力与供应商的议价能力是相反的。在以下情况中,购买商处于有利的谈判地位:

(1) 购买商从卖方购买的产品占了卖方销售量的很大比例。
(2) 购买商所购买的产品对其生产经营来说不是很重要,而且该产品缺少唯一性,导致购买商不需要锁定一家供应商。
(3) 转换到其他供应商的成本较低。
(4) 购买的产品或服务占其成本的比例较高,在这种情况下,购买商更有可能进行谈判以获得最佳价格。
(5) 购买的产品或服务容易被替代,在市场上充满供应商的竞争者。
(6) 购买商的采购人员具有高超的谈判技巧。
(7) 购买商有能力自行制造或提供供应商的产品或服务。

例如,一家大型炸鸡连锁店,指定了若干供应商为其供应全年的鸡肉。为获取高质量的、数量稳定和价格低廉的鸡肉产品供应,炸鸡店与各大供应商使用长期合同建立长期合作关系。而对于供应商来说,炸鸡店是最大的客户,其购买的数量占供应商产出的很大比例。所以,供应商往往以低廉的价格和更优质的服务保留住这样的大客户。因此,对于该炸鸡店来说,它对供应商的议价能力很强。

4．替代产品的威胁

替代产品，是指可由其他企业生产的产品或提供的服务，它们具有的功能大致与现有产品或服务的功能相似，可满足消费者同样的需求。

购买商所面临的替代产品越多，其议价能力就越强。替代产品的替代威胁主要取决于新旧产品的性能-价格比。例如，随着新能源汽车的面世和技术的不断改善，相对于传统燃油汽车来说，新能源汽车的性价比在不断提高，因此从长远来看，新能源汽车对传统燃油汽车的替代将不可避免，这给传统汽车制造厂商带来了实实在在的威胁。

5．同业竞争者的竞争强度

同业竞争者的竞争强度，是指行业现有竞争者之间的竞争程度。一个企业的市场行为可能会引来另一个竞争对手采取相应的行为。一个产业的竞争强度取决于下列因素：

（1）市场参与者的数量。产业内市场中的参与者越多，就必定会有一些企业为了占有更大的市场份额和取得更高的利润，而突破本行业约定俗成的一致行动的限制，做出排斥其他企业的竞争行为。因此，参与者越多，竞争者之间就越难以进行有效的合作，则竞争强度就越高。

（2）行业增长率。如果行业增长缓慢，一个企业为了寻求发展，就需要从其他竞争者那里争取市场份额。如果行业增长速度较为缓慢甚至停滞时，现有企业之间争夺既有市场份额的竞争就会变得激烈。

（3）行业的固定成本。如果行业的固定成本较高，企业唯有寻求降低单位产品的固定成本或增加产量，结果将导致全行业供给过剩，必将带来企业在价格上互相竞争，从而极大地影响企业的盈利能力。

（4）产品的转换成本。如果产品缺乏差异性或具有标准化，购买商可轻易地更换供应商，则供应商之间就会容易出现激烈竞争。

（5）不确定性。当一个企业不确定同行业中另一个企业会如何经营时，便可能会通过制定更具竞争力的战略来应对这种不确定性。例如，主动降低产品的价格和提高服务方面的要求等。

（6）战略重要性。如果企业最重要的战略目标是获得成功，则企业可能会采取具有竞争力的行为来实现目标。

（7）退出壁垒。使现有供应商难以退出某个行业的障碍会令同业的竞争激烈化。例如，机器设备或资产专业化强，以致退出行业会难以收回对该机器设备或资产的高额初始投资，或人员的遣散成本过高。这样，即使该行业的投资回报率较低，企业也会仍然坚持竞争，从而令该行业的竞争强度加大。

总之，可以使用"五力模型"来识别影响企业的关键因素，从而确定可获得的机会和应考虑的威胁。在一个理想市场中，供应商及客户的议价能力低、无替代产品、进入壁垒高、竞争者之间的竞争程度弱，这种理想的状况可带来较高的行业盈利能力。但是，行业的整体盈利能力并不意味着行业中所有的企业都会拥有相似的盈利能力，它只是为企业实现经营目标提供了基础。

（二）"五力模型"的局限性

波特的"五力模型"在分析企业所面临的产业环境时是有效的，但它也存在着局限性，具体包括：

（1）该分析模型基本上是静态的。然而,在现实中竞争环境始终在变化。这些变化提高或降低了竞争激烈程度,很多时候其变化速度比模型所显示的要快得多。

（2）该模型能够确定行业的盈利能力,但是对于非盈利机构,有关获利能力的假设可能是错误的。

（3）该模型基于这样的假设:即一旦进行了这种分析,企业就可以制定企业战略来处理分析结果。但这只是一种理想的方式。

（4）该模型假设战略制定者可以了解整个行业(包括所有潜在的进入者和替代产品)的信息,但这一假设在现实中并不存在。对于任何企业而言,在制定战略时掌握整个行业的信息既不可能也无必要。

（5）该模型低估了企业与供应商、客户或分销商、合资企业之间可能建立长期合作关系以降低竞争强度的可能性。在现实的商业世界中,同行之间、企业与上下游企业之间不一定完全是你死我活的关系。强强联手,或强弱联手,有时可以创造更大的价值。

三、产业的成功关键因素分析

(一) 成功关键因素的概念和特征

成功关键因素(key successful factors,KSF)是指公司在特定市场获得盈利必须拥有的技能和资产。一个行业的成功关键因素是指那些影响行业内企业在市场上最大限度获利的关键因素,是企业取得产业成功的前提条件。产业成功关键因素是产业和市场层次的特征,而非个别企业获得成功的特殊因素。

成功企业的实践表明,企业要想在竞争中获胜,必须在成功关键因素上比竞争对手做得更好。下面三个问题是确认产业成功关键因素必须考虑的:

（1）顾客在各个竞争品牌之间进行选择的基础是什么?

（2）产业中的一个卖方厂商要取得竞争成功需要什么样的资源和竞争能力?

（3）产业中的一个卖方厂商获取持久的竞争优势必须采取什么样的措施?

产业成功关键因素随着产业的不同而不同,甚至在相同的产业中,也会因产业驱动因素和竞争环境的变化而随时间变化。对于某个特定的产业来说,在某一特定时候,极少有超过三四个成功关键因素。甚至在这三四个成功关键因素之中,其中也有一两个占据较重要的地位。随着产品寿命周期的演变,成功关键因素也发生变化。即使是同一产业中的各个企业,也可能对该产业的成功关键因素有不同的侧重。如制造业与零售业的成功关键因素肯定是不一样的。

常见的产业成功关键因素主要有:

（1）技术相关。如科学研究技能,工艺改进能力,产品革新能力,既定技术上的专有能力,信息化能力等。

（2）制造相关。与制造相关的成功关键因素有:低成本生产效率,固定资产很高的利用率,低成本的生产工厂定位,低的人工成本,高的劳动生产率,低成本的产品设计能力,柔性生产能力等。

（3）营销相关。与市场营销相关的成功关键因素有:快速准确的技术支持,礼貌、周到的客户服务,顾客订单的准确满足,商品推销技巧,有吸引力的款式和包装,精明的广告等。

（4）技能相关。与技能相关的成功关键因素有:劳动力拥有卓越的才能,质量控制诀窍,设计方面的专有技能,设计向产品转化的能力,卓越的信息管理系统,快速的市场响应能力等。

(5) 分销相关。与分销相关的成功关键因素有:强大的批发分销商,独占的经销商网络等。例如,在零售业中,沃尔玛是全球 500 强之一,且是全球零售业老大;但是在中国零售业中家乐福却是老大。两家企业对零售业的成功关键因素各有侧重。沃尔玛侧重于卫星定位系统支持下的系统、高效、完善的物流配送体系,以及在此基础上的与供应商的良好发展关系;而家乐福则侧重于鲜明的市场布局策略、兼有廉价性和综合性的大卖场的业态选择以及对消费者心理的准确把握等。

(6) 其他相关。其他类型的关键成功因素有:有利的公司形象和声誉,总成本很低,便利的设施选址,公司的交互亲和力,获得财务资本能力,专利保护。表 2.1 归纳了一些产业的关键成功因素。

表 2.1 不同产业中的关键成功因素

工业部门类别	关键成功因素
铀、石油	原料资源
船舶制造、炼钢	生产设施
航空、高保真度音响	设计能力
纯碱、半导体	生产技术
百货商场、零部件	产品范围、花色品种
大规模集成电路、微机	工程设计和技术能力
电梯、汽车	销售能力、售后服务
啤酒、家电、胶卷	销售网络

(二) 产业成功关键因素的确认方法

1. 环境分析法

包括将要影响或正在影响产业或企业绩效的政治、经济、社会等外在环境的力量,即这种方法重视外在宏观环境的未来变化。这一方法的缺点主要在于实际应用到产业或公司上会有困难。

2. 产业结构分析法

应用产业结构"五力"分析架构,作为此项分析的基础。此架构由五个要素构成,每一个要素和要素间关系的评估可提供客观的数据,以确认及检验产业的关键成功因素。产业结构分析的一个突出优点是此架构能提供一个很完整的分类,另一项优点就是以图形的方式找出产业结构要素及其之间的主要关系。

3. 产业/企业专家法

向产业专家、企业专家或具有知识与经验的专家请教,除可获得专家累积的智慧外,还可获得客观数据中无法获得的信息,唯因缺乏客观的数据导致实证或验证上的困难。

4. 竞争分析法

分析公司在产业中应该如何竞争,以了解公司面临的竞争环境和态势。研究焦点的集中可以提供更详细的资料,且深度的分析能够有更好的验证性,但其有效性会受到知识和能力的限制。

5. 产业领导厂商分析法

该产业领导厂商的行为模式,可当作产业关键成功因素分析的重要信息来源。因此对于领导厂商进行分析,有助于确认关键成功因素,唯对于其成功的原因可能会有不同的解读。

(三)关键成功因素法的分析步骤

(1)确定企业的战略目标。

(2)识别所有的成功因素,主要是分析影响战略目标的各种因素和影响这些因素的子因素。

(3)确定关键成功因素。不同行业的关键成功因素各不相同。即使是同一个行业的组织,由于各自所处外部环境的差异和内部条件的不同,其关键成功因素也不尽相同。确定的关键成功因素,一般来说以5~9个为宜。

(4)明确各关键成功因素的性能指标和评估标准。

关键成功因素法的优点是能够使所开发的系统具有很强的针对性,能够较快地取得收益。应用关键成功因素法需要注意的是,当关键成功因素解决后,又会出现新的关键成功因素,就必须再重新开发系统。

(四)成功的关键因素与产品生命周期

随着产品生命周期的演变,成功关键因素(表2.2)也在不断发生变化,企业要想取得持久的成功必须对不同生命周期阶段做出不同的策略选择,以维持竞争力和高的市场占有率,保障企业的赢利能力。

表2.2 产品生命周期各阶段的成功关键因素

	投入期	成长期	成熟期	衰退期
市场	广告宣传、争取了解、开辟销售渠道	建立商标信誉,开掘新销售渠道	保护现有市场,渗入他人市场	选择市场区域,改善企业形象
生产经营	提高生产效率,开发产品标准	改进产品质量,增加花色品种	加强和顾客的关系,降低成本	缩减生产能力,保持价格优势
财务	充分利用各类融资渠道	集聚资源支持生产	控制成本	提高管理控制系统的效率
人事	使员工适应新的生产和市场	发展生产和技术能力	提高生产效率	面向新的增长领域
研究开发	掌握技术秘诀	提高产品的质量和功能	降低成本,开发新品种	面向新的增长领域
成功关键因素	销售、消费者的信任、市场份额	对市场需求的敏感、推销产品质量	生产效率和产品功能、新产品开发利用	回收投资,缩减生产能力

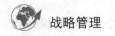

单元案例

我国个人护理电器行业生命周期及市场趋势分析

当前我国个护电器（个人护理电器）市场呈现出的三大趋势，使得个护电器行业成为一个具备较大增长空间的优质赛道。

1. 技术升级以及痛点追击推动产品迭代周期缩短

个护产品是出于消费者对某些能够提高生活品质的需求而诞生的，从美发器、电动剃须刀等传统个护产品的逐步普及到近几年卷发棒、洁面仪等新兴品类的热销趋势可以观察到，随着消费痛点不断被发现，消费者对于个护产品功能的推陈出新诉求逐步增强。同时为了改善消费者的使用体验以使产品获得更强的用户黏性，个护电器生厂商往往致力于产品技术的升级优化，因此个护产品更新换代周期越来越短，呈现出向快消品发展的趋势，这对个护产品的外观、性能和技术的迭代速度有一定的要求。

2. 产品标准化程度提升促使规模成本成为竞争优势

产品研发流程成熟程度的提高使得个护产品同质化趋势越显著，则产品标准化的程度越高。随着个护产品标准化程度提升，企业能够通过规模效应，对上游形成强大的话语权，同时扩大产量降低边际成本，释放更多的资金用于品牌塑造和市场份额扩张。

3. 电商渠道有望加快孵化个护电器行业

相较传统大家电，个人护理类小家电有着相对价格低、体积小巧、消费人群广泛的特性，适合通过网络方式购买，因此越来越多的用户选择在线上渠道购买产品。为此，个人护理小家电企业越来越重视线上渠道，包括传统电商平台、社交电商以及跨境电商等在内的线上平台已经是企业的必争之地，未来线上渠道将成为个护小家电的主要经销渠道。

成长中的产业周期更易培育出"现金牛"企业。个护电器行业当前正处于快速成长期，出于蓝海预期，这一阶段市场上参与玩家增加，行业竞争加剧，企业有可能因品牌打造和份额抢占而导致费用上升利润下滑，盈利能力和现金流相对恶化，但此时正是企业形成其渠道和品牌壁垒的最佳时机，通过品牌塑造获得消费者认可，提高消费者黏性，为今后进行关联领域的拓展奠定市场认知基础，同时搭建线下渠道壁垒，形成护城河并加以强化。在经历行业洗牌后，存量企业已累积了较为稳固的品牌口碑以及渠道影响力，现金流改善预期将逐步兑现。

资料来源：http://www.leadingir.com/hotspot/view/1254.html。

案例分析题

个人护理电器产业生命周期处于哪一阶段？判断的依据有哪些？

第四节 竞争环境分析

一、产业内的战略集团分析

(一) 战略集团的概念及其划分

战略集团(strategic groups),又称战略群组,是指一个产业内执行同样或类似战略并具有类似战略特征的一组企业。在一个产业中,如果所有的企业都执行着基本相同的战略,则该产业中只有一个战略集团;如果每个企业都采用与众不同的战略,则该产业中有多少企业便有多少战略集团。当然,在正常情况下,一个产业中仅有几个战略集团。每个战略集团内的企业数目不等,但战略雷同或具有很大的相似性。

在同一战略集团内的企业除了广义的战略方面外,还在许多方面彼此非常相近。它们在类似的战略的影响下,会对外部环境做出类似的反应,采取类似的竞争行动,占有大致相同的市场份额。这种特征可以用战略集团图勾画出来,作为直观的产业内部竞争分析的一种工具。

战略分析者还可以根据产业的特点和需要,确定出不同的重要的战略约束因素,以便更清楚地勾画出产业中不同类型的战略集团。一般来讲,以标志图形的大小表示每一战略集团中企业市场占有率之和。

战略集团分析既不同于产业整体分析方法,也不同于单个企业的个别分析方法,而是介于两者之间。它是要从产业中不同企业的战略管理中找出带有共性的事物,更准确地把握产业中竞争的方向和实质,避免以大代小或以小代大所造成的缺陷。

在勾画战略集团图时,必须选取少数关键战略变量作为图轴,遵循的原则主要有:

(1) 用作图轴的最佳战略变量是那些对产业中战略集团的形成起决定作用的变量。

(2) 所选的轴变量不可一同变化。例如,如果一切实行产品差别化的企业也都具有宽产品线,则不应当将这两个变量都选为图轴,而应把反映产业中战略组成多样化程度的变量选为图轴。

(3) 图轴变量无需一定是连续或单调的。

(4) 对一个产业可以勾画数个战略集团图,利用战略方向的各种组合来认识最关键的竞争问题。

图 2.5 是 20 世纪 80 年代用营销力度和地区覆盖两个战略特征画出的欧洲食品工业战略集团图。

在过去关于战略集团的研究中,战略集团划分方法的发展可分为两个阶段,即一元划分阶段和多元划分阶段。

研究初期,研究者沿袭了古典管理理论的传统,认为战略集团的划分方法及对产业的详细分析可建立在几个关键因素的基础上,多数研究采用一个变量将产业划分为两个集团的划分方法。此阶段研究的主要特点是强调相似性及分类的简单化。

后来,Hatten、Cool 和 Schendel 等人运用了多变量统计分析方法,进行了战略集团研究,结果显示了很强的解释能力。多元分析的研究者可在企业基础上采用集团的概念定义各自的战略和产业内潜在的竞争方向,而不仅仅将其作为一个简单的产业分类。因而多变量的统计分析方法已成为大多数研究战略集团的划分方法。

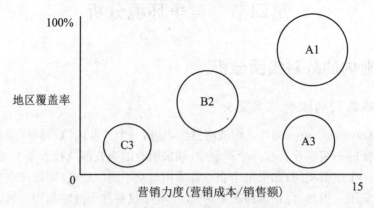

图 2.5　欧洲食品工业战略集团图

企业竞争的目标各不相同,企业战略大多包含了多个变量、多个函数。产业被划分成多个战略集团,并不是因为企业相同,而是由于不同但却具有可比性。战略研究主要是试图区别于其竞争对手,因此重要的信息不是相似,而是不同。一元划分方式强调了相似,不注重不同。多元分析着重研究战略间的差异,而不只是强调其相似性,与一元划分方式相比,多元划分方式研究更加深入。目前,多元划分方法被普遍采用,但应用时必须对模型作充分的分析,认真选择、度量战略变量。

由于战略集团来源于战略管理研究和产业组织理论研究,不论采用多元划分方法还是一元划分方法,战略集团划分的理论基础都可分为两个方面,即企业战略和移动壁垒。

一些研究表明,企业战略至少反映企业两方面行为:一是适应外部环境(产业环境)相关的涉及企业经营范围的战略行为;二是发挥内部资源优势相关的涉及资源配置的战略行为。

经营范围与资源配置的组合定义了企业的经营战略,构成了寻求竞争优势的基础。在这两种战略行为的基础上,战略集团的定义可进一步明确为:由一些在同一产业中具有相似经营范围及资源配置的企业组成的集合。这种从"战略及相关概念"着手,是一种战略集团定义、划分较实用的方法。由于一个企业的战略及其战略管理情况可由企业的一些行为进行判断,具有较强的操作性。但由于经营范围和资源配置是特定于研究的产业,研究者须对所研究的产业有较深入的了解,才能选取合适的战略变量合理地划分战略集团。

产业组织理论认为,一个产业阻止新的公司加入是一个重要的产业特征。这种阻止力量,又称为进入壁垒。进入壁垒的高低决定了加入一个产业的难易程度。因此,在产业组织理论中产业组织结构的主要特征包含在进入壁垒的思想中,市场力量被认为是由于新的竞争环境导致结构或行为壁垒的出现而产生的。同样,一个产业若由一些虚拟的但拥有"内部联系"的企业集团组成,那么在这些企业集团之间也应存在进入壁垒,阻止企业在这些企业集团之间自由移动,可称为移动壁垒。

其实,"内部联系"就是这些移动壁垒。移动壁垒可来源于与产业相关的战略、与市场相关的战略和与企业相关的战略。移动壁垒本质上来源于复制模仿成本的限制。移动壁垒的产生正是由于企业战略的作用结果,因此从移动壁垒的角度划分战略集团比由企业战略划分战略集团更能直接体现实际情况。由此,战略集团可定义为:由移动壁垒分隔的产业内不同企业组成的集团。

(二) 战略集团分析的作用

(1) 有助于很好地了解战略集团间的竞争状况,主动发现近处和远处的竞争者,也可以很好地了解某一集团与其他集团间的不同。

(2) 有助于了解各战略集团之间的"移动障碍"。移动障碍即一个集团转向另一个集团的障碍。

(3) 有助于了解战略集团内企业竞争的主要着眼点。

(4) 利用战略集团图还可以预测市场变化或发现战略机会,为实现战略跃迁指明方向。

知识链接

战略跃迁

战略跃迁吸纳了量子物理观点,是其与现代企业战略、管理、品牌理论的结合。该理论对企业战略和品牌以创新的角度进行了诠释,通过这种新思维系统所建立的视角,可以更容易清晰地洞察企业战略性发展的本质规律,发现影响企业决策、机会判断等战略举措的因素,是一套更加实用化的战略理论。

而且,并不像一般的理论停留于规律的解释上,而是包含了完整的操作系统和方法论,帮助企业置入系统,让企业从战略制定到落地都可以变得明确可行。

创建战略跃迁理论,首先是建立一整套可以自圆其说的商业世界观系统。其目的不是刻意创造标新立异的观点,根本还是为了服务现代企业,促进和帮助进行战略思考和迎接新的发展挑战。

今天还在经营的企业面临一个全新的时空。这个时空跟过去很不一样,原来做得很好的企业,瞬间就被降维了(诺基亚手机就是典型的例子)。综合了多维时空概念的存在叫作场。互联网、大数据、人工智能、全球化策略、新零售等诸多方面的颠覆式发展,导致场改变了,这个场里面的信息流、物流、资金流、意识形态、消费行为等各种能量波都剧烈震荡。

网上流传一个段子,欧美有化妆品,韩国有整形,中国有美图秀秀。我们发现完全不是一个归类的概念,今天都可以相提并论了。这种整体时空的强烈扭动,就像魔方一样重组了,葫芦娃也可以大战变形金刚了。

场的变化对企业的震动是很大的,比如说产品生命周期就严重被压缩了,沿着原来的4P逻辑思考,企业发现很难找到差异化了,原来利用时空差所创造的局部竞争优势也不存在了。这就需要企业有全新的思考视角来看待企业发展。

战略跃迁就是基于场而不是基于企业单一粒子来洞悉发展机会的崭新思维。通过战略跃迁构建的商业世界观体系,进行超维的战略观察,企业可以更容易看清自身特性(波粒二象性),从而帮助企业进行正确的战略思考和行动决策。

资料来源:https://zhuanlan.zhihu.com/p/79180421.

(三) 决定战略集团之间竞争激烈程度的因素

一般来说,下列四个因素决定着一个产业中战略集团之间的竞争激烈程度。

1. 战略集团间的市场相互牵连程度

所谓市场牵连程度,就是各战略集团对同一顾客进行争夺的程度,或者说是它们为争取不同细分市场中的顾客进行竞争的程度。当战略集团间的市场牵连很多时,战略集团间将剧烈竞争。

例如，在化肥产业中，对所有战略集团来说顾客（农民）都相同。而当战略集团将目标放在差别很大的细分市场上时，它们对他人的兴趣及相互影响就会小得多。当它们的销售对象区别很大时，其竞争就更像是在不同产业的集团间进行一样。

2．战略集团数量以及它们的相对规模

一个产业中战略集团数量越多且各个战略集团的市场份额越相近时，则战略集团间的竞争越激烈。

战略集团数量多就意味着集团离散，某一集团采取削价或其他战术攻击其他集团的机会多，从而激发集团间的竞争。反之，如果集团的规模极不平衡，如某一集团在产业中占有很小的份额，另一集团却有很大的份额，则战略的不同不大可能对战略集团之间的竞争方式造成很大的影响，因为小集团力量太弱，不大可能以其竞争策略来影响大集团。

3．战略集团建立的产品差别化

如果各个战略集团各自不同的战略使顾客区分开来，并使它们各自偏爱某些商标，则战略集团间的竞争程度就会大大低于集团所销售的产品被视为可替代产品时的情况。

4．各集团战略的差异

所谓战略差异，是指不同战略集团奉行的战略在关键战略方向上的离散程度。这些战略方向包括商标信誉、销售渠道、产品质量、技术领先程度、成本状况、服务质量、纵向一体化程度、价格、与母公司或东道国政府的关系等。

如果其他条件相同，集团间的战略差异越大，集团间可能只会发生小规模的摩擦。集团奉行不同的战略导致它们在竞争思想上有极大的差别，并使它们难以相互理解他人的行为，从而避免茫然的竞争行动和反应。

二、竞争对手分析

作为产业环境分析的补充，竞争对手分析的重点集中在与企业直接竞争的每一个企业身上。尽管所有的产业环境都很重要，但产业环境分析着眼于产业整体，是中观分析，所以，从个别企业视角去观察分析其竞争对手竞争实力的微观分析——竞争对手分析就显得尤为重要，特别是在企业面临着一个或几个强大的竞争对手时。所以，我们首先介绍竞争对手分析的要素，然后介绍判断竞争对手行为常用的工具——"市场信号"，最后就竞争对手分析中关键问题之一，如何获取竞争对手的信息做出说明。

（一）竞争对手分析的主要内容

对竞争对手的分析主要从四个方面展开，即竞争对手的未来目标、竞争对手的假设、现行战略和潜在能力。

1．未来目标

对竞争对手未来目标的分析与了解，有利于预测竞争对手对其目前的市场地位以及财务状况的满意程度，从而推断其改变现行战略的可能性以及对其他企业战略行为的敏感性。

例如，日本摩托车企业在20世纪七八十年代的战略目标很明显，就是要全面占领美国这块世界上最大最好的市场，哪怕面临非常高的关税壁垒。因此，美国的摩托车企业应该能够预见到，像本田公司，在遇到关税壁垒时就可能采取到美国直接建厂的办法绕过美国关税

壁垒的限制。

2. 竞争对手的假设

包括竞争对手对自身企业的评价和对所处产业以及其他企业的评价。假设往往是企业各种行为取向的最根本动因，所以了解竞争对手的各种基本假设，有利于正确判断竞争对手的战略意图。

竞争对手的假设一般可以分为以下三类：

其一，竞争对手所信奉的理论假设。例如，许多美国公司所奉行的理论是短期利润，因为只有利润，才能支持发展。而日本企业信奉的是市场占有率和规模经济理论，他们认为，只要能占领市场，扩大生产销售规模，单位成本就会下降，利润自然滚滚而来，然后才有秋天的果实收获。

其二，竞争对手对自己企业的假设。有些企业认为自己在功能和质量上高人一筹，有些企业则认为自己在成本和价格上具有优势。名牌产品企业对低档产品的渗透可能不屑一顾，而以价格取胜的企业对其他企业的削价则会迎头痛击。

其三，竞争对手对行业及行业内其他企业的假设。例如，美国哈雷公司在20世纪60年代不仅对摩托车行业充满信心，而且对日本企业过于掉以轻心，认为他们不过是在起步学习阶段，对自己不构成威胁。然而，日本人一边低头哈腰地表示"我们是小学生"，一边却对美国人小觑自己刻骨铭心：看谁笑到最后。经过20年的修炼，日本摩托车终于在美国市场修成正果。

实际上，对战略假设，无论是对竞争对手，还是对自己，都要仔细检验，这可以帮助管理者识别对所处环境的偏见和盲点。可怕的是，许多假设是尚未清楚意识到或根本没有意识到的，甚至是错误的；也有的假设过去正确，但由于经营环境的变化而变得不那么正确了，但企业仍在沿循着过去的假设。

3. 现行战略

对竞争对手现行战略的分析，目的在于准确把握竞争对手正在做什么、能够做什么，从而帮助企业更好地做出有针对性的战略决策。

例如，当年为了占领美国市场，从营销战略的角度看，本田的营销战略途径与方法至少包括这样一些内容：在产品策略上，以小型车切入美国市场，提供尽可能多的小型车产品型号，提高产品吸引力；在小型车市场站稳脚跟后再向大型车市场渗透；在价格上，通过规模优势和管理改进降低产品成本，低价销售；在促销上，建立摩托车新形象，使其与哈雷的粗犷风格相区别。事实证明，这些战略途径行之有效，大获成功。相对而言，哈雷公司却没有明确的战略途径与方法。哈雷公司的母公司AMF公司虽然也为哈雷公司注入资本提高产量，也曾一度进行小型车的生产，结果由于多方面因素的不协同而以失败告终。

4. 潜在能力

对竞争对手潜在能力的分析，是竞争对手分析过程中的一项重要内容，因为潜在能力将决定竞争对手对其他企业战略行为做出反应的可能性、时间选择、性质和强度。

目标也好，战略途径也好，都要以能力为基础。在分析研究了竞争对手的目标与途径之后，还要深入研究竞争对手是否具有能力采用其他途径实现其目标。这就涉及企业如何规划自己的战略以应对竞争。如果较之竞争对手本企业具有全面的竞争优势，那么则不必担心在何时何地发生冲突。如果竞争对手具有全面的竞争优势，那么只有两种办法：或是不要触怒竞争对手，甘心做一个跟随者，或是避而远之。如果不具有全面的竞争优势，而是在某些方面、某些领域具有差别优势，则可以在自己具有的差别优势的方面或领域把文章做足，但要避免以己之短碰彼之长。

（二）市场信号

市场信号是竞争对手任何直接或间接地表明其战略意图、动机、目标、内部资源配置、组织及人事变革、技术及产品开发、销售举措及市场领域变化的活动信息。所以，利用市场信号对竞争对手进行分析，一定要注意市场信号的真伪。要做到这一点，除了要将市场信号与竞争对手的未来目标、自我假设、现行战略、潜在能力结合起来分析之外，还要注意以下两点：

（1）考察竞争对手的"宣言"或信息发布是否与其实际行动相一致，"说到不如做到"。

（2）利用历史资料辨别市场信号的真伪，对竞争对手过去行为的"温故而知新"可能会发现其现实行为的某些真正原因。

市场信号多种多样，采取何种形式主要依据竞争对手的行为及使用媒介而定。比较重要的市场信号形式有以下几种：① 事前预告；② 事后宣告；③ 竞争对手对产业的公开讨论；④ 竞争者对自己行动的讨论和解释；⑤ 比较竞争对手采用的竞争方式；⑥ 交叉回避。

（三）竞争者信息系统

竞争者研究需要大量信息资料，大量丰富的信息资料是在长期的一点一滴积累过程中形成的，而不是一次性工作中就能形成的。研究竞争者不仅需要长期艰苦细致的工作和适当的资料来源渠道，而且需要建立保障信息效率的组织机构——竞争者信息系统。

第五节　企业外部环境的综合评价

企业外部环境的综合评价方法主要是以评分法为主，其中最常用的是外部因素评价矩阵法。

所谓外部因素评价矩阵（external factor evaluation matrix），简称 EFE 矩阵，是一种对外部环境进行综合分析的工具。其做法是从机会和威胁两个方面找出影响企业未来发展的关键因素，根据各个因素影响程度的大小确定权数，再按企业对各关键因素的有效反应程度对各关键因素进行评分，最后算出企业的总加权分数。

EFE 矩阵可以帮助战略制定者归纳和评价经济、社会、文化、人口、环境、政治、政府、法律、技术以及产业和竞争等方面的信息。通过 EFE 矩阵，企业就可以把自己所面临的机会与威胁汇总，来刻画出企业的实际情境。

一、建立外部因素评价矩阵的步骤

建立 EFE 矩阵的五个步骤如下：

（1）列出在外部分析过程中所确认的外部因素。因素总数在 10～15 个之间比较合适，包括影响企业和其所在产业的机会和威胁。因素尽量具体，可能时采用百分比、比率和对比数字。

(2) 依据重要程度,赋予每个因素以权重(0~1.0),权重标志着该因素对于企业在生产过程中取得成功影响的相对重要程度。0 表示不重要,1 表示非常重要。所有因素权重的总和必须为1,机会往往比威胁得到更高的权重,但当威胁因素特别严重时也可得到比较高的权重。

(3) 按照企业现行战略对各个关键因素的有效反应程度为各个关键因素打分,范围0~4 分。评分反映企业现行战略的有效性,因为它是以公司现有战略为基础的。具体打分的原则是:4 代表反应很好;3 代表反应超过平均水平;2 代表为平均水平;1 代表反应很差。

(4) 用每个因素的权重乘以它的评分,即得到每个因素的加权分数。

(5) 将所有的因素的加权分数相加,以得到企业的总加权分数。

特别说明,评价时需要注意,无论 EFE 矩阵所包含的关键机会与威胁数量是多少,企业所能得到的总加权分数最高为 4.0,最低为 1.0,平均总加权分数为 2.5。若总加权分数为 4.0,反映出企业对现有机会与威胁做出了最优秀的反应。或者说,企业的战略有效地利用了现有机会并把外部威胁的潜在不利影响降到了最低限度。总加权分数为 1.0,则说明公司战略不能利用外部机会或回避外部威胁。根据不同的分数得出不同的结论,并进一步分析。

二、案例说明

下面我们来看一个企业外部因素评价矩阵的例子,表 2.3 为某房地产公司的外部环境评价。

表 2.3 某房地产公司的外部环境评价

	影响战略的主要外部因素	权重	评分	得分
机会	经济繁荣,城镇规划速度较快,收入水平提高	0.10	4	0.40
	中国人口数量大,传统有房有家观念深,结婚买房意愿强	0.05	1	0.05
	市场环境向好,房地产是经济发展的重要支柱	0.10	2	0.20
	住房贷款的支持,购买商品房的人数增加	0.10	3	0.30
	中西部地区的发展以及县级城市的发展,给公司业务带来商机	0.15	3	0.45
	公司配套的物业服务能力较强,口碑较好,可较好地吸引客户	0.15	3	0.45
威胁	国家对房地产的宏观调控,紧缩的货币政策,房地产融资紧张	0.10	3	0.30
	其他几个重要房地产公司的扩张削弱公司的竞争优势	0.10	3	0.30
	目前房屋的空置率过高,不利于房地产的健康发展	0.05	1	0.05
	全球性的经济不稳定,经济波动大	0.05	1	0.05
	国家土地转让的不规范、较高的转让费以及房契税率的增加	0.05	2	0.10
总 计		1.0		2.65

结论:该公司评价得分为 2.65,高于平均得分 2.5,这说明该公司在利用机会,抵消外部威胁的不良影响方面做得较好,并在该行业占据一定的竞争优势地位。但是要想加快发展,还需要在一些方面进行改进。

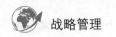

课后案例

肯德基在中国

20世纪90年代以来,中国经济全球化进程提速。在这个人口世界第一、最具潜力的中国大众餐饮市场,同样源自美国的全球快餐巨头麦当劳与肯德基,在中国市场展开了激烈的竞争。

从全球范围看,麦当劳和肯德基尚不属于一个重量级:麦当劳目前在世界121个国家和地区拥有超过30000家店,全球营业额约406.3亿美元,而肯德基在世界80个国家和地区拥有的连锁店仅为11000多家。据美国食品业界研究机构Technomic对2003年全美快餐销售额和餐厅数量的统计显示,麦当劳以全美13609家餐厅,销售额超过221亿美元的业绩排名榜首,而肯德基则以全美5524家餐厅,销售额49.36亿美元排名第七。

然而,作为全球快餐第一品牌的绝对老大麦当劳在中国市场的整体发展现状,却一反常态、不容乐观,远远落后于位处全球范围的第二品牌与美国本土市场第七的肯德基,两者之间的业绩相去甚远。相比麦当劳,肯德基更加受到中国人民的喜爱,平均每年开店200家,遍及全国31个省份,年平均销售额增长率达到20%。究其原因,肯德基在中国市场的胜利,有赖于其对中国市场环境的准确把握。

一、全球化与本土化结合

跨国公司所面临的一个非常重要的问题就是在多元文化条件下,如何克服异质文化的冲突,发挥多元文化的优势,对企业进行有效的管理。肯德基通过将全球化与本土化相结合,打出"为中国而改变,全力打造'新快餐'"的口号。肯德基的本土化内容主要包括以下几个方面:

首先是人才本土化。肯德基着力培养和提拔本地人才,从一开始,就聘用一批由中国香港、台湾地区及亚洲其他国家和地区的华人所组成的核心领导层,他们富有激昂的创业热情,并且具备多年的快餐行业从业经验,同时又对中国的语言、文化、地理、历史、风俗习惯比较了解。正是这样一个既具有行业经验又深刻了解中国市场的领导层,能够在最短的时间内做出最正确的判断。

其次是产品本土化。中国的北方人偏好牛羊肉,但在中国的南方,猪肉及鸡肉则受到大众的喜爱,总体来看,中国人对鸡肉的需求是大于牛肉的,这也是麦当劳在中国市场不及肯德基的一个原因之一。肯德基以"原味鸡"名闻世界,但中国人不像美国人那样喜爱鸡胸的"白肉",因此肯德基从一开始就不断揣摩中国消费者的口味,不断推出了很多具有中国特色的产品,如珍鲜四宝粥、培根鸡蛋灌饼、胡萝卜面包、墨西哥/老北京鸡肉卷、芙蓉鲜蔬汤、番茄蛋花汤、盐酥半翅等菜式。有许多中国人都喜欢吃辣,肯德基就针对这种偏好推出了香辣鸡腿堡、川辣嫩牛五方、辣鸡翅等产品。

最后是供应商本土化。使肯德基的供应链本土化,发展本地供应商,能够很好地满足中国人民对饮食的需求,有效地降低采购成本,中国百盛供应链的整合以及本土化在1998年一年就将外购成本削减了近1亿元人民币。同时,实行供应商本土化还可以降低外购时由于天气、运输、关税、政府政策等不可预测因素带来的风险。

二、选址策略

一家餐厅的运营状况会受很多因素的影响,其中十分重要的一个因素就是餐厅选址。影响餐厅选址的因素主要包括区域商圈的商业条件、交通条件、客流状况、店面状况及其他因素等。综合这些对选址产生重要影响的因素,几乎每一个肯德基店面的选址,都会包含这样几个特点:主要分布在客流量大的商业中心附近,周围有大型购物商场、游乐园、医院等,这些地区人流量大且稳定,有较大的需求;主要分布在交通条件便利的路口附近,且在街道两侧人流较多的一侧,这样不仅人流量大而且交通便利,吸引顾客光顾;以购物商场为依托,且布局楼层较低,充分利用知名购物商场的顾客资源,为顾客提供购物后的休息与娱乐场所,而且使得广大男性顾客避免陪女伴长时间逛商场。

三、危机管理能力

每个公司都会面临这样或那样的突发事件,尤其是跨国公司,就更容易得到大家的关注以及监督。随着肯德基在中国市场的不断发展,出现了很多大大小小的突发事件,比如苏丹红事件、禽流感事件、劳资事件以及滤油粉事件,无论事件的大小,肯德基都做到了在事件发生后做出迅速、有技巧的处理。同时,肯德基还认识到要"防患于未然",预测可能发生的危机,并且模拟一旦危机发生后的处理程序。正是这种正确的面对危机的态度,使得在危机发生时,肯德基能够迅速地做出处理,将危机事件对公司的不利影响降低到最小。

肯德基在中国市场取得的巨大成功并不是偶然。作为一个国际性的餐饮企业,肯德基很好地做到了本土化,将全球化与本土化恰到好处地结合在一起;肯德基的餐厅选址至今未出现任何闪失;肯德基拥有一套完善的危机管理系统,这样在面对困难时就能够快速、正确地进行处理。这些根据中国市场特点所采取的应对策略,使得肯德基在中国远远超过全球老大麦当劳。

资料来源:罗玉明,刘莉芳.企业战略管理:理论、实务、案例、实训[M].北京:中国传媒大学出版社,2015.

案例分析题

肯德基在中国市场做得比麦当劳更成功的原因是什么?

◆本章思考题

1. 企业的战略是应该追求顺应环境还是应该注重改变环境?
2. "五力模型"的优点和局限性是什么?在互联网时代,"五力模型"仍然适用吗?
3. 竞争对手分析的常见盲区在哪里?如何通过市场信号影响对手的判断和行为?

第三章　企业内部环境分析

导入案例

小商品大标准：双童吸管闪亮第 24 届义博会

2018 年 10 月 21 日，第 24 届中国义乌国际小商品（标准）博览会（简称"义博会"）在义乌开幕。作为目前国内最具影响力的日用消费品展会，义博会自本届起更名为中国义乌国际小商品（标准）博览会，自此成为国内首个植入标准化元素的国际展览会。

义博会期间，双童吸管等义乌品牌亮相"品字标浙江制造"。该主题展区集中展示了一批代表浙江省高水平、高标准企业的产品。

在走进"双童吸管"制作工厂期间，美国合众社、路透社、越南人民报等 7 家国外媒体共计 11 位媒体代表纷纷为吸管里蕴含的科技元素和高标准要求惊叹不已。

著名经济学家成思危先生曾将中小企业比喻为中国经济的血肉。因为专注与坚持，楼仲平把一根小小的吸管做到了极致，其企业案例也被清华大学等十几所高校编入 MBA 教材。

二十多年来，双童吸管先后承担了五项国家级产品标准的起草和编制任务。《聚乳酸冷饮吸管》中国轻工行业标准、《聚丙烯饮用吸管》中国国家标准、《电子商务交易产品信息描述、食品接触塑料制品》中国国家标准、《聚丙烯饮用吸管》浙江制造团体标准、《聚丙烯饮用吸管规范 ISO 国际标准》。全球塑料吸管行业国际标准的相关组织要求、生产过程、规则验收、依据评判等几乎所有的细则条文均来源于"双童"提供的实践和验证支持，为中国塑料饮用吸管行业在全球市场的长远发展争取到了规则主动权和行业话语权。

"双童"是义乌市一家民营企业，22 年来专注吸管的研发、制造。早在 10 年前，"双童"靠数量取胜战略，依托义乌小商品市场，成为"全球吸管大王"，每天有数个集装箱的吸管出口到世界各地，但产品利润十分微薄。"双童"意识到"三流的企业卖产品、二流的企业打品牌、一流的企业定标准"，开始提升吸管的科技含量。目前，"双童"手握 100 多项吸管专利，占全球吸管行业专利数量的 2/3 强，单根吸管的利润由原来的以分甚至厘计算提升为几元到十几元，实现了从"数量大王"到"科技大王"的转变。

资料来源：https://finance.huanqiu.com/article/9CaKrnKe5NS.

案例思考题

双童公司的核心竞争力是什么？

第一节　企业资源与能力分析

在对企业进行详尽而全面的外部环境分析之后,接下来要做的就是通过内部分析找出什么是企业的核心竞争力。企业通过从事一系列活动提供产品和服务,这些活动形成了提供最终产品和服务的链条,而价值的实现就是源于顾客购买这些产品或服务。为了从事这些活动,企业需要具备相应的资源以及运用这些资源的能力。然而,仅仅具有能力是不够的,要形成战略价值,企业就必须拥有优于竞争对手的能力。企业以优于竞争对手的方式使用资源,从事生产经营活动从而为顾客创造更大价值,这是企业竞争优势的本质。

一、企业资源分析

企业资源,是指企业所拥有或控制的有效因素的总和。任何可以作为企业选择和实施其战略的基础的东西都可以称为企业的资源,如企业的资产组合、独特的经营地点、对外关系、品牌形象、员工队伍、管理人才、知识产权,等等。

(一)企业资源的分类

企业的资源可以分为外部资源和内部资源。企业的内部资源包括人力资源、物质资源、财务资源、信息资源、技术资源、管理资源、内部环境资源等。而企业的外部资源包括行业资源、产业资源、市场资源、外部环境资源等。

还有一种更加常用的分类方法,可以把企业资源分为有形资源、无形资源和人力资源三大类。

1. 有形资源

有形资源主要是指财务资源和实物资源,它们是企业经营管理活动的基础,一般都可以通过会计方式来核算其价值。财务资源主要是指企业可以用于生产经营活动的货币资金,还包括应收账款、有价证券等。实物资源主要是指具有物质形态的车间厂房、机器设备、工具器具、生产资料、土地等各种物质资源。

企业的有形资源一般不能成为企业竞争优势的来源,除非其具有稀缺性,使得竞争对手无法或者不能轻易取得。

2. 无形资源

无形资源主要包括技术资源、信息资源、品牌资源、文化资源、管理资源和关系资源。相对于有形资源来说,无形资源似乎没有明显的物质载体而看似无形,但它们却成为支撑企业发展的基础,能够为企业带来无可比拟的优势。

(1) 技术资源。广义的技术资源包括形成产品的直接技术和间接技术以及生产工艺技术、设备维修技术、财务管理技术、生产经营的管理技能。此外,技术资源还应包括市场活动的技能、信息收集和分析技术、市场营销方法、策划技能以及谈判推销技能等市场发展的技术。技术资源是决定企业经营成果的重要因素,其效力发挥依托于一定水平的财务和物质资源。

(2) 信息资源。信息资源是指客观世界和主观世界的一切事物的运动状态和变化方式及其内在含义和效用价值。企业的信息资源由企业内部和外部各种与企业经营有关的情报资料构成。信息资源在企业的资源结构中起着支持和参照作用,具有普遍性、共享性、增值性、可处理性和多效用性等特征,"知己知彼,百战不殆"就是运用信息资源使整体资源增值性的最好诠释。

(3) 品牌资源。品牌资源就是由一系列表明企业或企业产品身份的无形因素所组成的资源。品牌资源又可细分为产品品牌、服务品牌和企业品牌三类。品牌资源尤其是成为驰名商标的品牌对企业经营成败至关重要,名牌对企业维系顾客忠诚、开拓新市场、推广新的产品等方面具有无可比拟的优势。

(4) 文化资源。文化资源是由企业形象、企业声誉、企业凝聚力、组织士气、管理风格等一系列具有文化特征的无形因素构成的一项重要资源。与有形资源比较,其缺乏直接的数量化特征,没有一个客观数据基础,是由一系列社会形象或文化形象的形式存在于评价者心中,与其载体密不可分。文化资源的形成与发展是其他资源效力发挥的累积结果,可以迁移到被兼并或被控股的公司和新成立的企业中,企业形象、品牌信誉等还可以从原来产品转移到新产品中。

(5) 管理资源。管理资源包括企业管理制度、组织机构、企业管理策略。管理是对企业资源进行有效整合以达到企业既定目标与责任的动态创造性活动,它是企业众多资源效力发挥的整合剂,其本身也是企业一项非常重要的资源要素,直接影响乃至决定着企业资源整体效力发挥的水平。管理资源一般需要长期管理实践的积累。

(6) 关系资源。关系资源是指企业因为与顾客、政府、社区、金融机构等个人或组织之间良好的关系而获得了可以利用的存在于企业外部的资源,这其中特别应该受到重视的是客户关系资源。企业与客户长期良好的合作而建立起顾客忠诚,这样客户就成为企业经营中获取强大竞争优势的一项重要资源。

由于无形资源一般难以被竞争对手模仿,因此很多企业愿意将其作为企业能力和核心竞争力的基础。

3. 人力资源

人力资源是指存在于企业组织系统内部和可利用的外部人员的总和,包括这些人的体力、智力、人际关系、心理特征以及其知识经验的总汇。一方面,人力资源表现为一定的物质存在——人员的数量,同时更重要的是表现为这些员工内在的体力、智力、人际关系、知识经验和心理特征等无形物质。所以,人力资源是有形与无形的统一资源。由于人力资源是企业技术资源和信息资源的载体,是其他资源的操作者,决定着所有资源效力的发挥水平,所以一般认为人力资源是企业资源结构中最重要的关键资源。

在技术飞速发展和信息化加快的新经济时代,人力资源在企业中的作用越来越突出,也是企业核心竞争力的非常重要的来源。

(二) 决定企业竞争优势的资源判断标准

面对以上各种资源,企业必须要搞清楚哪些资源真正具有战略价值,能够使企业在竞争中获得突出的优势。其判断标准如下:

1. 资源的稀缺性

如果一种资源是所有竞争者都能轻易取得的,那么,这种资源便不能成为企业竞争优势的来源。如果企业掌握了取得处于短缺供应状态的资源,而其他的竞争对手又不能获取这种资源,那么,拥有这种稀缺性资源的企业便能获得竞争优势。

2. 资源的不可模仿性

资源的不可模仿性是竞争优势的来源,也是价值创造的核心。资源的不可模仿性主要有以下四种形式:

(1) 物理上独特的资源。有些资源是物质本身的特性所决定的。例如,企业所拥有的房地产处于极佳的地理位置,拥有矿物开采权或是拥有法律保护的专利生产技术等。这些资源都有它的物理上的特殊性,是不可能被模仿的。

(2) 具有路径依赖性的资源。这是指那些必须经过长期的积累才能获得的资源。例如,戴尔直销模式用了20多年时间才形成全球竞争力。

(3) 具有因果含糊性的资源。有些资源的潜在的复制者不能清楚其价值究竟在何处,或不能找出准确的复制方法。例如,企业的文化常常是一种具有因果含糊性的资源,难以被竞争对手模仿。

(4) 具有经济制约性的资源。这是指产业市场领导者的竞争对手已经拥有复制其资源的能力,但由于市场空间有限只好作罢。例如,企业在市场上处于领导者的地位,其战略是在特定的市场上投入大量资本。这个特定市场可能会由于空间太小,不能支撑两个竞争者同时盈利,企业的竞争对手再有能力,也只好放弃竞争。这种资源便是具有经济制约性的资源。

3. 资源的不可替代性

不可替代的资源是指不具有战略对等性的资源。所谓战略对等性的资源是指如果当两种资源可以分别用于实施同一种战略的话,那么这两种资源就被视为具有战略对等性的资源。通常来说,一项资源越是来源于知识与技能的结合,就越难找到战略对等性的资源。例如,企业管理层与员工之间信任基础上的工作关系就是很难被替代的资源。

4. 资源的持久性

资源的贬值速度越慢,就越有利于形成核心竞争力。一般来说,有形资源往往都有自己的损耗周期,而无形资源和人力资源则很难确定其贬值速度。

二、企业能力分析

企业能力,是指企业配置资源,发挥其生产和竞争作用的能力。企业能力来源于企业有形资源、无形资源和人力资源的整合,是企业各种资源有机组合的结果。能力是运用、转换与整合资源的能耐,是资产、人员和组织投入产出过程的复杂结合,表现在整合一组资源以完成任务或者从事经营活动的有效性和效率。

虽然企业能力是一个整体概念,但是在具体体现其作用时,还是可以分解的。按照不同的标准,企业能力可以分解为各种分项能力。

(一) 从经营职能角度分析企业能力

1. 决策能力

决策能力是企业适应经营环境制定企业经营方案的能力。在现代企业中,这部分能力主要由企业董事会成员及企业研究人员所拥有。

2. 管理能力

管理能力是企业实施经营方案的能力。在现代企业中,这部分能力主要由企业管理人员所拥有。

3. 监督能力

监督能力是企业监督正确决策和有效管理的能力,包括工作监督能力和产权监督能力。其中,工作监督能力由企业董事会成员所拥有;产权监督能力主要由企业监事会成员所拥有。

4. 改善能力

改善能力是企业成员发现问题、提出问题并制订建议、改善方案的能力。一般由企业全体成员所拥有。

(二)从经营活动角度分析企业能力

可以分为研发能力、生产管理能力、营销能力、财务能力和组织管理能力。

1. 研发能力

随着市场需求的不断变化和科学技术的持续进步,研发能力已成为企业保持竞争活力的关键因素。企业的研发活动能够加快产品的更新换代,不断提高产品质量,降低产品成本,更好地满足消费者的需求。企业的研发能力主要从研发计划、研发组织、研发过程和研发效果几个方面进行衡量。

2. 生产管理能力

生产活动,是指将投入(原材料、资本、劳动等)转化为产品或服务并为消费者创造效用的活动。生产活动是企业最基本的活动。生产管理能力主要涉及五个方面,即生产过程、生产能力、库存管理、人力管理和质量管理。

3. 营销能力

企业营销能力是企业有效开展市场营销活动的能力,即通过统筹、利用内外资源满足目标市场消费者的需求以实现自身生存和持续发展的一种能力。营销竞争力是企业营销能力的具体体现。

4. 财务能力

企业的财务能力主要涉及两个方面:一是筹集资金的能力;二是使用和管理所筹集资金的能力。筹集资金的能力可以用资产负债率、流动比率和已获利息倍数等指标来衡量;使用和管理所筹集资金的能力可以用投资报酬率、销售利润率和资产周转率等指标来衡量。

5. 组织管理能力

组织管理能力主要从以下方面进行衡量:① 职能管理体系的任务分工;② 岗位责任;③ 集权和分权的情况;④ 组织结构(职能制、事业部等);⑤ 管理层次和管理范围的匹配。

此外,还可以从经营过程中的重要性角度,把企业的能力分为核心能力和非核心能力。核心能力的分析将在下一节进行介绍,这里不再赘述。

需要说明的一点是,以上这种分类只是相对的,因为这些分项能力不是彼此孤立的,而是相互关联、相互作用、相互融合的,最终体现出企业在经营和竞争中的综合能力。

第二节 企业核心能力分析

一、核心能力的概念及特征

（一）核心能力的概念

1990年，普拉哈拉德(Prahalad)和加里·哈默尔(Gary Hamel)在《哈佛商业评论》中首先提出"核心能力"这一概念。所谓核心能力，又称为核心竞争力，是企业在长期生产经营过程中的知识积累和特殊的技能（包括技术的、管理的等）以及相关的资源（如人力资源、财务资源、品牌资源、企业文化等）组合成的一个综合体系，是企业在具有重要竞争意义的经营活动中能够比其竞争对手做得更好的能力。

根据麦肯锡咨询公司的观点，所谓核心能力，是指某一组织内部一系列互补的技能和知识的结合，它具有使一项或多项业务达到竞争领域一流水平的能力。核心能力由洞察预见能力和前线执行能力构成。洞察预见能力主要来源于科学技术知识、独有的数据、产品的创造性、卓越的分析和推理能力等；前线执行能力产生于这样一种情形，即最终产品或服务的质量会因前线工作人员的工作质量而发生改变。企业核心能力是企业整体资源综合运用的结果，它涉及企业的技术、人才、管理、文化和凝聚力等各方面，也是企业各部门和全体员工共同行为的结果。

（二）核心能力的特征

核心能力一般具有以下三大基本特征：

1. 价值特征

（1）核心能力在企业创造价值和降低成本方面具有核心地位，核心能力应当能显著提高企业的运营效率。

（2）核心能力能实现顾客所特别注重的价值，一项能力之所以是核心的，它给消费者带来的好处应是关键的。

（3）核心能力是企业异于竞争对手的原因，也是企业比竞争对手做得更好的原因。因此核心能力对企业、顾客具有独特的价值，对企业赢得和保持竞争优势具有特殊的贡献。

2. 资产特征

对企业核心能力的投资是不可还原性投资，因此核心能力可以看作企业的一种专门资产，具有"资产专用性"的特征。核心能力的专用性还体现在积累的自然属性，因为核心能力具有历史依存性，是企业积累性学习的结果，也即企业的"管理遗产"，它使仿制者处于时间劣势，即使仿制者知道核心能力，也由于资源的积累需要一段时间而无法参与竞争。核心能力的资产专用性特征对外面的潜在进入者构成一种进入壁垒，以保护垄断利润的获得；同时又对企业本身构成了一种退出壁垒，这种退出壁垒对企业产生一种推动作用，激励企业员工为共同的目标而努力。

3. 知识特征

知识可以分为两大类：显性知识和隐性知识。具有信息特征的显性知识很容易被仿制，而具有方法论特征的知识则相对来说较难仿制。如果核心能力必须是异质的,必须是完全不能仿制和替代的,那么核心能力必须是以隐性知识为主。正因为隐性知识不公开、内容模糊、无法传授、使用中难以觉察、复杂而又自成体系的缘故,核心能力才具有"普遍模糊"的特点。因此,核心能力可以被认为是关于如何协调企业各种资源用途的"知识"形式。

二、企业核心能力的识别

（一）企业核心能力的关键性测试

并不是企业的所有资源、知识和能力都能形成持续的竞争优势,都能发展成为核心能力,要成为核心能力,企业的能力要能同时满足以下三个关键测试,则可称之为核心竞争力。

(1) 它对顾客是否有价值。核心能力必须能够提高企业的效率,有助于企业在价值创造中比竞争对手做得更好。换而言之,也就是看企业的产品或服务是否为顾客赋予了额外的价值,而此价值可令企业在市场上脱颖而出。例如,索尼的能力是设计、制造和销售微型电子产品,这种能力对公司的顾客而言很有价值。索尼将这种能力运用在若干市场机会的开发上,如音响、磁带播放机、电视机以及摄影机等。

(2) 它与企业的竞争对手相比是否有优势。核心能力是企业独有而当前或潜在竞争对手所不具备的。如果一项能力仅被一家组织所有,那么,它将成为竞争优势的来源;而如果一种能力或资源被许多组织同时拥有,那么将形成所谓的竞争均势——没有一家能够获得优势。当然,不仅仅只有一家拥有才算优势,少数几家拥有也算优势。

(3) 它是否很难被模仿或复制。如果该能力容易被竞争对手模仿,或通过努力很容易达到,则它就不可能给企业提供持久的竞争优势。如果一个企业拥有能够提供其竞争优势的战略能力,则其竞争对手必然会模仿。然而,不同的企业拥有不同的资源和技术、不同的企业文化以及不同的思维方式,企业的能力是长年累积而成的,企业要想改变自己的原始能力并非易事,容易获取的能力一般不能直接成为企业的竞争优势。

例如,网站、软件包、生产制度以及会计专业人才等,这些内化于企业整个组织体系、建立在系统学习经验基础上的专长,比建立在个别专利或某个出色的管理者或技术骨干基础之上的专长,具有更持久的竞争力。

即使运用以上三项测试,核心能力的识别很多时候仍然是非常困难的,关于核心能力的大多数文献中引证的企业案例往往带有事后追溯的特征。也就是说,一个企业之所以成功,是因为它已经成功了;一个企业之所以具有核心能力,是因为它已经取得了竞争优势。我们需要从企业的成长历程出发(即从"事前"和"事中"的角度,而不仅仅是事后分析),寻找识别核心能力的途径,从而帮助企业培育、巩固、应用和转换核心能力,以取得持续的竞争优势。

识别核心能力的基本方法有两种:一是以活动为基础;二是以技能为基础。这两种方法虽然有助于企业识别其重要活动和关键技能,但有一个很大的缺陷,就是忽略了核心能力的资产特征和知识特征,即核心能力更多表现在专用性资产、组织结构、企业文化、积累知识等隐性和动态要素方面。因此,核心能力的识别应该从有形(资产)和无形(知识)、静态(技能)和动态(活动)、内部(企业)和外部(顾客和竞争对手)等多角度、多层次着手,这样才能更好地理解和识别进而培育和保持核心能力。

（二）企业核心能力的外部识别

即从竞争对手和顾客的角度分析,来准确识别企业的核心能力。企业之所以具有核心能力,它提供的产品和服务以及对顾客所看重的价值与竞争对手相比有多大程度的差异;然后,分析为什么会产生这些差异,对重要差异起关键作用的驱动力有哪些。核心能力的外部识别方法有两种:一是核心能力的顾客贡献分析;二是核心能力的竞争差异分析。

1. 核心能力的顾客贡献分析

顾客贡献分析与价值链分析的主要区别在于,顾客贡献分析是从企业的外部出发,分析在带给顾客价值中哪些是顾客所看重的价值,那些带给顾客核心价值的能力便是核心能力,而不是从企业内部价值创造的全过程分析。从这个角度看,可以把本田公司在发动机方面的技能看作核心能力,因为顾客购买本田车,是由于本田车在发动机和传动系统方面的能力确实为顾客提供了诸如极省油、易发动、易加速等核心价值。

因此,要识别核心能力就必须弄清:顾客愿意付钱购买的究竟是什么;顾客为什么愿意为某些产品或服务支付更多的钱;哪些价值因素对顾客最为重要,也因此对实际售价最有贡献。经过如此分析,可以初步识别能真正打动顾客的核心能力。

2. 核心能力的竞争差异分析

波特教授认为,一个企业的竞争优势取决于两个因素:所选择产业的吸引力和既定产业内的战略定位。也就是说,企业要取得竞争优势,一方面要有能够进入具有吸引力产业的资源和能力,即战略产业要素(strategic industrial factors);另一方面拥有不同于竞争对手且能形成竞争优势的特殊资产,即战略性资产(strategic assets)。

因此,从与竞争对手的差异性角度分析核心能力有两个步骤:

(1) 分析企业与竞争对手拥有哪些战略产业要素,各自拥有的战略产业要素有何异同,造成差异的原因何在。

(2) 分析企业与竞争对手的市场和资产表现差异,特别是企业不同于竞争对手的外在表现,如技术开发和创新速度、产品形象、品牌、声誉、售后服务、顾客忠诚等,识别哪些是企业具有的战略性资产,根植于战略性资产之中的便是核心能力。

(三)企业核心能力的内部识别

1. 技能分析

从技能角度分析和识别核心能力对企业来说是最容易接受和掌握的。大多数竞争优势源泉根植于出众的技能:业务单位制造出更高质量的产品,有更好的销售人员,并且对顾客更体贴、更周到,原因在于具有某些与众不同的诀窍。没有一个业务单位在各种职能上都有出众的技能,但成功的业务是因为在对某些业务单位战略很重要的职能上具有一定技能优势。如果这种战略是关于质量的,该单位可能在制造技能方面或全面质量管理上具有优势;如果该战略是关于服务的,那么该业务单位将需要在服务技能上,通过设计更优秀的系统或更简易的服务产品拥有某些优势。

业务单位想成功地施展一种关键业务技能,就必须成功地实施其战略活动,大多数战略活动包括一组关键业务技能。这组关键业务技能中的每一种都能够进一步分解为"部件"和"子部件"。部件是按高标准实现关键业务技能所需要的因素。部件可以分解为子部件,甚至能进一步细分。某些部件对业务技能的总体业绩有较大的影响,我们可以把这些部件称为关键性部件。

一项业务技能的每种部件都依赖于诀窍。关键性部件中诀窍的质量对整体业绩可以产生巨大影响。在关键性部件里,公司具有能够开发某些自己特有的诀窍,以及不能被竞争对手广泛使用的出众能力或知识。通过界定"关键业务技能",精确抓住"关键部件或子部件",可以识别和培育企业核心能力,从而获得竞争优势。

2. 资源分析

一般认为,有形的专用性资源产生的优势容易模仿因而难以持久,稳定而持续的竞争优势主要来自无形资源的专用性投资。卓越公司的优势一般并不是体现在现代化的厂房和先进的机器设备上,而是蕴藏在下列诸多的无形资产中:

(1) 市场资源。产生于公司和其市场或客户的有益关系,包括各种品牌、忠诚客户、销售渠道、专营协议等。

(2) 人力资源。体现在企业雇员身上的才能,包括群体技能、创造力、解决问题的能力、领导能力、企业管理技能等。

(3) 知识产权资源。受法律保护的一种财产形式,包括技能、商业秘密、版权、专利、商标和各种设计专用权等。

(4) 基础结构资源。此指企业得以运行的那些技术、工作方式和程序,包括管理哲学、企业文化、管理过程、信息技术系统、网络系统和金融关系等。

一般来说,人力资源是整个企业运行的基础,市场资源和基础结构资源是企业赢得竞争优势的核心,知识产权资源只能取得暂时的相对优势。

3. 知识分析

正如埃里克森和米克尔森所说的那样,核心能力可以被认为关于如何协调企业各种资源用途的知识形式。不过,波兰尼(Polanyi)关于显性知识和隐性知识的划分,尽管有利于解释企业核心能力难以模仿和复制,但对企业进行知识分析则显得粗糙。较权威的对知识的分类来自经合组织(OECD)。OECD将知识分为四种类型:知道是什么的知识(know-what);知道为什么的知识(know-why);知道怎么做的知识(know-how);知道是谁的知识(know-who)。其中,前两类大致属于显性知识,后两类属于隐性知识。企业知识并不是企业个体所有知识的总和,而是企业能像人一样具有认知能力,把其经历储存于"组织记忆"(organizational memory)中,从而拥有知识。

4. 价值链分析

核心能力的价值链分析实际上是以活动为基础的。公司是一个由一系列活动组成的体系,而不是个别产品或服务的简单组合。有些活动的经营业绩好于竞争者,并对最终产品或服务是至关重要的,这些活动就可以被称作核心能力。核心能力与活动的一个细微但却重要的差别是:活动是企业所从事的,而核心能力则是组织所拥有的。

价值链分析是一个很有用的工具,它能有效地分析在企业从事的所有活动中哪些活动对企业赢得竞争优势起关键作用,并说明如何将一系列活动组成体系以建立竞争优势。价值链分析可以用来识别对企业产品的价值增值起核心作用的活动。真正的核心能力是关键的价值增值活动,这些价值增值活动能以比竞争者更低的成本进行,正是这些独特的持续性活动构成了公司真正的核心能力。关于价值链分析的详细内容将在下一节介绍。

三、企业核心能力的构建

(一) 通过技术创新构建企业核心能力

技术创新对提高企业核心竞争力有三大效应：一是自我催化效应。随着一项技术创新的成果成为企业的核心技术，企业也将逐渐形成自己新的核心竞争力和技术模式，能使企业在较长时期内获得高额垄断利润和规模经济效益。二是低成本扩张与收益效应。新技术在企业中的应用，使企业以同样的成本得到收益倍增效应，可以运用同一技术在不同产品市场上获得巨大的创新收益。三是增强企业整体实力效应。技术创新可以提高企业在相关产品市场上的竞争地位，其意义远远超过在单一产品市场上的胜利，对企业的发展具有深远的意义。

(二) 通过质量创新构建企业核心能力

优良的品质是一个企业的生命，打造服务品牌，就是要将品牌战略作为优质服务的一种理念和一种追求，按照"始于客户需求，终于客户满意，超越客户期望"的工作标准，不断从观念上和管理上力求突破；打造优秀的服务品牌，就是按照"人无我有，人有我优，人优我新"的工作思路，不断创新服务手段，丰富服务内涵。以用户为中心，提高用户满意度，使用户信赖于自身企业的产品和服务，培养客户的忠诚度。

(三) 通过管理创新构建企业核心能力

管理创新可以从以下几个方面进行：一是管理理念创新。从争夺最终产品市场占有率转向争夺核心产品市场份额；重视对环境的适应性，更重视提高企业自身的素质；注重做好全面管理，更注重做好关键环节的管理；从垂直多元化发展转向对价值链关键环节的把握；从横向多元化扩张转向业务核心化发展；从争取分散企业风险转向努力增强企业实力；从产品组合管理转向技术组合管理；既追求规模经济效益，又注重培育持续竞争优势。二是组织创新。建立现代企业制度，完善公司法人治理结构，并根据企业实际进行组织结构设计。三是控制工作创新。确立全新的控制标准，推进企业信息化，研究和使用新型控制原理与技术。四是战略创新。由竞争战略向合作竞争战略转化。五是人力资源管理创新。如引入柔性管理等。

(四) 通过文化创新构建企业核心能力

企业文化在构建核心能力上的独特作用，主要是整合企业内外部资源。企业内部活的因素是人。企业文化对企业内部资源的整合，最关键的是对人力资源的整合，对企业员工精神的塑造。同时，通过企业文化创新，可以发现、选择、利用外部资源。企业文化创新应从建设开放合作的文化、学习型文化、适应性和能动性叠加的文化等入手。

(五) 适度多元化经营以维持与发展核心能力

虽然专业化经营有其突出优点，但如果公司始终专注于专业化生产或服务，那么核心竞争力的持续发展就面临枯竭的危险。因此，围绕企业核心竞争力进行适当的多元化拓展，是维持与发展企业核心竞争力，保持企业长期竞争优势的重要渠道。另一方面，公司的核心竞争力是公司最重要的资产，并且具有极强的发散性，只有通过适当的多元化经营，才能有效发挥公司核心竞争力的最大效益。

总而言之,企业的核心能力是企业发展壮大的基石,是企业可持续发展的动力,是由企业长期培育和积淀而成的。打造企业核心竞争力是一项长期复杂的系统工程,需要长期不懈努力。一个企业,想要真正营造自己的核心竞争力,必须做到综合分析,正确判断企业的各种条件,寻找自己的长处,从生产管理、质量、规模、销售模式、渠道、售后服务、品牌认识、价格、人才等各方面入手,做好其中一项或多项工作,锻造出具有强大生命力的核心竞争力,实现跨越式发展。

第三节 企业内部价值链分析

一、企业价值链概述

（一）企业价值链的概念

价值链(value chain)这一概念首先由迈克尔·波特于 1985 年提出。波特认为,每一个企业都是在设计、生产、销售、发送和辅助其产品的过程中进行种种活动的集合体。企业每项具体的生产经营活动都是其创作价值的活动,这些互不相同但又相互关联的生产经营活动,构成了一个创造价值的动态过程,即价值链。价值链的概念有广义和狭义之分,在全球分工协作日益紧密的今天,广义的价值链已经上升到了全球价值链的范畴。而这里探讨的是狭义概念,即企业内部价值链。

价值链理论的一个基本观点是,在一个企业众多的价值活动中,并不是每一个环节都创造价值。企业所创造的价值,实际上来自企业价值链上的某些特定的价值活动；这些真正创造价值的经营活动,就是企业价值链的"战略环节"。企业在竞争中的优势,尤其是能够长期保持的优势,说到底,是企业在价值链某些特定的战略价值环节上的优势,抓住了这些关键环节,也就抓住了整个价值链。

企业要生存和发展,必须为企业的股东和其他利益集团包括员工、顾客、供货商以及所在地区和相关行业等创造价值。如果把企业这个"黑匣子"打开,我们可以把企业创造价值的过程分解为一系列互不相同但又相互关联的经济活动,或者称之为增值活动,其总和即构成企业的价值链。

价值链的增值活动可以分为基本增值活动和辅助性增值活动两大部分。

企业的基本增值活动,即一般意义上的生产经营环节,如材料供应、成品开发、生产运行、成品储运、市场营销和售后服务。这些活动都与商品实体的加工流转直接相关。

企业的辅助性增值活动,包括组织建设、人事管理、技术开发和采购管理。这里的技术和采购都是广义的,既可以包括生产性技术,也包括非生产性的开发管理,例如,决策技术、信息技术、计划技术；采购管理既包括生产原材料,也包括其他资源投入的管理。例如,聘请有关咨询公司为企业进行广告策划、市场预测、法律咨询、信息系统设计和长期战略计划等。

价值链的各环节之间相互关联,相互影响。一个环节经营管理的好坏可以影响到其他环节的成本和效益。比方说,如果多花一点成本采购高质量的原材料,生产过程中就可以减少工序,少出次品,缩短加工时间。

价值链的两类活动如图 3.1 所示。

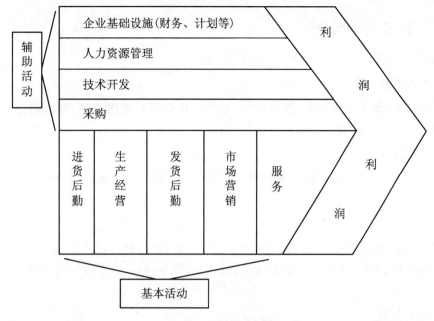

图 3.1　企业价值链

（二）企业价值链分析的特点

1. 价值链分析的基础是价值，其重点是价值活动分析

各种价值活动构成价值链。价值是买方愿意为企业提供给他们的产品所支付的价格。也是代表着顾客需求满足的实现。价值活动是企业所从事的物质上和技术上的界限分明的各项活动。它们是企业制造对买方有价值的产品的基石。

2. 价值活动可分为基本活动和辅助活动

基本活动是涉及产品的物质创造及其销售、转移给买方和售后服务的各种活动。辅助活动是指辅助基本活动并通过提供外购投入、技术、人力资源以及各种公司范围的职能以相互支持。

3. 价值链列示了总价值

价值链除了包括价值活动外，还涵盖了利润概念。利润是总价值与从事各种价值活动的总成本之差。

4. 价值链的整体性

企业的价值链体现在更广泛的价值系统中。供应商拥有创造和交付企业价值链所使用的外购输入的价值链（上游价值），许多产品通过渠道价值链（渠道价值）到达买方手中，企业产品最终成为买方价值链的一部分，这些价值链都在影响企业的价值链。因此，获取并保持竞争优势不仅要理解企业自身的价值链，而且也要理解企业价值链所处的价值系统。

5. 价值链的异质性

不同的产业具有不同的价值链。在同一产业，不同的企业价值链也不同，这反映了它们各自的历史、战略以及实施战略的途径等方面的不同，同时也代表着企业竞争优势的一种潜在来源。

二、基本活动分析

企业基本活动一般包括以下五种具体活动：

1．进货后勤

进货后勤也称为内部后勤、进货物流，是指与提供产品或服务的接收、储存和分配相关联的各种活动。例如，进货、仓储及存货控制等。

2．生产经营

这是指将各种投入品转化为最终产品或服务的各种活动。例如，机械加工、组装、测试、包装等。

3．发货后勤

发货后勤也称为外部后勤、发货物流，是指产品集中、储存以及配送最终产品的活动。例如，产品库存、搬运、送货等。如果企业提供的是服务，那么外部后勤则更多地涉及引导顾客消费。

4．市场营销

这是指提供买方购买产品的方式、引导买方进行购买的各种活动。例如，营销管理、广告宣传、销售渠道选择以及定价和促销等。

5．服务

这是指向顾客提供能使产品保值增值的各种服务。例如，安装、维修、使用培训、零部件供应、产品生命周期结束后的回收等。

不同的行业价值的具体构成并不完全相同，例如快递企业价值链的基本活动可以分为收件、分拣、运输、派件、售后服务等。而同一环节在各行业中的重要性也不同，因此，需要进一步确定对价值创造至关重要的基本活动。例如，海尔公司的战略环节主要是完善的售后服务体系和"1234"的售后服务模式，使其最大限度地做到维持老客户，并通过自身美誉度和知名度的提高，不断地发展大量的新客户。

三、辅助活动分析

除了基本活动外，企业价值链中的辅助活动也不容忽视，甚至在有些时候，辅助活动而不是基本活动才是企业创造价值的关键。企业辅助活动一般包括以下四种：

1．企业的基础设施

企业的基础设施主要是指常规管理系统和管理活动，一般包括计划和控制系统、财务、会计、组织结构、信息管理系统和办公自动化、企业文化等。企业的基础设施与其他辅助活动最大的不同在于，它一般是用来支持整个价值链的运行，而不是支持价值链的某一环节。

2．采购

这里的采购是指购买各种投入的活动，包括了所有与各种要素供应商有关的活动，体现为企业价值链初始投入这一职能。采购活动不仅仅限于企业的采购部门，它还涉及企业其他部门。例如，聘请咨询公司给企业进行管理咨询、营销策划等都属于采购管理。采购活动的质量、成本、及时性等对企业经营和价值创造，以及对基本活动的顺利开展会产生重大影响。

3. 人力资源管理

这是指企业对员工的管理,它关注的是人员的招聘、培训、开发和员工评价以及制定工资、福利政策等各种活动的管理。人力资源对企业发展的作用毋庸置疑,招聘和留住优秀人才已经成为现代企业的一个重大战略问题。

4. 技术开发

其包括技术诀窍或技术成分、工艺设备、生产过程、产品设计和研究、办公自动化等。技术开发既包括生产性技术,也包括非生产性技术。由于每项价值活动都包含着技术成分,无论是技术诀窍、程序,还是在工艺设备中所体现出来的技术,因此,技术开发与企业其他活动广泛相关,是企业价值创造的重要基础。

四、企业价值链分析的步骤

企业价值链分析的具体步骤如下:

1. 识别价值活动

这个阶段应包括成本与相应增加值的匹配,以及关键活动的识别。这些关键活动加强了产品的生产或交付能力,它们包括供应链和分销链。对于企业来说,识别这些能给企业带来竞争优势的活动至关重要。例如,低价格的产品很可能是源于低成本的零部件供应或者分销商的让利。

2. 识别成本或价值驱动因素

识别成本驱动因素是审查每一项价值活动,找出对成本影响较大活动的过程。而价值驱动因素与成本驱动因素不同,它具有多样性和多变性。了解特定关键活动的价值驱动因素,对于企业把自己与竞争对手相区别是必不可少的。

3. 识别联系

企业的价值活动与这些价值活动之间的联系是企业竞争优势的源泉。波特强调活动之间联系的重要性,这是因为核心竞争力很可能会随着时间的推移而被竞争对手削弱。例如,销售部门、生产部门以及采购部门之间的良好沟通可以帮助减少库存(投入品和产成品),购买更昂贵(但更可靠)的设备可能会带来成本的节约和制造环节质量的改进。重要的是这些活动都没有被孤立地处理。活动之间的联系具有以下两个作用:

(1)活动之间的联系表示企业需要统一规划这些活动。例如,HT公司是一家日本贸易公司在国内投资的子公司。HT公司采取的是顾客导向型的营销模式。HT公司在了解客户的实际需求的基础上,制订有效的订单计划,同时向各个原材料厂家传达采购意向。HT公司从原材料厂家收集货物,集中后送到外包厂家,外包厂家加工后再销售给客户。

(2)企业通过权衡各种活动的成本效益来优化活动。例如,对产品设计的更多投入可以减少对售后服务的需求。

资源分析的重点在于如何重新安排资源活动和联系,以便为客户创造更大的价值。JIT(Just In Time,即准时制生产)的制造过程就是一个基本活动与辅助活动之间相联系的实例,它的顺利实现需要企业多种价值活动的通力配合。此外,外部联系也很重要,例如,企业与它的供应商之间的联系。

知识链接

价 值 网

价值网(value web)是由客户、供应商、合作企业和它们之间的信息流构成的动态网络。它是由真实的顾客需求所触发,能够快速可靠地对顾客偏好做出反应的一个网状架构。价值网的概念突破了原有价值链的范畴,它从更大的范围内根据顾客需求来组成一个由各个相互协作企业所构成的虚拟价值网。之所以称之为价值网,是因为它为所有参与者——企业、供应商和顾客都提供价值,并且参与者之间是基于相互协作的、数字化的网络而运作的。价值网是一种新业务模式,它将顾客日益提高的苛刻要求与灵活及有效率、低成本的制造相连接,采用数字信息快速配送产品,避开了代价高昂的分销层;将合作的提供商连接在一起,以便交付定制解决方案;将运营设计提升到战略水平,适应不断发生的变化。

4. 价值链的重组和改进

利用分析结果,企业可以重新组合或改进价值链,以更好地控制成本,产生可持续的竞争优势,使价值链中各节点企业在激烈的市场竞争中获得优势。

第四节 企业内部环境的综合评价

一、内部因素评价矩阵分析法

(一)概念

内部因素评价矩阵(internal factor evaluation matrix,IFE 矩阵),是一种对内部因素进行分析的工具。其做法是从优势和劣势两个方面找出影响企业未来发展的关键因素,根据各个因素影响程度的大小确定权数,再按企业对各关键因素的有效反应程度对各关键因素进行评分,最后算出企业的总加权分数。

通过 IFE,企业就可以把自己面临的优势和劣势汇总,来刻画出企业的全部引力。

(二)步骤

(1) 列出在内部分析过程中确定的关键因素,采用 10～20 个内部因素,包括优势和弱点两方面的。首先列出优势,其次列出弱点。要尽可能具体,采用百分比、比率和比较数字。

(2) 给每个因素以权重,其数值范围由 0(不重要)到 1.0(非常重要)。权重标志着各因素对企业在产业中成败的影响的相对大小,无论关键因素是内部优势还是弱点,对企业绩效有较大影响的就应当得到较高的权重。所有权重之和等于 1.0。

(3) 为各因素进行评分。1 分代表重要弱点;2 分代表次要弱点;3 分代表次要优势;4 分代表重要优势。值得注意的是,优势的评分必须为 4 或 3,弱点的评分必须是 1 或 2。评分以公司为基准,而权重则以产业为基准。

(4) 用每个因素的权重乘以它的评分,即得到每个因素的加权分数。

(5) 将所有因素的加权分数相加,得到企业的总加权分数。

（三）案例说明

无论 IFE 矩阵包含多少因素，总加权分数的范围都是从最低的 1.0 到最高的 4.0，平均分为 2.5。总加权分数大大低于 2.5 的企业内部状况处于弱势，而分数大大高于 2.5 的企业内部状况则处于强势。IFE 矩阵应包含 10~20 个关键因素，因素数不影响总加权分数的范围，因为权重总和永远等于 1。

下面我们来看一个企业内部要素评价矩阵的例子，表 3.1 为某快递公司内部条件战略要素评价矩阵分析情况。

表 3.1　某快递公司内部条件战略要素评价矩阵

	影响战略的主要内部因素	权重	评分	得分
优势	快捷的速度	0.156	3	0.468
	民营快递实行门到门服务	0.024	3	0.072
	专线包机	0.081	4	0.324
	已经形成一定的品牌优势	0.032	4	0.128
	完善的系统追踪系统	0.016	3	0.048
	安全的运输服务	0.052	3	0.156
	较先进的信息技术提高公司快递的效率	0.139	4	0.556
劣势	快递服务不规范，业务范围不够宽	0.056	2	0.112
	物流信息技术与国际快递巨头相比还有较大差距	0.105	1	0.105
	单纯的直营模式耗费大量资源	0.232	2	0.464
	成本较高	0.107	1	0.107
	总　　计	1.0		2.54

从表 3.1 中可以看出该快递公司的总加权分数为 2.54，表明该公司整体战略水平略高于行业平均水平，公司应该加大创新发展力度。从其优势和劣势分值来看，其优势还是大于劣势，说明该公司可以通过发挥优势，克服劣势，谋求企业不断发展。

二、竞争态势矩阵分析法

（一）概念

竞争态势矩阵(competitive profile matrix，CPM 矩阵)用于确认企业的主要竞争对手及相对于该企业的战略地位，以及主要竞争对手的特定优势与弱点。CPM 矩阵与 IFE 矩阵的权重和总加权分数的涵义相同，编制矩阵的方法也一样。但是，CPM 矩阵中的因素包括外部和内部两个方面的问题，评分则表示优势和弱点。因素的选择大于 5 个小于 10 个比较合适。

（二）步骤

(1) 确定行业竞争的关键因素。

(2) 根据每个因素对在该行业中成功经营的相对重要程度，确定每个因素的权重，权重和为 1。

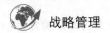

(3) 筛选出关键竞争对手,按每个因素对企业进行评分,分析各自的优势所在和优势大小。

(4) 将各评分值与相应的权重相乘,得出各竞争者各因素的加权评分值。

(5) 加总得到企业的总加权分,在总体上判断企业的竞争力。

(三) 相关说明

评分值涵义:1 代表弱,2 代表次弱,3 代表次强,4 代表强。

CPM 方法与 IFE 方法的区别主要在于:CPM 中的关键因素更为笼统,它们不包括具体的或实际的数据,而且可能集中于内部问题。CPM 中的因素不像 IFE 中的那样划分为优势与劣势两类,在 CPM 中,竞争公司的评分和总加权分数可以与被分析公司的相应指标相比较,这一比较分析可提供重要的内部战略信息。

竞争态势矩阵不仅可以确认企业的主要竞争者及相对于该企业的战略地位,主要竞争者的特定劣势,而且还可以用于地区之间的产业对比分析。

课后案例

顺丰快递核心竞争力分析

(一) 拥有行业领先的物流科技能力

顺丰致力于成为独立第三方行业解决方案的数据科技服务公司,通过多元业务中沉淀的海量数据和行业经验,以及引领物流行业的智能化、数字化技术创新,赋能行业供应链转型升级。一方面,顺丰深耕快递物流行业多年,从单一的快递物流服务公司逐步延伸至多元化的综合物流服务公司,建立了强大的物流网络基础设施,为物流科技的发展提供了海量优质的数据支撑。另一方面,顺丰不断夯实科技底盘,助力内部业务智慧化增长,结合丰厚的经验沉淀与科技能力,打造科技产品及物流解决方案。

顺丰已经在人工智能、大数据、机器人、物联网、物流地图等科技前沿领域进行了前瞻性的布局,多个领域处于行业领先地位。

1. 物流科技驱动业务智慧化增长,实现可持续发展

(1) 智慧物流。在智慧地图、小哥管理、数字中转、运输管理、在线客服等方面均采用了行业领先的信息技术,进一步提升了各项活动的效率和效能。

(2) 智慧包装。顺丰在绿色包装、包装标准化、场景化包装方案等方面走在了行业的前列。

(3) 智能安全管理。生产安全方面,通过视觉 AI 检测快件流经环节异常场景,基于大数据挖掘技术打通全环节证据链信息,提升快件安全质量。系统管控车辆驾驶安全,智能分析全流程快件损坏的暗点环节,提供全链路智能定责与追溯凭证,降低快件破损率。信息安全方面,顺丰注重信息安全保密工作,报告年度通过了 ISO 27001 信息安全管理体系和 ISO 27701 隐私信息管理体系年度审核。

(4) 智慧企业管理。应用数字化办公,打通人与人、人与事以及事与事边界,提高协同办公效率,实现工作全链路和经营管理全周期数字化。顺丰自建了人财物全链路的数字化、智能化管理系统;通过经营管理平台、财务运营数字化平台、网点和运作助手等数字化看板驱动经营,助力智慧经营决策。

2. 致力于为行业客户提供独立第三方行业解决方案的数据科技服务,实现开放共赢

(1) 智慧供应链解决方案。以移动互联网、大数据、云计算等技术为支撑,通过轻量化集成满足客户物流差异化诉求,通过标准应用嵌入行业软件系统,将物流服务前置,满足各行业的物流需求。

(2) 数智服务。包括大数据产品、AI识别、区块链等数据科技服务。

(3) 智慧城市。通过工业级地图能力,结合线下分布式数据采集资源,构建智慧城市时空数字底板,关联承载政务数据,解决政务应用中的数据决策难题。目前已在智慧交通、城市管理、公安应急、国土规划等领域成功落地。

(二) 服务质量多年蝉联第一,塑造良好品牌形象

经过二十多年的潜心经营,顺丰已经在快递行业内享有广泛的赞誉和知名度,"顺丰"在快递行业内已经成为"快""准时""安全"的代名词,优质服务塑造了良好的企业形象和品牌价值,顺丰品牌得到客户、行业及社会的广泛认可。

根据国家邮政局发布2020年快递服务满意度调查和时限测试结果,顺丰速运在"快递企业总体满意度"榜上排名第一,连续12年蝉联第一;同时顺丰速运位列"全程时限和72小时准时率"第一,连续8年蝉联第一。顺丰被《财富》杂志评为2020年"最受赞赏的中国公司"第五位,较2019年上升4位,这是顺丰连续第四年上榜最受赞赏中国公司。知名品牌价值咨询公司"品牌金融"(Brand Finance)发布"2021全球最具价值500大品牌榜",顺丰位居270位,较2020年的460位大幅提升。

(三) 对全网络强有力管控的经营模式,兼具稳定性和灵活性

顺丰控股对全网络采用强有力管控的经营模式,总部掌控了整体物流网络的关键环节及核心资源。对各环节的掌控力,有助于公司战略自上而下高度统一,保障公司战略和经营目标的有效达成;有助于保持经营的稳定性和可控性,以及内部管理的规范性和合规性,保持标准化经营、高运作效率和高服务质量,从而提升客户忠诚度和品牌美誉度。

在确保对关键环节及核心资源掌控力的基础上,采用多样化的资源获取及运营模式,有效补充整体网络的灵活性和弹性拓展空间,延伸服务覆盖;并通过多年经验沉淀形成的标准化运营管控流程,以及领先的物流科技能力,有效保障物流全环节的可控性和稳定性,从而实现对整体网络的管控,进一步提升资源效益,支撑业务拓展,形成兼具稳定性和灵活性的网络底盘。同时,公司新业务充分利用现有网络资源,实现网络、客户、技术、资源等方面的协同,迅速孵化做大,与现有业务形成互补互通。

(四) 独特稀缺的智慧物流网络,"天网+地网+信息网"三网合一

顺丰控股不断夯实和升级其独特的、稀缺的"天网+地网+信息网"三网合一的综合性物流服务网络,持续巩固和扩大在行业内的领先优势。

顺丰控股以"全货机+散航+无人机"互为补充的天网体系构筑时效壁垒,航空资源的稀缺性确保了公司的持续领先优势。完善的末端网点、稳定的配送队伍、密集的中转分拨、高效的运输网络及智慧的客服体系等地网体系,构建差异化服务壁垒。

公司对地网一盘棋的掌控力,保障了稳定的服务时效;数十万收派小哥、4大独立呼叫中心及6大行业理赔中心,保障了有温度的客户体验。

通过将大数据、区块链、人工智能、物联网等前沿技术应用到各个业务环节和场景,构建信息网平台,一方面赋能内部经营,提升网络效率,推动智慧物流全面升级。另一方面赋能行业客户,助力客户降本增效,形成开放共赢生态圈,助力产业转型升级。

(五) 顺丰是国内最大的综合物流服务商,提供独立第三方的供应链解决方案

公司近年来持续多元化布局,从单一的快递业务成功转型为国内最大的综合物流服务商,实现服务的差异化。快运、同城、冷运等业务高速发展,新业务占公司整体收入已达 28.24%。

公司建立了行业领先的服务标准和高效协同的综合物流运营能力,通过深刻的客户洞察、多元化的底盘能力建设、强大的科技生态赋能,依托顺丰独特稀缺的、自主可控的"三网合一"物流网络底盘及关键资源,稳健、高效的运营管理模式,为客户提供独立第三方、高效敏捷的一站式全链条供应链服务。

公司积极布局科技领域,在此基础上通过大数据、可视化、人工智能等技术实现数据传输、沉淀和应用,为行业客户提供贯穿采购、生产、流通、销售、售后的敏捷、高效、稳定的数字化供应链服务,促进产业链升级,实现数字反哺实体。顺丰还与行业龙头客户强强联合,发挥各自优势,共享资源,联合开发技术解决方案,围绕客户及其上下游供应链深度挖掘和拓展,实现生态合作。

公司于 2021 年 2 月公告拟要约收购嘉里物流联网有限公司(以下简称"嘉里物流")的控股权,如此交易成功交割,则将进一步完善公司一体化综合物流解决方案的能力,并有效补充公司在国际货代、清关等方面的资源与能力,结合顺丰自有的国际货航资源与标的公司广泛的国际货运代理网络,将进一步强化顺丰在国际跨境货运上的竞争优势。

(六) 先发布局稀缺物流场地资源,助力产业升级

顺丰产业园致力于成为基于现代物流的产业园运营商,是顺丰战略布局的重要一环,将不断丰富顺丰"地网"网络,承载顺丰的资源与服务。截至报告期末,顺丰控股已成功布局 50 个城市的产业园项目,物流场地土地面积约 8721 亩(一亩约合 666.7 平方米),已建成建筑面积约 172 万平方米,预计 2021 年建成项目建筑面积约 138 万平方米,未来三年顺丰产业园管理运营面积预计超 500 万平方米。

(七) 有温度、有信仰、有生产力的顺丰文化

顺丰凝练的企业文化主要包括成就客户,成就自己;创新力量,驱动向前;平等尊重,凝聚人心;主动担责,不负所托等方面。

2020 年新冠疫情期间,顺丰最大程度地调集了人力、运力、财力,为抗疫物资及民生物资的运送提供了强有力的专业保障,为防控物资运输筑起"绿色通道"。顺丰还鼓励员工承担社会责任,顺丰小哥的见义勇为、社会公益等社会正能量事件层出不穷,这充分体现了顺丰文化的社会价值。

资料来源:根据顺丰控股股份有限公司 2020 年年报资料改编。

案例分析题

1. 顺丰快递具有哪些独特的资源和能力?
2. 国内其他快递企业应该如何向顺丰学习?

◆ **本章思考题**

1. 什么是企业的资源?资源与能力的关系如何?
2. 如何从各类价值活动中识别出企业的核心竞争力?
3. 如何理解核心竞争力?

第四章 总体战略

导入案例

九阳的发展之路

1994年,九阳第一台豆浆机诞生。2008年5月28日,九阳在深圳证券交易所上市。截至2014年,九阳销售额59.43亿元,产品覆盖全国30多个省、市、自治区,并远销日本、美国、新加坡、印尼、泰国等20多个国家和地区。九阳已形成跨区域的个性管理机构,在济南、杭州、苏州等地建有多个生产、研发基地。目前,九阳在健康饮食电器领域不断拓展,新产品层出不穷。主要产品涵盖豆浆机、面条机、原汁机、电压力煲、电磁炉、料理机、电炖锅、开水煲、电饭煲、One Cup、洗碗机、炒菜机等多个系列300多个型号,配套健康饮食,"阳光豆坊"子品牌专注研究豆浆原料和五谷粉等五谷健康食品。未来,九阳将定位厨房、升级厨房,用现代科技打造智能、无烟、开放的中式厨房,创造更加健康、便捷、时尚的中式料理,将公司发展成为智能厨房的首选品牌。

资料来源:九阳股份有限公司官网资料(www.joyoung.com)。

案例思考题

九阳公司采用的是哪一种发展战略?

第一节 总体战略的类型

所谓企业总体战略,也称为公司层战略,是企业最高层次的战略,是指为实现企业总体目标,对企业未来基本发展方向所做出的长期性、总体性的谋划。总体战略决定了企业能够参与竞争的经营领域的选择,也决定了在企业层面上对于不同业务进行资源配置的倾向性,最终针对具体业务和企业整体设定了基本的发展基调。

绝大多数企业在一般情况下,都会选择不断发展壮大自己,因为经济持续增长是大多数企业进行决策时对外在环境自然而然隐含的假定和预期,所以它们随之假定未来企业会不断扩大规模、不断地增长。另外,不仅企业的所有者和高级管理层希望企业增长,其他的利益相关者,包括雇员、供应商以及债权人也都希望企业不断增长。作为企业主要的利益相关者,他们自身的利益能否得到更好的保障依赖于该企业的发展。

然而,在某些情况下,企业并不希望增长,如小型企业老板更希望保持对企业的严格控制,而不愿意雇佣大量的员工。更有甚者,由于内外环境的变化,某些企业无法在特定经营领域持续经营下去,从而主动地或被动地关闭相关业务,收缩经营规模,这种现象在日益激烈的商业环境中也不少见。

企业总体战略主要考虑的问题是企业业务是应当扩张、收缩还是维持不变。相应地,企业总体战略可以划分为三种类型:成长型战略、稳定型战略和收缩型战略。

一、成长型战略

成长型战略也叫发展战略,是以发展壮大企业为基本导向,致力于使企业在产销规模、资产、利润或新产品开发等某一方面或某几方面获得增长的战略。成长型战略是最为普遍采用的企业战略,理想情况下,成长型战略需要内外条件的共同配合,也就是充分利用企业自身的优势,把握外部环境所提供的机会,实现企业的不断发展。

成长型战略主要包括三种基本类型:一体化战略、密集型战略和多元化战略。

（一）一体化战略

一体化战略是指企业对具有优势和增长潜力的产品或业务,沿其经营链条的纵向或横向扩大业务的深度和广度,扩大经营规模,实现企业成长。一体化战略按照业务拓展的方向可以分为纵向一体化和横向一体化。

1. 纵向一体化战略

企业在经营活动中往往处于某个行业价值链的特定环节,通过跟自身的供应商和客户相互作用,最终实现价值创造。所谓纵向一体化战略,就是指企业沿着产品或业务链向客户端(即前向)或供应端(即后向)延伸和扩展企业现有业务的战略。

一般来说,企业采用纵向一体化战略有利于节约与上下游企业在市场上进行购买或销售的交易成本,控制稀缺资源,保证关键投入的质量或者获得新客户。不过,一体化战略拉长了企业的经营链条,加大了企业资源配置的难度,也不可避免地增加了企业的内部管理成本。

（1）前向一体化战略。前向一体化战略是指企业经营领域进一步向价值链的下游延伸,进入企业原有客户所在产业的战略。前向一体化战略通过控制销售过程和渠道,有利于企业控制和掌握市场,增强对消费者需求变化的敏感性,提高企业产品的市场适应性和竞争力。

适用前向一体化战略的主要条件包括:

① 企业现有销售商的销售成本较高、或者可靠性较差而难以满足企业的销售需要。

② 企业现在所在产业正处于快速增长期或者预期将进入快速增长期,对下游环节的依赖性将进一步提高。

③ 企业具备前向一体化所需的资金、人力资源等。

④ 企业现有客户的议价能力强、利润率高;或者通过上、下游的协同经营能够提高企业本环节的利润率。

前向一体化战略在实务中有很多案例,譬如煤炭采掘企业往下游进入煤电领域或者煤化工领域等。这里以国内家电制造企业为例,在家电生产能力日益饱和的今天,整个产业链的利润明显向下游销售领域转移,国内家电连锁企业持续良好的财务表现证明了这一点。为了能够在大型零售卖场中销售自己的产品,制造企业不得不付出高额的通道费用,从而使得制造业利润受到很大影响。针对这一局面,相关公司可以考虑通过前向一体化建设自己品牌的零售专卖店，向家电零售业务发展，并减轻对强势销售渠道的依赖。国内著名的空调生产企业格力电器建立自己产品的连锁专卖店明显就是在做前向一体化的尝试。

（2）后向一体化战略。后向一体化战略是指企业经营领域进一步向价值链的上游延伸，进入企业原有供应商所在产业的战略。后向一体化有利于企业有效控制关键原材料等投入的成本、质量及供应可靠性，使企业在内部就能满足自身对相关投入品的需求。

适用后向一体化战略的主要条件包括：

① 企业需要长期稳定且保障程度高的投入品供应，但企业现有的供应商供应成本较高或者可靠性较差而难以满足企业对原材料、零件等的需求。

② 企业现有供应商在与下游厂商讨价还价时明显处于强势地位，供应环节的利润率比企业所处环节更高。

③ 企业现在所在产业正处于快速增长期或者预期将进入快速增长期，对上游环节的依赖性将进一步提高。

④ 产品成本控制对企业经营成败而言十分关键，后向一体化有利于控制原材料成本。

⑤ 企业具备后向一体化所需的资金、人力资源等。

例如，美国一些汽车制造商早已实施后向一体化的战略，将其生产经营领域向后延伸至钢铁、轮胎、橡胶、玻璃等业务，通过一体化对原材料成本加以控制，并通过统一严密的生产控制系统使其生产流程大大加快。

（3）企业采用纵向一体化战略的主要风险：

① 纵向一体化战略虽然是在产业链条上往上下游扩张，但仍然会带来企业不熟悉新业务领域的风险，而且由于不同业务具有相关性，导致风险分散效果较弱。

② 纵向一体化中的后向一体化可能使企业进入基础资源或资本密集型领域，而该领域一般所需投资额巨大，资产专用性强，会大大增加企业的财务负担，而且退出障碍高。

③ 纵向一体化本质上是用企业配置资源代替了市场来配置资源，可能这种资源配置的效率低于市场配置的效率，从而影响企业整体经营效果。

2. 横向一体化战略

横向一体化战略也叫水平一体化战略，是指企业对与自己在产品上有直接竞争关系的企业进行收购、兼并或联合，从而扩大规模、提高企业实力、减少竞争的战略。企业用横向一体化战略的主要目的是减少竞争压力、实现规模经济和增强自身实力以获取竞争优势。

横向一体化战略可以通过购买、合并、联合等途径实现。购买，即一家实力占据优势的企业收购与之相竞争的另一家企业；合并，即两家相互竞争而实力和规模较为接近的企业合并为一个新的企业；联合，即两个或两个以上相互竞争的企业在某一个业务领域进行联合投资、开发和经营。

在下列情形中，比较适宜采用横向一体化战略：

① 行业内的参与者较多，竞争比较激烈，通过横向一体化，可以减少竞争对手，降低竞争强度。

② 企业所在行业具有明显的规模经济效应，通过横向一体化扩大经营规模，有利于实现规模经济。

③ 通过横向一体化可以提高对上下游谈判时的话语权，从而改善本环节的盈利状况。

④ 企业具备横向一体化所需的资金、人力资源等。

(二)密集型战略

密集型发展战略,也称为加强型发展战略或集约型发展战略,是指企业充分利用现有产品或服务的潜力,强化现有产品或服务竞争地位的战略。密集型发展战略主要包括三种类型:市场渗透战略、市场开发战略和产品开发战略。图 4.1(即安索夫矩阵)从市场和产品两个维度形象地展示了三种密集型发展战略和多元化发展战略的着手点。

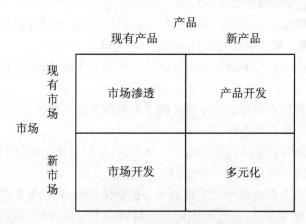

图 4.1 产品-市场战略组合矩阵

1. 市场渗透——现有产品和现有市场

市场渗透战略是一种立足于现有产品,充分开发其市场潜力的企业发展战略,又称为企业最基本的发展战略。由于市场渗透战略是由现有产品和现有市场组合而形成的,所以企业战略管理人员应当系统地考虑市场、产品及营销组合的策略,以达到促进市场渗透的目的。

对于整体仍有较大成长空间的市场,企业可以通过提供折扣或增加广告来增加在现有市场中的销售额;改进销售和分销方式来提高所提供的服务水平;改进产品或包装来提高和加强其对消费者的吸引力并降低成本。

对于成长期基本结束的市场,企业可以通过开发小众市场,在行业中的一系列目标小众市场中获得增长,从而扩大总的市场份额。如果与竞争对手相比企业的规模较小,那么这种方法尤为适用。

此外,当市场发生衰退时,通过市场渗透战略保持市场份额对企业来说具有重要意义。企业运用市场渗透政策的难易程度取决于市场的性质及竞争对手的市场地位。当整个市场正在增长时,拥有少量市场份额的企业提高质量和生产能力来达到增加市场份额的目的可能比较容易,而当市场处于停滞状态时,则比较难。经验曲线效应使企业很难向成熟市场渗透,在成熟市场中领先企业的成本结构会阻止拥有少量市场份额的竞争对手进入市场。

市场渗透战略主要适用于以下情况:

(1) 当现有市场还未达到饱和时。

(2) 当用户对产品的使用频率还可以显著提高时。

(3) 竞争企业由于某种原因离开了市场,给企业带来了填补市场空缺的机会。

(4) 企业拥有强大的市场地位和超过竞争对手的营销能力,可以通过加大营销力度来争夺更大的市场份额。

因此，只要企业现有产品市场组合的潜力尚未得到充分开发，实施市场渗透战略的风险最小、所需投入资源最少。实际上，市场渗透战略是企业经营的最基本的发展战略。

首先，现有产品市场组合是企业经营的基础，是企业当前利润和经营现金流的主要来源，企业的一切活动都依赖其提供资源支持。因此，旨在充分开发现有产品市场组合盈利潜力的市场渗透战略是企业生存的基本保障。任何忽视现有产品市场组合，盲目进行产品开发、市场开发，或者是多元化经营的企业都可能因为资源短缺陷入灾难性的困境。

其次，市场渗透战略的实施不但为企业实施其他三种发展战略奠定了基础，而且其他三种发展战略的实施最终也只有借助于市场渗透战略才能真正实现其价值。从企业追求利润的本质出发，产品开发战略、市场开发战略、多元化经营战略的真正意图并不只是开发新产品市场组合，更重要的是期望企业能在这些新的产品市场组合上获得利润。在产品开发战略、市场开发战略、多元化经营战略实施的最后阶段，企业已经完全进入了新的产品市场组合。只有在这一新产品市场组合中继续实施市场渗透战略，才能充分挖掘其潜在价值，才能充分实现企业盈利的最终目的。

与其他可选发展战略相比，市场渗透战略不但风险最小、所需资源投入最少，更主要的是最直接地实现了企业的最终价值。精明的管理者从不忽视企业现有产品市场组合，他们总是尽力通过增强、维持现有产品市场组合的竞争地位来发掘其潜力；甚至在其臻于成熟时，也要设法扩展其增长量和利润率。这些管理者深知市场渗透战略是企业的一项基本发展战略，并将其贯彻于产品市场组合生命周期的各个阶段。

2. 市场开发——现有产品和新市场

市场开发战略是由现有产品和新市场组合而产生的战略，即企业用现有的产品开辟新的市场领域的战略。它是发展现有产品的新顾客群，从而扩大产品销售量的战略。通过这一战略，它可以使企业得到新的、可靠的、经济的和高质量的销售渠道，对于企业的生存发展具有重要的意义。

（1）采用市场开发战略的原因：

① 现有市场或细分市场已经饱和，导致企业难以实施更加经济的、风险更低的市场渗透战略。

② 企业发现现有产品生产过程的性质导致难以转而生产全新的产品，所以只能通过市场开发实现企业的发展。

③ 市场开发与产品开发结合在一起使用。例如，将工业用的地板或地毯清洁设备做得更小、更轻，这样可以将其引入民用市场。

（2）市场开发战略的适用条件：

① 存在未开发或未饱和的市场。

② 可得到新的、可靠的、经济的和高质量的销售渠道。

③ 企业在现有经营领域十分成功。

④ 企业拥有扩大经营所需的资金和人力资源。

⑤ 企业存在过剩的生产能力。

⑥ 企业的主业属于正在迅速全球化的产业。

例如，一家源于美国加利福尼亚州的主题公园为实现规模经济，利用同样的卡通主题和模式，数十年间，先后在全球多个城市如东京、巴黎等地开设主题公园，成为当地旅游热点。进入 21 世纪以后，为继续开发新市场，又在中国上海新建了一家主题公园。

3. 产品开发——新产品和现有市场

产品开发战略是在原有市场上，通过改进或改变产品或服务以增加产品销售量的战略。拥有特定细分市场、综合性不强的产品或服务范围窄小的企业可能会采用这一战略。

产品开发战略有利于企业利用现有产品的声誉和商标，吸引用户购买新产品。另外，产品开发战略是对现有产品进行改进，对现有市场较为了解，产品开发的针对性较强，可采用多种方法来达成这个战略，因而较易取得成功。

产品开发战略是企业对市场机遇与挑战、内部资源能力的优势和劣势所进行的全面的、前瞻性的思考和认识，也是深思熟虑的选择和决定。产品开发战略能避免企业临时地、随意地、盲目地开发和进入一些没有市场价值的产品，而忽视了那些真正能够提升市场竞争力的产品机会。产品开发战略是企业产品开发的战略路线图，指引产品开发的方向和路标。

（1）企业采用产品开发战略的原因：

① 充分利用企业对市场的了解。

② 应对竞争对手推出新产品的竞争，保持相对于竞争对手的领先地位。

③ 从现有产品组合的不足中寻求新的机会。

（2）产品开发战略的适用条件：

① 企业产品具有较高的市场信誉度和顾客满意度。

② 企业所在产业属于适宜创新的高速发展的高新技术产业。

③ 企业所在产业正处于高速增长阶段。

④ 企业具有较强的研究与开发能力。

⑤ 主要竞争对手以类似价格提供更高质量的产品。

新产品开发能有效地帮助企业发展，这是因为在大多数情况下，营销成功来源于对市场进行预测而不是仅仅对消费者的变化做出反应。真正的企业家会促使变化发生，创造需求。但是，不一定仅仅是对全新产品的开发，产品开发还包括对现有产品进行小小的改变（例如，为了迎合健康消费习惯，将食品饮料等产品的配方进行调整，改为无糖的、无咖啡因的，等等）以及产品升级等。

（3）产品开发战略的类型。企业开发什么样的产品，这是一个重大的战略选择。按产品开发的新颖程度不同，可以将产品开发战略分为以下类型：

① 全新型新产品开发战略。全新型新产品是指新颖程度最高的一类新产品，它是运用科学技术的新发明而开发和生产出来的，具有新原理、新技术、新材质等特征的产品。选择和实施此战略，需要企业投入大量资金，拥有雄厚的技术基础，开发实力强，同时花费时间长，并需要一定的需求潜力，故企业承担的市场风险比较大。调查表明，全新产品在新产品中只占10%左右。

② 换代型新产品开发战略。换代型新产品使原有产品发生了质的变化。选择和实施换代型新产品开发战略，只须投入较少的资金，费时不长，就能改造原有产品，使之成为换代新产品，具有新的功能，满足顾客新的需要。

③ 改进型新产品开发战略。所开发的新产品与原产品相比，只发生了量的变化，即渐进的变化，同样能满足顾客新的需求。这是代价最小、收获最快的一种新产品开发战略，但容易被竞争者模仿。

④ 仿制型新产品开发战略。开发这种产品不需要太多的资金和尖端的技术，因此比研制全新产品要容易得多，但企业应注意对原产品的某些缺陷和不足加以改造，并结合市场的

需要进行改进,而不应全盘照抄。

以上四种产品开发战略中,第一类开发战略,一般企业实施较难,只有研发创新能力强的、或者资本实力雄厚的大型企业可以考虑;后三类开发战略,多数企业选择和实施较为容易,且能迅速见效,应着重考虑采用。

(三)多元化成长战略——新产品和新市场

多元化成长是指企业进入与现有产品和市场不同的领域。企业从擅长的领域进入全新领域可能需要进行激烈的思想斗争,但是安索夫认为:"在任何经营环境中,没有一家企业可以认为自身能够不受产品过时和需求枯竭的影响。"这个观点得到了许多人的认同。当现有产品或市场不存在期望的增长空间时(例如受到地理条件限制、市场规模有限或竞争太过激烈),企业经常会考虑多元化战略。

但是,也有人认为多元化从本质上来说是一个消极的战略,多元化总是在逃避某些问题,它表明企业只是对整个企业所发生的不良事件做出的一种消极反应。不管怎样,多元化已经成为日益常见的经营战略,当企业拥有额外的资源、能力以及核心竞争力,能够有效支持在多个领域进行投入并且管理层能够同时对多项不同业务进行有效管理时,企业就可以考虑实施多元化。

1. 采用多元化战略的原因

(1)在现有产品或市场中持续经营并不能达到目标。这一点可通过差距分析来予以证明。当前行业令人不满意,原因可能是产品衰退而导致回报率低,或同一领域中的技术创新机会很少,或行业缺少灵活性。

(2)企业以前由于在现有产品或市场中成功经营而保留下来的资金超过了其在现有产品或市场中的财务扩张所需要的资金,与在现有产品或市场中的扩张相比,多元化战略意味着更高的利润。

(3)通过多元化战略,降低管理者的风险,提高管理者的报酬,这是企业管理层出于自身利益最大化的一种考虑。

2. 多元化战略的类型

(1)相关多元化。相关多元化又称为同心多元化,是指企业虽然发展的业务具有新的特征,但它与企业的现有业务具有战略上的适应性,它们在技术、工艺、销售渠道、市场营销、产品等方面具有相同的或是相近的特点。根据现有业务与新业务之间"关联内容"的不同,相关多元化又可以分为同心多元化与水平多元化两种类型。

① 同心多元化,即企业利用原有的技术、特长、经验等发展新产品,增加产品的种类,从同一圆心向外扩大业务经营范围。如梦洁家纺不仅做床上用品,也生产床垫这个品类。同心多元化的特点是原产品与新产品的基本用途不同,但有着较强的技术关联性。

② 水平多元化,即企业利用现有市场,采用不同的技术来发展新产品,增加产品种类。例如,上海的依曼琪,不仅做床上用品,还发展窗帘、布艺沙发等与家纺相关但技术不同的新品类。水平多元化的特点是现有产品与新产品的基本用途不同,但存在较强的市场关联性,可以利用原来的分销渠道销售新产品。

(2)非相关多元化。非相关多元化也称离心多元化,是指企业进入与当前产业不相关的产业战略。如果企业当前产业缺乏吸引力,而企业也不具备较强的能力和技能转向相关产品或服务,较为现实的选择就是采用非相关多元化战略。采用非相关多元化战略的主要目标不是利用产品、技术营销等方面的共同性,而是从财务上考虑平衡现金流或者获取新的利润增长点。

3. 多元化战略的优点

(1) 分散风险,当现有产品及市场失败时,新产品或新市场能为企业提供保护。

(2) 获得高利润机会,例如购买方通过购买其他行业中比其自身拥有更佳经济特征的企业来提高自身的盈利性和灵活性。

(3) 从现有的业务中撤离。

(4) 能更容易地从资本市场中获得融资。

(5) 在企业无法增长的情况下找到新的增长点。

(6) 运用盈余资金。

(7) 利用未被充分利用的资源。

(8) 获得资金或其他财务利益,例如累计税项亏损。

(9) 运用企业在某个市场中的形象和声誉来进入另一个市场,而在另一个市场中要取得成功,企业形象和声誉是至关重要的。

4. 多元化战略的风险

(1) 削弱原有经营产业竞争力的风险。由于企业资源的限制,多元化经营往往意味着资源的分散使用,这必然导致原有经营业务由于资源的减少以及管理层注意力的分散而受到削弱。

(2) 新产业的经营风险。包括资源的持续投入、员工技能和管理能力的提高和适应、与新的竞争对手竞争结果的不确定性;还包括深陷错误投资却无法全身而退等退出风险。

(3) 市场整体风险。多元化经营无法化解市场整体风险,反而有可能由于资源的分散使用降低了各业务自身抵抗市场风险的能力。

(4) 内部整合风险。新的业务会从各方面对企业的经营带来影响,如果不能很好整合,不仅不能发挥出协同作用,反而会导致企业内部各种矛盾和冲突,使得多元化经营的战略目标无法实现。

一般认为,相关多元化的风险比非相关多元化稍微低一些。企业做出了一些新的尝试,但是仍然在其自身所限定的行业中,并因此能运用自身以往的经验。通过技能和资源的分享与交流,相关多元化提供了获取协同效应的更大可能性。

二、稳定型战略

稳定型战略,又称为防御型战略、维持型战略。即企业在战略方向上没有重大改变,在业务领域、市场地位和产销规模等方面基本保持现有状况,以安全经营为宗旨的战略。稳定型战略有利于降低企业实施新战略的经营风险,减少资源重新配置的成本,为企业创造一个加强内部管理和调整生产经营秩序的休整期,并有助于防止企业过快发展。

(一) 稳定型战略的特征

从企业经营风险的角度来说,稳定型战略的风险是相对较小的,对于那些曾经成功处于上升趋势的行业和一个不大变化的环境中活动的企业会很有效。由于稳定型战略从本质上追求的是在过去经营状况基础上的稳定,它具有如下特征:

1. 企业设定与过去相似的战略目标

假设企业过去的经营目标是在行业竞争中处于市场跟随者的地位,稳定型战略意味着在今后的一段时期里依然以这一目标作为企业的经营目标。

2. 企业战略规划期内所追求的财务目标保持稳定

实行稳定型战略的企业,努力在市场占有率、产销规模或总体利润水平上保持现状或略有增加,从而稳定和巩固企业现有竞争地位。

3. 提供相同或基本相同的产品或劳务服务

这意味着企业在现有产品和服务上很少进行创新,相关投入较少。

(二)企业实施稳定型战略的原因

1. 企业对过去的经营结果感到满意

例如,企业认为自身在过去经营中已经充分利用了外在有利的环境条件,充分发挥了自身的资源和能力优势,已经在经营的各方面做到了足够好的结果;或者过去的发展速度其实超出了企业的预期,为了巩固已有的大好局面,因此把尽可能保持现状作为战略目标。

2. 企业能力的局限

企业由于自身能力的限制,即使外在环境条件提供了发展的机会,也无法把握这一机会,只能采用稳定型战略。

3. 管理层的自利行为

改变战略往往意味着资源的重新配置和更多管理精力的投入,而改变战略的结果又是不确定的。这种改变不仅可能带来额外的工作压力,让管理层承担额外的风险,甚至可能对管理层的收入带来不确定性的影响。因此,管理层更愿意采取稳定型战略。

(三)稳定型战略的类型

1. 暂停战略

暂停战略是指在一段时期内降低成长速度、巩固现有资源的临时战略。暂停战略主要适用于在未来不确定性产业中迅速成长的企业,目的是避免出现继续实施原有战略导致企业管理失控和资源紧张的局面。

2. 无变化战略

无变化战略是指不实行任何新举动的战略。无变化战略适用于外部环境没有任何重大变化、本身具有合理盈利和稳定市场地位的企业。

3. 维持利润战略

维持利润战略是指为了维持目前的利润水平而牺牲企业未来成长的战略。很多情况下,当企业面临不利的外部环境时,管理人员会采用减少投资、削减一些可控费用(如研发费用、广告费和维修费)等方式维持现有利润水平。维持利润战略只是一种度过困境的临时战略,对企业持久竞争优势会产生不利影响。

(四)稳定型战略的优缺点

1. 稳定型战略的优点

（1）企业的经营风险相对较小。由于企业基本维持原有的产品和市场领域，从而可以用原有的生产设施和渠道，避免开发新产品和新市场的巨大资金投入、激烈的竞争抗衡和开发失败的巨大风险。

（2）能避免因改变战略而改变资源分配的困难。由于经营领域主要与过去大致相同，因而稳定战略不必考虑原有资源的增量或存量的调整，相对于其他战略态势来说，显然要容易得多。

（3）能防止因发展过快而导致的弊端。在行业迅速发展的时期，许多企业无法看到潜伏的危机而盲目发展，结果造成资源的巨大浪费。

（4）能给企业一个较好的休整期，可以积聚更多的能量，以便为今后的发展做好准备。从这个意义上说，适时的稳定型战略将是成长型战略的一个必要的酝酿阶段。

（5）可保持人员安排上的相对稳定，充分利用已有的各方面人才，发挥他们的积极性和潜力，减少人员调整、安置所造成的种种矛盾及招聘、重新培训的费用。

2. 稳定型战略的缺点

（1）稳定型战略的执行是以市场需求、竞争格局等内外条件基本稳定为前提的。一旦企业的这一判断没有得到验证，就会打破战略目标、外部环境、企业实力之间的平衡，使企业陷入困境。因此，如果环境预测有问题的话，稳定型战略也会有问题。

（2）特定细分市场的稳定型战略也会有较大的风险。由于企业资源不够，企业会在部分市场上采用竞争战略，这样做实际上是将资源重点配置在这几个细分市场上，因而如果对这几个细分市场把握不准，企业可能会更加被动。

（3）稳定型战略也会使企业的风险意识减弱，甚至形成害怕风险、回避风险的文化，这就会大大降低企业对风险的敏感性、适应性和冒风险的勇气，从而增加了以上风险的危害性和严重性。

总的来说，稳定型战略较适宜在短期内运用，长期实施则存在较大风险。一旦企业外部环境发生较大变动，企业战略目标、外部环境、企业实力三者之间就会失去平衡，使企业陷入困境。另外，稳定战略还容易使企业减弱风险意识，甚至会形成惧怕风险、回避风险的企业文化，降低企业对风险的敏感性和适应性。

(五)稳定型战略的适用条件

采取稳定型战略的企业，一般处在市场需求及行业结构稳定或者较小动荡的外部环境中，因而企业所面临的竞争挑战和发展机会都相对较少。但是，有些企业在市场需求以较大的幅度增长或是外部环境提供了较多的发展机遇的情况下也会采取稳定型战略。一般来说，这些企业是由于资源状况不足以使其抓住新的发展机会，因此采用相对保守的稳定性战略态势。下面分别讨论企业采用稳定型战略的外部环境和企业自身条件。

1. 外部条件

外部环境的相对稳定性会使企业更趋向于稳定战略。影响外部环境稳定性的因素很多，大致包括以下几个方面：

（1）宏观经济状况会影响企业所处的外部环境。如果宏观经济在总体上保持总量不变或总量低速增长,这就势必影响到该企业所处行业的发展,使其无法以较快的速度增长。因此,由于宏观经济的慢速增长会使得某一产业的增长速度也降低,这就会使得该产业内的企业倾向于采用稳定性战略,以适应外部环境。

(2) 产业的技术创新度。如果企业所在的产业技术相对成熟、技术更新速度较慢的话,企业过去采用的技术和生产的产品无需经过较大的调整就能满足消费者的需求和与竞争者的抗衡,这样使得产品系列及其需求保持稳定,从而使企业采纳稳定性战略。

(3) 消费者需求偏好的变动。这一点其实是决定产品系列稳定度的一个方面,如果消费者的需求变动较为稳定的话,企业可以考虑采用稳定性战略。

(4) 产品生命周期或行业生命周期。对于处于行业或产品的成熟期的企业来说,产品需求、市场规模趋于稳定,产品技术成熟,新产品的开发和以新技术为基础的新产品的开发难以取得成功,因此以产品为对象的技术变动频率低,同时竞争对手的数目和企业的竞争地位都趋于稳定,这时提高企业的市场占有率、改变市场的机会很少,因此较适合采用稳定型战略。

(5) 竞争格局。如果企业所处的行业进入壁垒非常高,或由于其他原因使得该企业所处的竞争格局相对稳定,竞争对手之间很难有较为悬殊的业绩改变,则企业采用稳定战略可以获得最大的收益,因为改变竞争战略所带来的业绩增加往往是不尽如人意的。

2. 内部条件

企业的内部条件包含了企业拥有的资源状况,还包括企业对资源进行整合,从而发挥出最大的竞争力的能力状况,以及从资源和能力中形成的核心竞争力的大小。以下从资源角度,讨论企业内部条件与稳定战略的实施。

当外部环境较好,行业内部或相关行业市场需求增长,为企业提供了有利的发展机会,但这不意味着所有的企业都适于采用增长性战略。如果企业资源不充分,如资金不足,研发力量较差或人力资源有缺陷无法满足增长性战略的要求时,就无法采用扩大市场占有率的战略。在这种情况下,企业可以采取以局部市场为目标的稳定性战略,以使企业有限的资源能集中在自己有优势的细分市场,维护竞争地位。

当外部环境相对稳定时,资源较为充足和资源较为稀缺的企业都应当采取稳定型战略,以适应外部环境。但两者的做法可以不同,前者可以在更为广阔的市场上选择自己的资源分配点,而后者应当在相对狭窄的细分市场上集中自身的资源,以求稳定型战略。

当外部环境不利时,如行业处于生命周期的衰退阶段时,则资源丰富的企业可以采用一定的稳定型战略;而对那些资源不够充足的企业,如果它在某个特定的细分市场上有独特的优势,那么也可以考虑采用稳定型的战略。

三、紧缩型战略

紧缩型战略,也称为收缩型战略或撤退型战略,是指企业因经营状况恶化、内外条件变化等原因而采取的缩小生产规模或取消某些业务的战略。收缩型战略是一种带有过渡性质的临时战略,其短期目标往往侧重于改善企业的现金流量,因此,一般都采用严格控制各项费用等方式度过危机。

(一) 采用紧缩型战略的动机

企业采用紧缩型战略的动机各不相同,一般来说,紧缩型战略可以分为环境适应型紧缩战略、经营失败型紧缩战略、主动调整型紧缩战略三类。

1. 环境适应型紧缩战略

企业为了适应外界环境不利变化而采取的一种战略。这种外界环境包括经济衰退，产业进入衰退期，对企业的产品或服务的需求减小等。在这些情况下，企业可以采取适应性紧缩战略来度过危机，以求发展。因此，环境适应型紧缩战略的使用条件就是企业预测到或已经感知到了外界环境对企业经营的不利性，并且企业认为采用稳定型战略尚不足以使企业顺利度过这个不利的外部环境。

如果企业可以同时采用稳定型战略和紧缩型战略，并且两者都能使企业避开外界威胁、为今后发展创造条件的话，企业应当尽量采用稳定型战略，因为它的冲击力要小得多，因而对企业可能造成的伤害就要小得多。

2. 经营失败型紧缩战略

此是指企业由于经营失误造成企业竞争地位虚弱、经营状况恶化，只有采用紧缩型战略才能最大限度地减少损失，保存企业实力。失败性紧缩战略的使用条件是企业出现重大的问题，如产品滞销，财务状况恶化，投资已无法收回的情况。这里就涉及一个"度"的问题，即究竟在出现何种严重的经营问题时才考虑实施紧缩型战略？要回答这一问题，需要对企业的市场、财务、组织机构等方面做一个全面估计，认真比较实施紧缩型战略的机会成本，经过细致的成本-收益分析，最后才能下结论。

3. 主动调整型紧缩战略

企业采用这一战略的动机既不是经济衰退，也不是经营的失误，而是为了谋求更好的发展机会，使有限的资源分配到更有效的使用场合。因而，调整型紧缩战略的适用条件是企业存在一个回报更高的资源配置点。为此，需要比较的是企业当前的业务单位和实施紧缩型战略后的资源投入的业务单位。在存在着较为明显的回报差距的情况下，可以考虑采用调整型紧缩战略。

（二）紧缩型战略的实现途径

按照实现收缩目标的途径，可将紧缩型战略划分为三种类型：扭转战略、剥离战略和清算战略。

1. 扭转战略

扭转战略也叫调整战略，是指企业采取缩小产销规模、削减成本费用、重组等方式来扭转销售和盈利下降趋势的战略。实施扭转战略，对企业进行"瘦身"，有利于企业整合资源，改进内部工作效率，加强独特竞争能力，是一种"以退为进"的战略。

2. 剥离战略

剥离战略是指企业出售或停止经营下属经营单位（如部分企业或子企业）的战略。实施剥离战略的目的是使企业摆脱那些缺乏竞争优势、失去吸引力、不盈利、占用过多资金或与企业其他活动不相适应的业务，以此来优化资源配置，使企业将精力集中于优势领域。在某些情况下，企业也通过实施剥离战略，为战略性收购或投资筹集资金。

剥离战略适用于以下情形：

（1）企业已经采取了扭转战略而未见成效。

（2）某下属经营单位维持现有竞争地位所需投入的资源超出了企业现有能力。

(3) 某下属经营单位经营失败,从而影响了整个企业的业绩。
(4) 企业急需资金。
(5) 该业务在管理、市场、客户、价值观等方面与企业其他业务难以融合。

3. 清算战略

清算战略是指将企业的全部资产出售,从而停止经营的战略。清算战略是承认经营失败的战略,通常是在实行其他战略全部不成功时的被迫选择。尽管所有管理者都不希望进行清算,但及时清算可能是比继续经营导致巨额亏损更有利的选择。清算能够有序地将企业资产最大限度地变现,并且股东能够主动参与决策,因而较破产更为有利。

(三) 采用收缩型战略的困难

收缩战略对企业主管来说,是一项非常困难的决策。困难主要来自以下两个方面:

1. 对企业或业务状况的判断

收缩型战略效果如何,取决于对公司或业务状况判断的准确程度,而这又是一项难度很大的工作。汤普森于1989年提出了一个详尽的清单,这一清单对于增强对企业或业务状况判断的能力有一定帮助。

(1) 分析企业产品所处的生命周期以及今后盈利情况和发展趋势。
(2) 分析产品或者企业的当前市场状况,以及发挥竞争优势的机会。
(3) 识别腾出来的资源应如何运用。
(4) 寻找一个合适的、愿出合理价格的买主。
(5) 分析放弃一部分获利的业务或者一些经营活动,从而提供资金投资在其他可能获利较大的业务是否值得。
(6) 关闭一家企业或工厂,是否比在微利下维持运转合算。
(7) 准备放弃的那部分业务在整个公司中所起的作用和协同优势。
(8) 用其他产品和服务来满足现有顾客需求的机会。
(9) 企业采用收缩型战略所带来的其他有形和无形的效益。

2. 退出障碍

波特在《竞争战略》一书中阐述了以下几种主要的退出障碍:

(1) 固定资产的专用性程度。当资产涉及具体业务或地点的专用性程度较高时,就会使其清算价值低,或者转移即转换成本高,从而难以退出现有产业。
(2) 退出成本。退出成本包括劳工协议、重新安置的成本、备件维修能力等。如果这些成本过高,会加大退出障碍。
(3) 内部战略联系。这是指企业内某经营单位与公司其他单位在市场形象、市场营销能力、利用金融市场及设施公用等方面的内部相互联系。这些因素使公司认为留在该产业中具有战略重要性。
(4) 情感障碍。企业在制定退出战略时,会引发一些管理人员和职工的抵触情绪,因为企业的退出往往使这些人员的利益受到伤害。
(5) 政府与社会约束。政府考虑到失业问题和对地区经济的影响,有时会出面反对或劝阻企业轻易退出的决策。

综上所述,企业总体战略包括成长型战略、稳定型战略和紧缩型战略三种类型,这些战略不仅可以单独使用,也可以组合使用。对于很多大型企业来说,一般都拥有多个业务单位,这些业务单位面临的外部环境和所需的内部条件都不尽相同,完全可能因地制宜、因时制宜地采用不同的总体战略。

第二节 成长型战略的实现途径

不同的总体战略有着不同的实现途径。就采用成长型战略的企业而言,一般有三种实现途径,即内部发展(新建发展)、外部发展(并购发展)和战略联盟(联合发展)。

一、内部发展

内部发展,也称内生增长,是指企业在不收购其他企业的情况下,利用自身的人力、物力和财力来实现扩张。

对于许多企业来说,特别是对那些需要不断进行技术和产品创新才能获得竞争优势的高科技企业,内部发展或内生增长已经成为主要的战略发展方式。因为开发过程被视作获得必要技巧和知识从而使企业能充分利用其产品优势并在市场中立于不败之地的最佳方式。例如,华为能够在全球5G技术市场中处于领先地位,跟该企业长期坚持内部发展的经营理念密不可分。

(一)企业采取内部发展战略的动因

(1)开发新产品的过程使企业能最深刻地了解相关市场及产品。
(2)不存在合适的收购对象,或者要价过高。
(3)保持管理风格和企业文化的连续性,避免由于并购导致不必要的混乱局面。
(4)为现有管理者提供职业发展机会,从而激励有关人员更好地为企业服务。
(5)可能需要的代价较低,因为获得资产时无需为商誉支付额外的金额。
(6)收购中通常会产生隐藏的或无法预测的损失,而内生增长不太可能产生这种情况。
(7)这可能是唯一合理的、实现真正技术创新的方法。
(8)可以有计划地进行,很容易从企业资源获得财务支持,并且相关成本可以按时间分摊。
(9)风险较低。在收购中,可能需要承担被并购者以前所做的决策产生的长期不良后果。

尽管从表面上看,内部发展的最终成本可能高于收购其他企业,但是成本的分摊可能会对企业更有利且比较符合实际,特别是对那些没有足够资金进行大额投资的小企业或公共服务类型的组织来说,这是它们选择内部发展的一个主要理由。选择内部发展可以更加从容地进行投融资安排,这有助于将战略实施对其他活动的干扰降至最低。

(二)内部发展的缺点

(1)与并购现有企业相比,它增加了市场供给,可能会激化某一市场内的竞争。
(2)企业在一种封闭的环境中自我发展,导致不能接触到其他企业先进的知识及系统,可能会更具风险。

(3) 内部发展一般需要从零开始,导致一开始就缺乏规模经济或经验曲线效应,在与竞争对手竞争时处于明显劣势。

(4) 当市场机会稍纵即逝时,内部发展会显得过于缓慢。

(5) 在进入某些产业时可能会面临非常高的壁垒。

因此,内部发展战略主要适用于企业具备内生成长所需的资源和能力、外在环境比较稳定、相关产业的进入壁垒比较低或者容易被企业克服等情况。如果以上条件不具备,企业应该考虑采取其他途径以实现发展。

二、并购

企业并购一般是指一个企业购买另一个企业的全部或部分资产或产权,从而影响、控制被收购的企业,以增强企业的竞争优势,实现企业经营目标的行为。

并购的内涵非常广泛,主要包括兼并(merger)和收购(acquisition)。兼并,又称吸收合并,即两种不同事物因故合并成一体。收购,指一家企业用现金或者有价证券购买另一家企业的股票或者资产,以获得对该企业的全部资产或者某项资产的所有权,或对该企业的控制权。

作为一种重要的发展战略实现途径,其主要特点是企业通过取得外部现有的经营资源来谋求更好更快的发展。内部发展可能是一个缓慢而不确定的过程,通过并购来谋求发展则要迅速得多,尽管它自身也会带来诸多不确定性。

(一) 并购的动因

在具体实务中,并购的动因,归纳起来主要有以下几类:

(1) 扩大生产经营规模,降低成本费用。通过并购,企业规模得到扩大,能够形成有效的规模效应。规模效应能够带来资源的充分利用,资源的充分整合,降低管理、原料、生产等各个环节的成本,从而降低总成本。

(2) 提高市场份额,提升行业战略地位。规模大的企业,伴随生产力的提高,销售网络的完善,市场份额将会有比较大的提高。从而确立企业在行业中的领导地位。

(3) 取得充足廉价的生产原料和劳动力,增强企业的竞争力。通过并购实现企业的规模扩大,成为原料的主要客户,能够大大增强企业的谈判能力,从而为企业获得廉价的生产资料提供可能。同时,高效的管理、人力资源的充分利用和企业的知名度都有助于企业降低劳动力成本,从而提高企业的整体竞争力。

(4) 实施品牌经营战略,提高企业的知名度,以获取超额利润。品牌是价值的动力,同样的产品,甚至是同样的质量,名牌产品的价值远远高于普通产品。并购能够有效提高品牌知名度,提高企业产品的附加值,获得更多的利润。

(5) 为实现公司发展的战略,通过并购取得先进的生产技术、管理经验、经营网络、专业人才等各类资源。并购活动收购的不仅是企业的资产,而且获得了被收购企业的人力资源、管理资源、技术资源、销售资源等。这些都有助于企业整体竞争力的根本提高,对公司发展战略的实现有很大帮助。

(6) 通过收购跨入新的行业,实施多元化战略,分散投资风险。这种情况出现在混合并购模式中,随着行业竞争的加剧,企业通过对其他行业的投资,不仅能有效扩充企业的经营范围,获取更广泛的市场和利润,而且能够分散原有行业竞争带来的风险。

理论方面,并购的最常见的动机就是——协同效应(synergy)。协同效应指从两个或两个以上的企业并购中所获得的好处,一般这些好处无法从独立的企业中获得。有时,协同效应被表示为"1+1=3"。并购交易的支持者通常会以达成某种协同效应作为支付特定并购价格的理由。协同效应产生于互补资源,而这些资源与正在开发的产品或市场是相互兼容的,协同效应通常通过技术转移或经营活动共享来得以实现。通过并购获得协同效应有四大来源:

(1) 营销与销售协同效应,即可将一家企业的品牌用于另一家企业的产品,采用共同的销售团队和广告来为客户提供更广泛的产品。

(2) 经营协同效应,包括:① 在购买原材料和固定设备等方面的规模经济。② 共同使用分销渠道和仓库存储。③ 将后勤、商店和工厂等进行整合。④ 抵消季节性波动的影响,如一家企业处于旺季时另一家企业正处于淡季。

(3) 财务协同效应。多元化并购产生的风险分散效果可以使企业能够以较低的成本取得资金。如果兼并企业属于类似行业,可减少市场竞争。可从相同的研发中分享利益,保持更稳定的现金流和出售冗余资产。

(4) 管理协同效应。管理协同效应主要指的是并购给企业管理活动在效率方面带来的变化及效率的提高所产生的效益。如果两个公司的管理效率不同,在管理效率高的公司兼并另一个公司之后,低效率公司的管理效率得以提高,这就是所谓的管理协同效应。

(二) 并购的类型

企业并购有许多具体形式,这些形式可以从不同的角度加以分类。

1. 按并购双方所处的行业分类

按并购方与被并购方所处的行业相同与否,可以分为横向并购、纵向并购和混合并购三种。

(1) 横向并购。此是指并购方与被并购方处于同一行业。横向并购可以消除重复设施,提供系列产品或服务,实现优势互补,扩大市场份额。

例如,一家外商投资的饮料企业,为了快速发展其在中国的市场占有份额,计划收购兼并中国另一大型饮料企业。对于外商投资的饮料企业来说,这属于一个横向并购的方案。

(2) 纵向并购。此是指在经营对象上有密切联系,但处于不同产销阶段的企业之间的并购。按照产品实体流动的方向,纵向并购又可分为前向并购与后向并购。前向并购是指沿着产品实体流动方向所发生的并购,如产品原料生产企业并购加工企业或销售商或最终客户,或加工企业并购销售企业等;后向并购是指沿着产品实体流动的反向所发生的并购,如加工企业并购原料供应商,或销售企业并购原料供应企业或加工企业等。纵向并购可以加强企业经营整体的计划性,协调供产销结构,增强企业竞争能力。

例如,一家汽车制造商并购一家出租汽车公司是一个纵向并购的例子。汽车制造商可安排出租汽车公司将其生产的品牌汽车出租给最终消费者,从而增加业务弹性,获取更多的利润。

(3) 混合并购。此是指处于不同行业、在经营上也无密切联系的企业之间的并购。混合并购的目的在于实现投资多元化,减少行业不景气可能造成的经营风险,扩大企业经营规模。

例如,一家生产家用电器的企业兼并一家旅行社,在竞争激烈的家电市场以外的地方寻找新的商机,分散企业的经营风险。

2. 按被并购方的态度分类

按被并购方对并购所持态度不同,可分为友善并购和敌意并购。

(1) 友善并购。通常是指并购方与被并购方通过友好协商确定并购条件,在双方意见基本一致的情况下实现产权转让的一类并购。此种并购一般先是并购方选择被并购方,并主动与对方的管理者接洽,商讨并购事宜。经过双方充分磋商签订并购协议,履行必要的手续后完成并购。在特殊的情况下,也有是被并购方主动请求并购方接管本企业的情形。

(2) 敌意并购。又叫恶意并购,通常是指当友好协商遭到拒绝后,并购方不顾被并购方的意愿采取强制手段,强行收购对方企业的一类并购。敌意并购也可能采取不与被并购方进行任何接触,而在股票市场上收购被并购方股票,从而实现对被并购方控股或兼并的形式。

由于种种原因,并购(尤其是兼并)往往不能通过友好协商达成协议,被并购方从自身的利益出发,拒不接受并购方的并购条件,并可能采取一切抵制并购的措施加以反抗。在这种情形下,"敌意并购"就有可能发生。

3. 按并购方的身份分类

按照并购方的不同身份,可以分为产业资本并购和金融资本并购。

(1) 产业资本并购。一般由非金融企业进行,即非金融企业作为并购方,通过一定程序和渠道取得目标企业全部或部分资产所有权的并购行为。并购的具体过程是从证券市场上取得目标企业的股权证券,或者向目标企业直接投资,以便分享目标企业的产业利润。正因为如此,产业资本并购表现出针锋相对、寸利必争的态势,谈判时间长,条件苛刻。

(2) 金融资本并购。一般由投资银行或非银行金融机构(如金融投资企业、私募基金、风险投资基金等)进行。金融资本并购有两种形式:一种是金融资本直接与目标企业谈判,以一定的条件购买目标企业的所有权,或当目标企业增资扩股时,以一定的价格购买其股权;二是由金融资本在证券市场上收购目标企业的股票从而达到控股的目的。

金融资本与产业资本不同,它是一种寄生性资本,既无先进技术,也无直接管理收购目标。金融资本一般并不以谋求产业利润为首要目的,而是靠购入后再转让企业的股权来获得投资利润。

4. 按收购资金来源分类

按收购资金来源渠道的不同,可分为杠杆收购和非杠杆收购。无论以何种形式实现企业收购,收购方总要为取得目标企业的部分或全部所有权而支出大笔的资金。收购方在实施企业收购时,如果其主体资金来源是对外负债,即是在银行贷款或金融市场借贷的支持下完成的,就将其称为杠杆收购。相应地,如果收购方的主体资金来源是自有资金,则称为非杠杆收购。

杠杆收购的一般做法是收购企业首先委托专门从事企业收购的经纪企业,派有经验的专家负责分析市场,发现和研究那些经营业绩不佳却很有发展前途的企业。确定收购目标后,再以收购企业的名义向外大举借债,通过股市或以向股东发出要约的方式,收购目标企业的股权,取得目标企业的经营控制权。

杠杆收购的突出特点是收购者不需要投入全部资本即可完成收购,多数用于支付收购对价的资本来源于负债。显然,只有企业的全部资产收益大于借贷资本的平均成本,收购才能产生正效应。因此,杠杆收购是一种风险很高的企业并购方式。杠杆收购在20世纪60年代出现于美国,其后得到较快发展,20世纪80年代曾风行于美国和欧洲。

(三) 并购的风险

并购风险是指公司收购中遭受损失或失败的不确定性。对收购公司来说,并购风险主要包括:

1. 决策风险

由于信息资料不够全面、准确,决策分析过程不科学等原因造成收购实施中出现错误、偏差。企业在并购前,或者没有认真地分析目标企业的潜在成本和效益,过于草率地并购,结果无法对被并购企业进行合理的管理;或者高估并购后所带来的潜在的经济效益,高估自己对被并购企业的管理能力,结果遭到失败。

例如,20世纪70年代中期,美国一些软性饮料公司认为自己可以运用在饮料方面的完善的营销能力控制美国的酿酒行业,但在收购了几家酿酒公司以后,他们认识到酒类产品与饮料产品是大不相同的,各自有不同的消费者、定价系统及分销渠道。软性饮料公司最终只好将酿酒公司卖出,结果损失极大。

因此,在并购前一定要全面仔细地分析各种因素,包括目标公司所处行业的风险特征,目标公司财务、经营状况的风险,还要前瞻性地对宏观经济的潜在变化和产业生命周期的演化进行合理的判断,才能做出真正科学的并购决策。

2. 财务风险

这种风险集中表现在通过支付现金获取目标企业所有权的并购活动中。包括因筹资成本过高、筹资金额不足等情况产生的风险,由于实际资金支出超过计划额而产生的风险,杠杆收购中举债过度产生的风险,还包括市场利率水平变化、通胀率变化、股票市场价格变化而引起的风险,等等。

如目标公司进行反收购,将使收购难度增大,甚至可导致收购失败。比如,当企业想以收购股票的方式并购上市公司时,对方往往会抬高股票价格,尤其是在被收购公司拒绝被收购时,会为收购企业设置种种障碍,增加收购的代价。另外,企业在采用竞标方式进行并购时,也往往要支付高于标的的价格才能成功并购。这种高代价并购会增加企业的财务负担,使企业从并购的一开始就面临着效益的挑战。

3. 文化风险和政府干预风险

企业在通过并购战略进入一个新的经营领域时,并购行为的结束只是成功的一半,并购后的整合状况将最终决定并购战略的实施是否有利于企业的发展。企业完成并购后面临着战略、组织、制度、业务和文化等多方面的整合。其中,企业文化的整合是最基本、最核心,也是最困难的工作。

企业文化是否能够完善地融为一体影响着企业生产运营的各个方面。如果并购企业与被并购企业在企业文化上存在很大的差异,企业并购以后,被并购企业的员工不喜欢并购企业的管理作风,并购后的企业便很难管理,而且会严重影响企业的效益。

例如,通过并购得到迅速发展的海尔集团提出自己的经验:在并购时,首先去的地方不应是财务部门,而应是被并购企业的企业文化中心。企业应当重视用企业文化而不是资产来改造被并购企业。

特别需要注意的是,对于跨国并购,东道国潜在的政治风险必须得到足够的重视,否则跨国并购很可能失败。我国企业很多并购失败的案例,都来源于欧美发达国家以国家安全等名义直接否决了有关并购。

(四)波特的吸引力测试

收购不可能改变由于行业结构缺陷而导致的长期无利润的局面。波特教授认为,由于成本原因,理想的收购应该发生在一个不太具有吸引力但能够变得更具吸引力的行业中。通过以下两项测试,可以简单判断一项并购是否具有吸引力。

(1)"进入成本"测试,事实上,通常有吸引力的行业往往需要较高的进入成本。为收购企业而支付的溢价是一个很重要的考虑因素。

(2)"相得益彰"测试,收购必须能为股东带来他们自己无法创造的好处。仅为企业利益而进行的多元化并购不能增加股东的财富。资产剥离也只能产生一次性的好处,并不能为长远投资打下良好的基础。

三、战略联盟

战略联盟是两个或两个以上的经济实体为了实现特定的战略目标而采取的任何股权或非股权形式的共担风险、共享利益的长期联合与合作协议。

自从美国 DEC 公司总裁简·霍普兰德(J. Hopland)和管理学家罗杰·奈杰尔(R. Nigel)提出战略联盟的概念以来,战略联盟就成为管理学界和企业界关注的焦点。

在过去的十几年中,战略联盟的数量激增。战略联盟已成为最广泛使用的战略之一,它可以使来自不同国家的企业共同分担风险、共享资源、获取知识、进入新市场。例如,1986~1995 年美国合资企业的数目递增了 423%。战略联盟不仅包括了股权合资企业,还包含了涉及生产、营销、分销、R&D 的非股权协议。国际间的战略联盟是利用来自两个或多个国家或地区的自立组织的资源和治理结构的跨国界合作协议。

构建联盟现已成为进入新兴国际市场的常用方式,并成为企业实现快速成长的三种战略之一。在竞争日趋激烈的市场经济中,如果一个企业不能谨慎处理好如何使企业成长壮大的问题,那么这个企业可能会停滞不前甚至会衰落。正像美国管理咨询专家林奇(R. P. Lynch)所说的,企业具有如前面所述的三种基本成长方式,任何企业都必须从这三种战略方式中做出适当选择。

(一)建立战略联盟的动因

泰吉(T. T. Tyejee)和奥兰德(G. E. Osland)等人提出了"战略缺口"假设,以解释企业运用战略联盟的动机。他们认为,企业在分析竞争环境和评估自身的竞争力及资源时,往往会发现在竞争环境中它们所要取得的战略绩效目标与它们依靠自有资源和能力所能达到的目标之间存在着一个战略缺口,而战略缺口的存在却在一定程度上限制了企业走依靠自有资源和能力自我发展的道路,这就在客观上要求企业走战略联盟的道路。

企业的战略缺口越大,参加战略联盟的动力越大。而且,企业只需投入相对较少的资金,战略联盟就可以在数个市场上纵向或横向建立起来。由于战略联盟的运作要求管理者具有创新的管理方法和技能,这对于初涉此道的企业和管理者来说是有些困难的。

促使企业建立战略联盟有许多直接的动因。根据近年来企业战略联盟的实践和发展,可把促使战略联盟形成的主要动因归结为以下 6 个方面：

1. 促进技术创新

全球企业竞争已进入高科技竞争时期，开发先进技术是企业提高竞争力的关键。而高新技术产品的开发费用日益增大，单个企业难以独立支付，必须通过建立战略联盟的方式共同分担。例如，在航空领域，波音公司为了开发新型的波音 777 喷气客机，就与实力强大的富士、三菱及川崎重工结成战略联盟进行联合开发。

2. 避免经营风险

通过建立战略联盟，扩大信息传递的密度与速度，可以避免单个企业在市场开发和研究开发中的盲目性和因孤军作战而引起的创新资源浪费，并降低市场开发与技术创新的风险。

例如，海尔冰箱发现进入日本市场和让消费者接受自己的产品需要花费很长时间。而日本三洋在日本是知名企业，技术方面具有很强的优势，有一定的市场客户群，然而三洋开发中国市场却没有销售渠道。在海尔同日本三洋双方均有意开发国外市场的共同的发展目标下，双方缔结以市场换市场、以市场共用的战略联盟。海尔在日本利用三洋的销售渠道销售自己的产品，而三洋在中国利用海尔的销售渠道销售自己的产品。结果是双方不仅都获得了更大的销售市场，拥有了更多的客户群，而且还带来了销售利润的增幅。

3. 避免或减少竞争

在任何一个行业中，随着市场的不断饱和，激烈的竞争局面难免会出现。在一番你死我活的价格战之后，往往导致两败俱伤的局面。唯一的解决之道就是主动与竞争对手合作，化敌为友。

例如，世界石油产业中最大的 OPEC 组织，就是各大石油产油国为了避免彼此之间的过度竞争，通过协议合作的方式，以控制产量、保证石油价格和各自的收益。

4. 实现资源互补

资源在企业之间的配置总是不均衡的。在资源方面或拥有某种优势，或存在某种不足，通过战略联盟可达到资源共享、优势互补的效果。

美国通用汽车公司与日本丰田汽车公司的结盟则是很好的说明，前者在美国汽车产业中一直名列前茅，而后者则是日本实力最雄厚的汽车公司。双方于 1983 年 2 月曾签订协议，共同出资在美国加利福尼亚建立合资企业——新联合汽车制造公司。通过双方之间的股权合资，通用公司成功引入了高新技术，提高了自己在中小型汽车领域的竞争实力。而丰田公司则通过合资成功打入了美国市场，并且掌握了在美国从事汽车生产的经验，弥补了缺乏海外运作经验的缺陷。

5. 开拓新的市场

企业通过建立广泛的战略联盟可迅速实现经营范围的多样化和经营地区的扩张。TCL 合资法国汤姆逊公司，在与汤姆逊的合作中，TCL 没吃掉汤姆逊的品牌，而是利用其在欧美等市场的影响进一步拓展市场。

6. 降低协调成本

战略联盟属于企业与市场之间的"中间组织"。与并购方式相比，战略联盟的方式不需要进行企业的整合，因此可以降低协调成本。对于大的目标企业，并购后整合效果一般不理想，适合采用联盟的方式进行合作，其原因就在于并购大企业的协调成本太大。

（二）战略联盟的形式及比较

企业战略联盟的类型多种多样，根据不同的划分标准可以对战略联盟进行不同分类。其中，从联盟究竟是以股权为纽带还是以契约为纽带，可以把战略联盟分为股权式战略联盟和契约式战略联盟两大类。

1. 股权式战略联盟

股权式战略联盟是由各成员作为股东共同创立的，其拥有独立的资产、人事和管理权限的联盟，股权式联盟中一般不包括各成员的核心业务，具体又可分为合资公司型战略联盟和股权参与型战略联盟。股权式战略联盟一般被认为是知识转移的沃土。很多公司选择股权式战略联盟的动机之一就是获取合作伙伴的先进知识和技术。

（1）合资公司型战略联盟。可以实现资本、技术、市场、人才方面的共享，有效地促进了规模经济和范围经济，减少了单个企业开拓市场的风险，同时还可以利用合作伙伴已有的市场范围和公共关系统开市场进入障碍。

（2）股权参与型联盟。仅仅发生在资本层面，属于较低层次的联盟形式。股权购买方可以根据对方公司的经营状况以及自身的资金周转能力决定购进或者抛售股票，操作简单易行，具有较高的灵活性。股权型战略联盟所涉及的股份比例较小，购买方无权干涉对方的经营决策和战略选择，联盟成员之间具有较高的独立性。

2. 契约式战略联盟

相对于股权式战略联盟而言，契约式联盟由于更强调相关企业的协调与默契，从而更具有联盟的本质特征。其在经营的灵活性、自主权和经济效益等方面比股权式战略联盟有更大的优越性。常见的契约式战略联盟有以下几种：

（1）技术性协议：联盟成员间相互交流技术资料，通过"知识"的学习来增强竞争实力。

（2）研究开发合作协议：分享现成的科研成果，共同使用科研设施和生产能力，在联盟内注入各种优势，共同开发新产品。

（3）生产营销协议：通过制订协议，共同生产和销售某一产品，这种协议并不给联盟内各成员带来资产、组织结构和管理方式的变化，仅仅通过协议规定合作项目、完成时间等内容。成员之间仍然保持着各自的独立性，甚至在协议之外仍然相互竞争。

（4）产业协调协议：建立全面协作与分工的产业联盟体系，多见于高科技产业中。主要是指借助契约建立的，不涉及股权参与的合伙形式，以联合研究开发和联合市场行动最为普遍。最常见的形式包括双边契约型战略联盟和单边契约型战略联盟。

3. 两种战略联盟的比较

（1）从对组织结构的要求来看，股权式战略联盟要求组成具有法人地位的经济实体，对资源配置、出资比例、管理结构和利益分配均有严格规定；而契约式战略联盟无须组成经济实体和固定的组织机构，结构比较松散，协议本身在某种意义上只是无限制性的"意向备忘录"。

（2）从联盟各方话语权的大小来看，股权式战略联盟各方按出资比例有主次之分，且对各方的资金、技术水平、市场规模、人员配备等有明确规定，股权大小决定发言权的大小；而契约式战略联盟各方一般都处于平等和相互依赖的地位，相对保持经营上的独立性。

（3）从联盟利益分配来看，股权式战略联盟按出资比例分成，合资各方的利益体现在最

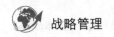

后的分配上；而契约式战略联盟中各方可以根据自己的情况，在各自承担的工作环节上进行经营活动，取得自己的利益。

（4）从联盟的灵活性和风险来看，股权式战略联盟的初始投入较大，转置成本较高，难撤离，灵活性差，风险大，政府的政策限制也很严格；而契约式战略联盟则可避开这些问题。

（5）从联盟信任和合作的程度来看，股权式战略联盟有利于扩大企业的资金实力，并通过部分"拥有"对方的形式，增强双方的信任感和责任感，合作更能持久；契约式战略联盟的先天不足则在于，企业对联盟的控制能力差。

（三）建立战略联盟的步骤

1. 寻找合适的合作伙伴阶段

企业在联合与合作之前，首先要树立明确的战略目标，并据此来寻找或接受能帮助实现战略意图、弥补战略缺口的合作伙伴。寻找合适的伙伴是联盟构建过程中所遇到的最大难题，它需要高级管理层了解双方在一定时间里的目的和战略。如果双方不匹配乃至不相容，容易产生消极的后果。若这一步走得比较顺利，寻找到了合适的伙伴，随着联盟进程的发展，双方的配合将越来越有成效，还可进一步发展为兼并收购。

一个合适的联盟伙伴的基本条件是：能够带来本企业所渴望的技术、技能、知识风险分担和进入新市场的机会等优势。还要注意，文化上相容、相似的企业比有较大文化差异的企业的企业更适合成为本企业的合作伙伴。

2. 联盟设计和谈判阶段

成功的联盟不仅是以交叉许可安排、联合开发、合资经营、股权共享等联盟方式为基础的初始合作协议，还包括厂址选择、成本分摊、市场份额获得等通常的细节以及对知识创新、技术协同等方法进行设计。

企业的高级管理层还应就联盟的共同目标与主要的中层经理和技术专家进行沟通。另外，由于联盟伙伴之间往往存在着既合作又竞争的双重关系，双方应对联合与合作的具体过程和结果进行谨慎细心的谈判，摒弃偏见，求大同、存小异，增强信任。

3. 联盟运行和控制阶段

战略联盟的最终目的是通过联盟提高企业自身的竞争能力。联盟内的企业应该把通过联盟向对方学习作为一项战略任务，最大限度地尽快将联盟的成果转化为联盟各方的竞争优势。联盟企业必须相互信任，并且以双方整体利益最大化为导向，而不能过分强调自身的利益，这样联盟才能持久，也才能更好实现建立联盟的初衷。

在联盟存续期间，往往需要联盟各方进行双向信息流动，每个参加联盟的企业都应该贡献出必要的信息供对方分享，从而提高联盟的成功率。同时企业要合理控制信息流动，保护自身的竞争优势，防止对方得到我方应予以保护的关键信息，做出有损我方的行为，因为联盟伙伴有可能在将来某一天成为竞争对手。

第三节 企业总体战略决策的方法

本章前面讨论了总体战略的类型和实现途径。作为企业高层决策者,还需要对具体业务的战略态势以及业务之间的搭配组合做出选择。这里着重介绍几种常用的总体战略的决策方法,包括波士顿(BCG)矩阵和通用(GE)矩阵分析法,以及把内部环境和外部环境结合在一起的SWOT分析法。

一、业务组合分析法

当一个组织的企业战略涵盖了许多业务时,管理者可以通过一种被称为公司业务组合矩阵的工具来管理这些业务组合或集合。这一矩阵提供了一种理解多元化业务以及帮助管理者确定资源配置优先等级的框架。BCG矩阵和GE矩阵分析就是公司业务组合分析的主要方法。

(一)BCG矩阵分析法

BCG矩阵也叫波士顿矩阵,是由波士顿咨询集团开发的首先被广泛应用的业务组合矩阵。这种矩阵的核心在于,要解决如何使企业的产品品种及其结构适合市场需求的变化,只有这样,企业的生产才有意义。同时,如何将企业有限的资源有效地分配到合理的产品结构中去,以保证企业收益,是企业在激烈竞争中能否取胜的关键。

波士顿矩阵应用这一理念,通过对组织中的各种业务进行评估,并采用一个四象限的矩阵对业务进行划分,以确定哪一项业务具备了高潜能,而哪一项业务是对组织资源的耗费。在坐标图(图4.2)上,横坐标代表相对市场占有率(高或低),纵坐标表示预期的市场增长率(高或低),纵坐标与横坐标的交叉点表示企业的一项经营业务或产品,而圆圈面积的大小表示该业务或产品的收益与企业全部收益的比。

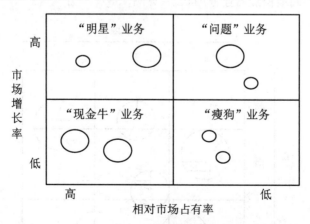

图 4.2 波士顿矩阵

根据有关业务或产品的市场增长率和企业相对市场占有率标准,波士顿矩阵可以把企业全部的经营业务定位在四个区域内中,分别为:

(1) 高增长-强竞争地位的"明星"业务。这类业务处于迅速增长的市场,具有很大的市场份额。在企业的全部业务中,"明星"业务的增长和获利有着极好的长期机会,但它们是企业资源的主要消费者,需要大量的投资。为了保护和扩展"明星"业务在增长的市场上占主导地位,企业应在短期内优先供给它们所需的资源,支持它们继续发展。

(2) 高增长-弱竞争地位的"问题"业务。这类业务通常处于最差的现金流量状态。一方面,所在行业的市场增长率高,企业需要大量的投资支持其生产经营活动;另一方面,其相对市场占有率低,能够生成的资金很小。因此,企业对于"问题"业务的进一步投资需要进行分析,判断使其转移到"明星"业务所需要的投资量,分析其未来盈利,研究是否值得投资等问题。

(3) 低增长-强竞争地位的"现金牛"业务。这类业务处于成熟的低速增长的市场中,市场地位有利,盈利率高,本身不需要投资,反而能为企业提供大量资金,用以支持其他业务的发展。"现金牛"业务的市场增长率的下跌已成为不可阻挡之势,因此对其投入资源应达到短期收益最大化的目的。

(4) 低增长-弱竞争地位的"瘦狗"业务。这类业务处于饱和的市场当中,竞争激烈,可获利润很低,不能成为企业资金的来源。因此,企业应缩小经营范围或将剩余资源向其他产品转移。

波士顿矩阵是最早的组合分析方法之一,被广泛运用在产业环境与企业内部条件的综合条件、多样化的组合分析、大企业发展的理论依据等方面,但如何正确地应用组合计划对企业的不同部分产生不同的目标和要求,这对许多管理人员来说是一个重要的文化变革,而这一文化变革往往是非常艰巨的过程。

(二) GE 矩阵分析法

GE 矩阵也叫通用矩阵,是美国通用电气公司设计的一种投资组合分析方法,该方法改进了波士顿矩阵过于简化的不足。首先,在两个坐标轴上都增加了中间等级;其次,其纵轴用多个指标反映产业吸引力,横轴用多个指标反映企业竞争地位。9 个区域的划分,更好地说明了企业中处于不同地位经营业务的状态(见图 4.3)。

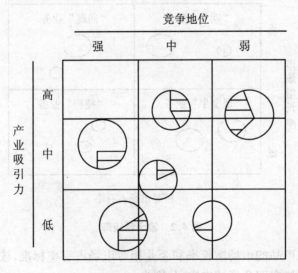

图 4.3 通用矩阵

在图 4.3 中,产业吸引力和竞争地位的值决定着企业某项业务在矩阵上的位置。矩阵中圆圈面积的大小与产业规模成正比,圈中扇形部分(画线部分)表示某项业务的市场占有率。

从图中 9 个方格的分布来看,企业中处于左上方三个方格的业务最适合采取增长与发展战略,企业应优先分配资源;处于右下方三个方格的业务,一般就采取停止、转移、撤退战略;处于对角线三个方格的业务,应采取维持或有选择地发展的战略,保护原有的发展规模,同时调整其发展方向。

二、SWOT 分析

SWOT 分析是由美国哈佛商学院率先采用的一种经典的分析方法。它根据企业所拥有的资源,进一步分析企业内部的优势与劣势以及企业外部环境的机会与威胁,进而选择适当的战略。

(一)基本原理

SWOT 分析是一种综合考虑企业内部条件和外部环境的各种因素,进行系统评价,从而选择最佳经营战略的方法。S 是指企业内部的优势,W 是指企业内部的劣势,O 是企业外部环境的机会,T 是指企业外部环境的威胁。

企业内部的优势和劣势是相对于竞争对手而言的,一般表现在企业的资金、技术设备、员工素质、产品、市场、管理技能等方面。判断企业内部的优势和劣势一般有两项标准:一是单项的优势和劣势。例如,企业资金雄厚,则在资金上占优势;市场占有率低,则在市场上处于劣势。二是综合的优势和劣势。为了评估企业的综合优势和劣势,应选定一些重要因素,加以评价打分,然后根据其重要程度按加权平均法加以确定。

企业外部环境的机会是指环境中对企业有利的因素,如政府的支持、高新技术的应用、良好的购买者和供应者关系等。企业外部环境的威胁是指环境中对企业不利的因素,如新竞争对手的出现、市场增长缓慢、购买者和供应者讨价还价能力增强、技术老化等。这是影响当前企业竞争地位或影响企业未来竞争地位的主要障碍。

在运用这一方法时,企业需要将调查得出的各种因素根据轻重缓急或影响程度等排序方式,构造 SWOT 矩阵。在此过程中,将那些对公司发展有直接的、重要的、大量的、迫切的、久远的影响因素优先排列出来,而将那些间接的、次要的、少许的、不急的、短暂的影响因素排列在后面。

SWOT 分析是要使企业真正考虑到:为了更好地对新出现的产业和竞争环境做出反应,必须对企业的资源采取哪些调整行动;是否存在需要弥补的资源缺口;企业需要从哪些方面加强其资源;要建立企业未来的资源必须采取哪些行动;在分配公司资源时,哪些机会应该最先考虑。这就是说,SWOT 分析中最核心的部分是评价企业的优势和劣势、判断企业所面临的机会和威胁并做出决策。

(二)基于 SWOT 分析的战略选择

1. SO 战略

即增长型战略。如果企业通过 SWOT 分析发现,企业外部环境更多的是提供了发展机会,而企业内部条件跟竞争对手相比具有明显的优势,企业就可以采用 SO 战略,以充分发挥自身的优势去把握发展机会,实现企业更好更快的发展。

2. WO 战略

即扭转型战略。如果企业通过 SWOT 分析发现,企业外部环境更多的是提供了发展机会,但企业内部条件跟竞争对手相比具有明显的劣势,企业就应该采用 WO 战略,通过努力,扭转自身在资源和能力等方面的劣势,从而更好地把握市场提供的发展机会。

3. ST 战略

即多元化经营战略。如果企业通过 SWOT 分析发现,企业外部环境更多的是给企业带来了威胁,但企业内部条件跟竞争对手相比具有明显的优势,企业就应该采用 ST 战略,通过开展多元化经营,来分散不利外部环境对现有业务的风险,并且寻求长远的发展机会。当企业对自身竞争优势有足够自信,认为面临的环境威胁能够通过努力加以克服时,也可以谨慎考虑采用一体化战略,进一步强化自身的竞争地位以面对外部环境的威胁。

4. WT 战略

即防御型战略。如果企业通过 SWOT 分析发现,企业外部环境更多的是给企业带来了威胁,但企业内部条件跟竞争对手相比又具有明显的劣势,企业就应该采用 WT 战略。在具体选择上,企业可以考虑采用紧缩型战略以逐步撤退;或者干脆彻底退出相关业务和市场。

基于 SWOT 分析的战略选择如图 4.4 所示。

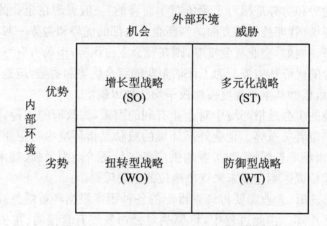

图 4.4　基于 SWOT 分析的战略选择

课后案例

中集集团的发展之路

中国国际海运集装箱(集团)股份有限公司(简称中集集团),是世界领先的物流装备和能源装备供应商,总部位于中国深圳。公司致力于在集装箱、道路运输车辆、能源化工及食品装备、海洋工程、重型卡车、物流服务、空港设备等业务领域,提供高品质与可信赖的装备和服务。支持这些业务蓬勃发展的有:提供专业资金管理的财务公司,以及提供金融解决方案的融资租赁公司。作为一家为全球市场服务的多元化跨国产业集团,中集集团在亚洲、北美、欧洲、澳洲等地区拥有 300 余家成员企业及 4 家上市公司,客户和销售网络分布在全球 100 多个国家和地区。2020 年,5 万中集员工,创造了约 942 亿元的销售业绩,净利润约 53.5 亿元。

中集公司是中国政府实行改革开放政策后引进外资的先锋项目。公司由招商局轮船股份有限公司与丹麦宝隆洋行合资经营,引进丹麦技术生产20英尺(英尺合0.3048米)国际标准集装箱。1982年9月22日,"中国国际海运集装箱股份有限公司"(简称中集公司)正式投产。工厂最初由丹麦宝隆洋行负责经营,由于国际航运业陷入萧条及公司在内部的文化冲突,中集公司在1982年投产后即连年亏损,至1986年陷入濒临倒闭的困境,董事会决定"内部清盘",保留管理和技术骨干,停产集装箱,转产钢结构加工。丹麦宝隆洋行退出公司经营管理,中集公司转由招商局负责经营管理。

1987年7月1日,中国远洋运输总公司入股中集,重组为三方合资企业。合资后的中集,中远和招商局各占股45%,丹麦宝隆占股10%。中远的参股为中集引进了宝贵的市场资源。时值行业复苏,中集重新进入集装箱制造行业,以此为基础,公司完善技术,培养队伍,积累经验,逐步拓展国际市场。

1993年,麦伯良被正式任命为公司总经理。20世纪90年代初期,伴随着"中国制造"的崛起,全球集装箱制造中心向中国转移的趋势日益明显。中集领导人迅速预见了这种趋势,并率先制定了"中国沿海全方位生产格局"的战略方针。1993年,中集首次实施跨区域并购策略,收购大连货柜工业51.18%的股权,在北方建立深圳以外的首个生产基地。此后,中集通过收购兼并以及自建的方式快速在中国沿海主要港口构筑起面向客户的全方位生产基地格局,为中集成就行业领导地位奠定了坚实平台。此后,收购兼并也成为中集战略扩张的主要方式。

在麦伯良的带领下,中集实现了高速成长,业务延伸到道路运输车辆、能源化工和食品装备、海洋工程等多个业务领域,相继取得了集装箱、车辆、登机桥等多个领域的世界第一,公司成为国内外拥有100多家分支机构的跨国集团。

1996年9月29日,上海中集冷藏箱有限公司正式投产。上海中集项目总投资5000万美元,引进世界先进的德国冷藏箱制造技术,投产次年即开始赢利。上海中集的投产标志着中集的产品技术开始从低技术含量向高技术含量发展,产品品种从单一化向系列化的转变。

在取得了集装箱行业领导地位的基础上,通过世界知名的管理咨询公司的协助,21世纪初,中集进一步明确了"为现代化交通运输提供装备和服务"的使命,即从全球视野的角度,建立和并行发展三个层面的业务:第一层面为现有核心业务——集装箱业务;第二层面为厢式半挂车业务,后逐渐调整为道路运输车辆业务;第三层面为以更广泛的形式介入现代化交通运输装备及服务行业中有生命力的业务。这是中集历史上首次从战略高度全面化、系统化、清晰化地确立了业务竞争领域,使中集对行业的认识在感性的基础上更加理性,在专注的基础上更加专业。

2002年4月16日,"中集集团半挂车/厢车半挂车产品发布会"在深圳蛇口举办。发布会的举行,标志着集团"为现代化交通运输提供装备和服务"的第二层面业务——道路运输车辆业务正式启动。由此,中集集团为中国引入世界先进运输装备理念、推动国内交通运输装备现代化的战略目标实施进入了实质阶段。此后,中集通过收购兼并和投资新建等扩张手段,先后并购了扬州通华、美国Hpa Monon、济南考格尔、驻马店华骏、张家港圣达因、洛阳凌宇、芜湖瑞江等业内知名企业,建立起服务于全球主流市场的二十多个生产基地。2006年,中集道路运输车辆产销量实现世界第一。

2007年6~7月,中集集团收购荷兰博格工业公司和安瑞科能源装备控股有限公司。并购博格使集团的罐式产品业务扩大到储罐业务、道路罐式设备等领域,集团第三层面即罐式储运业务范围基本形成。欧洲技术和中国制造优势的有机结合,将进一步提升中集在罐式储运业务领域的全球化竞争能力。博格的成功收购,也使中集"依托中国优势的全球化营运体系"平台初步搭建,面向全球主流市场的跨国公司架构初具雏形。对安瑞科的重组使中集的现有业务扩展到燃气能源装备领域,并使集团旗下拥有了第一家上市公司。

2008年3月12日,中集集团收购烟台来福士公司29.9%的股份,成为该公司的最大股东。来福士是国际领先的船舶及海洋工程设施建造公司,主要致力于各类钻井平台及其配套船舶的建造。收购来福士公司标志着中集正式进入海洋油气开发装备即特殊船舶和海洋工程的建造业务领域。2010年10月26日,由中集来福士建造的中国首座深水半潜式钻井平台COSLPIONEER在烟台举行交船仪式。COSLPIONEER的顺利交付,标志着中国已开始打破新加坡、韩国企业对高端海工产品的垄断。

2009年3月,由中集车辆集团、芜湖泰瑞投资、深圳九思投资三方合资的集瑞联合重工注册成立,标志着中集车辆重卡项目正式进入实质性启动阶段。2009年5月重卡生产基地动工,2009年11月,由集瑞联合重工、广西玉柴与深圳市九思投资三方合资建立的发动机配套公司——玉柴联合动力生产基地动工。2010年10月25日,联合卡车第一辆全工序车正式下线,12月18日,联合卡车举行上市仪式,经过3年多的精心筹备,专为用户量身定制、集高智能高效于一体的联合卡车正式吹响了进军市场的号角。

从2003年开始,中集将集装箱所代表的模块化、标准化理念,延伸至建筑领域,开始了模块化建筑的探索。施工周期短、施工用料耗损低、衍生建筑垃圾少、安全系数高、搬运方便、可循环使用,人类再熟悉不过的集装箱,变身为外形多样的房屋,为建筑延伸了另外一种可能。2010年,中集西澳公司成功获得BHPB(必和必拓)西澳铁矿项目部的5年营地房的独家战略供应合同。合同规定5年内,中集西澳公司向BHPB西澳铁矿供应约1万人居住房及相关配套的公共设施,合同金额约3亿美元,标志着中集集团正式成为澳洲营地房市场的主流供应商。

2011年1月,中集集团正式发文筹建干货箱产业板块,后调整为"集装箱业务板块"。随着升级行动的不断深化,以"分层管理"和"专业化经营"为特征的板块化管理思路逐步清晰,集装箱、车辆、能化和食品装备三大板块总部架构基本搭成,其他板块分层管理机制也逐步清晰。

2012年9月22日,中集融资租赁有限公司与CMA-CGM(达飞轮船)签署了10艘9200TEU集装箱船12年期租赁合同,同时分别与大连船舶重工等签署了建造合同。2013年8月,中集与地中海航运签署了14艘8800TEU集装箱船租赁合同。上述两个项目总额超过20亿美元,这是世界顶尖船运公司首次在中国大批量订购大型集装箱船,也是中集"制造+服务+金融"多元化战略的重要节点事件。此合同的签署是中集集团一次成功的资源整合,通过提供高附加值的金融服务和研发设计,整合集装箱船融资、设计、造船资源,拥有完整独立的知识产权,为中集产业联动、产业价值链向高端延伸、商业模式创新探索了可操作的模式,对整个集团的战略布局和产业升级具有深远意义。

与此同时,中集空港业务的多次大手笔资本运作,助推中集空港装备板块的业务得到极大提升。2014年8月21日,中集集团及旗下深圳中集天达空港设备有限公司在新加坡证券交易所举行了对新加坡德利国际的反向收购仪式。中集天达海外上市成功,并成为中集旗下第二家上市公司。2013年12月13日,中集下属的德国全资子公司Albert Ziegler GmbH完成了对德国消防救援车辆百年老店Albert Ziegler KG的收购。2015年7月10号,中集将 Ziegler 40%股权注入中国消防换取其 30%股权,中集正式成为了中国消防的最大股东。

2014 年 11 月 19 日,中集来福士建造的中海油服"兴旺号"在山东烟台顺利交付。该平台是中集海工为中海油服批量化设计建造的 COSL 系列第四座深水半潜式钻井平台,平台技术工艺代表了当前国内最高水准。2017 年 5 月 18 日,由中集集团旗下中集来福士自主设计建造的全球最先进的超深水双钻塔半潜式钻井平台——"蓝鲸 1 号",承担了我国首次海底可燃冰试采任务并获成功,以"国之重器"的姿态受到全球瞩目。

2018 年 5 月 18 日,以空港业务为主业的中集天达在港交所挂牌上市。此次重整后,中集不仅让空港业务获得更加独立的资本运作平台,同时控股了中国消防,意味着中集集团将持有更加完整的消防车产品线,可以覆盖中国消防市场中高端产品需求,也借此可以进入更广阔的全球市场。2019 年 7 月 11 日,中集车辆在港交所正式挂牌上市,成为中集建立的继中集集团(A+H 股)、中集安瑞科(H 股)、中集天达(H 股)后第四个独立上市平台,为中集集团相关业务的进一步发展奠定了更加坚实的资本基础。

资料来源:中集集团官网,http://www.cimc.com。

案例分析题

1. 中集集团选择的发展战略的类型和实现途径是什么?
2. 中集集团的使命是如何确定的,对中集集团的发展起到了什么作用?

◆ **本章思考题**

1. 后向一体化的适用条件有哪些?
2. 企业采取多元化发展战略存在哪些风险?

第五章 竞争战略

导入案例

泡泡玛特的潮玩产品

北京泡泡玛特文化创意有限公司成立于2010年,是中国领先的潮流文化娱乐公司。发展十年来,围绕艺术家挖掘、IP孵化运营、消费者触达以及潮玩文化推广与培育四个领域,泡泡玛特(POP MART)旨在用"创造潮流,传递美好"的品牌文化构建了覆盖潮流玩具全产业链的综合运营平台。为了让更多喜爱潮玩的年轻人与"创造潮流,传递美好"(To light up passion and bring joy)的品牌理念深入交流,泡泡玛特已在北京和上海成功举办了五届亚洲最大规模的国际潮流玩具展,每届展会可吸引超10万观众,弥补了国内潮玩行业空白。泡泡玛特通过展会的形式让更多国外潮玩品牌关注国内市场,也为更多中国优秀设计师拓宽渠道展示自己的原创艺术,进而为中国潮流玩具文化的蓬勃发展增添动力。泡泡玛特自主开发的国内最专业的潮流玩具社交平台——葩趣,让潮玩爱好者有了属于自己的潮玩聚集地,现已覆盖约540个潮玩品牌,众多潮玩设计师入驻开设专栏,"转娃""改娃""换娃"成为潮玩行业的新名词。如今,泡泡玛特已形成了以设计师、零售渠道和产业链为支点的品牌优势。泡泡玛特旗下签约了如Kenny、毕奇、龙家升等知名潮玩设计师,推出了众多粉丝喜爱的潮玩产品,凝聚了强大优质的粉丝群体。同时,泡泡玛特还与世界知名品牌合作,为经典IP形象打造时下年轻消费者喜爱的潮流产品。

资料来源:泡泡玛特官网,www.popmart.com.

案例思考题

泡泡玛特是如何从相关产业竞争中脱颖而出的?

竞争战略,也称业务单位战略,是指在给定的一个业务或行业内,企业用于区分自己与竞争对手业务的方式,或者说是企业在特定市场环境中如何营造、获得竞争优势的途径或方法。

迈克尔·波特在《竞争战略》和《竞争优势》中提出了企业的一般竞争战略或基本竞争战略理论。波特认为企业的竞争战略可以归纳为三种具有内部一致性的战略:成本领先战略、差异化战略和集中化战略。

成本领先战略是指企业通过有效的途径降低经营过程中的成本,使企业以较低的总成本赢得竞争优势的战略。

差异化战略又称标歧立异战略、别具一格战略、特色优势战略,是指企业凭借自身的技术优势和管理优势,将所提供的产品或服务标歧立异,形成一些在全产业范围中具有独特性的东西,比如生产在性能上、质量上优于市场上现有水平的产品,或在销售上通过有特色的宣传活动、灵活的推销手段、周到的售后服务,在消费者心目中树立起不同一般的良好形象。

集中化战略又称目标集聚战略,是指把经营战略的重点放在一个特定的目标市场上,为特定的地区或特定的购买者集团提供特殊的产品或服务。成本领先战略和差异化战略要求企业在全产业的广阔范围内寻求优势,而集中化战略选择产业内一种或一组细分市场,提供满足特定用户需求的产品和服务,以寻求成本优势(集中成本领先)或差异化(集中差异化),从而在局部市场获得竞争优势。

第一节 成本领先战略

一、成本领先战略概述

20世纪70年代以来,随着规模经济、学习曲线、经验曲线等概念的普及,成本领先战略已经逐步成为企业广泛采用的战略。成本领先战略的内涵也许是三种通用战略中最清楚明了的,它明确强调了要想在竞争中胜出,企业就必须做到以低于竞争对手的单位成本为用户提供低价格的产品。成本优势的来源因产业结构不同而异,它们可以包括追求规模经济、专利技术、原材料的优惠待遇和其他因素。

成本领先战略要求努力地建立起能够达到有效规模的生产设施,在经验、学习、实验等基础上全力以赴降低成本,严格控制生产成本与管理费用,最大限度地减少研发、推销、广告、售后服务等方面的费用支出。尽管产品质量、服务等不容忽视,但企业必须清楚认识到,成本领先战略的主题就是要使得自身的成本低于竞争对手。为了达到这些目标,有必要在管理方面对成本控制予以高度重视,在企业各项活动中一以贯之。

成本领先并不等同于价格最低。如果企业陷入价格最低,而成本并不最低的误区,换来的只能是把自己推入无休止的价格战,使得企业陷入十分被动的境地之中。因为一旦降价,竞争对手也会随着降价,而且由于比自己成本更低,因此具有更多的降价空间,能够支撑更长时间的价格战。

按照波特的思想,成本领先战略应该体现为相对于对手而言的低价格,但这并不意味着仅仅获得短期成本优势或仅仅削减成本,而是一个"可控制成本领先"的概念。此战略成功的关键在于满足顾客认为最重要的产品特征与服务的前提下,实现相对于竞争对手的可持续性成本优势,换言之,实施低成本战略的企业必须找出成本优势的持续性来源,能够形成防止竞争对手模仿优势的障碍,这种低成本优势才会长久。

归纳起来,成本领先战略的基本思想产生于达到成本领先的相关因素中,主要体现在以下几个方面:

(1)保持竞争优势思想是成本领先战略的动因。从竞争的角度看,不论企业采取何种战略,成本问题始终是企业战略制定、选择和实施过程中需要考虑的重点问题。如何为企业赢得成本优势和竞争优势,是企业战略管理的重要内容,也是成本领先战略的动因。

(2)节约思想是成本领先战略的动力。节约可以以相同的资源创造更大的价值,可以使有限的资源延长使用时间。在市场经济条件下,节约不仅是卖方所追求的,也是买方乐意接受的，作为买方所期望的是同等质量下价格最低。正是人类这种追求，形成了成本领先战略的原动力。

（3）全员参与思想是成本领先战略的基础。在影响成本的诸因素中，人的因素占主导地位，人的素质、技能、成本意识以及降低成本的主动性都对成本产生重要影响。并且，在企业的经济活动中，每一个人都与成本有关。因此，降低成本必须全员参与，树立起全员的成本意识，调动全员在工作中时刻注意节约成本的主动性，这是成本领先战略的基础。

（4）全过程控制思想是成本领先战略的保障。成本产生于企业经营活动的各个环节，从产品设计、材料采购、产品制造到产品销售及售后服务的全过程中，时刻都有成本发生。因此，控制成本不是控制哪一个环节的成本，尤其不能误解为只控制制造成本，必须全过程控制，从而达到综合成本最低。只有综合成本最低，才能保障成本领先战略的实施。

二、成本领先战略的优缺点与适用条件

（一）成本领先战略的优点

（1）形成进入障碍。成本领先战略充分利用了规模经济的成本优势，使得无法达到规模经济的企业难以进入该行业并与之竞争。同时，现有低成本厂商限制进入定价策略的使用，可以使产业建立较高的行为性障碍。这样的成本领先者往往把较低的毛利率和较高的周转率作为成功的秘诀。

（2）增强讨价还价的能力。成本领先战略往往通过大规模生产或销售建立起成本优势，较大的购买量使这类企业面对供应商往往具有较强的议价能力，从而进一步增加了其成本优势。

（3）树立与替代品相比的竞争优势。低成本、低价格的产品相对于替代品而言，往往具有更高的性价比，因此在于替代品的竞争中可以处于相对有利的地位。

（4）可以抵御竞争对手的进攻。低成本使企业可以制定比竞争者更低的价格，并仍然可以获得适当的收益。因此，即使面对激烈的竞争，成本领先者仍然可以有效地保护企业。

企业采用成本领先战略可以使企业有效地对付产业中的五种竞争力量，以其低成本优势，获得高于行业平均水平的利润。

（二）成本领先战略的缺点

（1）取得成本领先需要较大的投资数额。例如，企业必须具备先进的生产设备，才能高效率地进行生产，以保持较高的劳动生产率。而获得先进的生产设备往往需要付出较高的购置成本。

（2）技术进步。生产技术的变化或新技术的出现可能使得过去的设备投资或产品学习经验变得无效，变成无效用的资源。

（3）行业中新加入者通过模仿、总结前人经验或购买更先进的生产设备，使得他们的成本更低、以更低的成本起点参与竞争，后来居上。这时，企业就会丧失成本领先地位。

（4）客户需求的变化。将过多的注意力集中在生产成本上，可能导致企业忽视顾客需求特性和需求趋势的变化，忽视顾客对产品差异的兴趣。

（5）宏观环境的变化。例如，在通货膨胀比较明显的阶段，受通货膨胀的影响，采用成本领先战略的企业生产投入成本升高，降低了产品成本-价格优势，从而不能与采用其他竞

争战略的企业相竞争。

（6）退出障碍。由于企业集中大量投资于现有技术及现有设备，提高了退出障碍，因而对新技术的采用以及技术创新反应迟钝甚至采取排斥态度。

（三）成本领先战略的适用条件

（1）外部条件。① 产品具有较高的价格弹性，市场中存在大量的价格敏感用户；② 产业中所有企业的产品都是标准化的产品，产品难以实现差异化；③ 购买者不太关注品牌，大多数购买者以同样的方式使用产品；④ 价格竞争是市场竞争的主要手段，消费者的转换成本较低。

（2）内部条件。内部条件主要包括企业的资源和能力能够为采取成本领先战略提供应有的支持，这些条件包括：① 在规模经济显著的产业中有相应的财务资源用以装备相应的生产设施来实现规模经济。② 有能力降低各种要素成本。③ 有能力提高生产率。生产率即单位要素的产出，与单位产品的成本互为倒数。提高生产率与降低成本密切相关。采用新的技术、工艺或流程和充分利用学习曲线来降低成本，都是提高生产率必要的手段。④ 有能力改进产品工艺设计，采用简单的产品设计，通过减少产品的功能但同时又能充分满足消费者需要来降低成本。

三、实施成本领先战略的方法体系

实施成本领先战略必须有一套实用的方法体系，而这些方法体系本身也是成本领先战略的重要组成部分。因此，构建一套科学、完整的方法体系，既是实施成本领先战略的手段，也是成本领先战略的重要内容。实施成本领先战略的方法和措施多种多样，但总体上可归结为分析和控制两大类。

（一）成本分析方法体系

成本分析的目的在于揭示企业成本的优势和劣势，从而为确定目标成本和实施成本控制提供科学的依据。实施成本领先战略，从企业自身考虑，价值链分析、战略定位分析和成本动因分析是最基本的方法；从企业和顾客两方面考虑，还应进行产品寿命周期成本分析。

1. 价值链分析

所谓价值链是指企业一系列互不相同但又相互关联的经营活动所形成的创造价值的动态过程。价值链反映出企业经营活动的历史、重点、战略、实施战略的方法，以及未来的发展趋势。企业反映在价值链上所创造的价值，如果超过成本便盈利，如果低于竞争对手的成本便有竞争优势。因此，价值链分析成为成本领先战略的基本出发点。

实施成本领先战略就要了解企业在行业中所处的位置，了解自身的劣势和竞争对手的优势。通过行业价值链分析可以明确企业在行业价值链中的位置，分析自身与供应商和顾客价值链的关系，充分利用供应商和顾客的价值链活动，促进成本降低，调整企业在行业价值链中的位置与范围，把握成本优势。通过企业内部价值链分析可以找出最基本的价值链，然后分解为单独的作业，考虑该作业所占成本的比重，揭示哪些是增值作业，哪些是非增值作业，探索提高增值作业的效率，达到降低成本的目的。

通过竞争对手价值链分析可以摸清竞争对手的产品成本水平、成本构成与成本项目支出情况，与企业产品成本对比，找出差距、采取措施，以达到或低于竞争对手的产品成本，并据此确定自己的产品定价策略,把握竞争主动权。

2. 战略定位分析

企业战略同其竞争环境相协调是企业战略管理的基本原则。一个行业的竞争环境是决定企业战略的重要因素,企业的战略必须同行业中各竞争要素的特点及其组合相匹配,如价格、产品质量、性能、特色和服务等。如果竞争环境发生了变化,企业应该做出积极的反应,采取恰当的战略行动,捍卫其竞争地位。

从战略成本管理的角度看,战略定位分析就是要求通过战略环境分析,确定应采取的战略,从而明确成本管理的方向,建立起与企业战略相适应的成本管理战略。在确定了企业的战略定位后,实际上也就确定了企业的资源配置方式及相应的管理运行机制。因此,只有通过战略定位分析,将成本管理同具体的战略相结合,才能体现出战略成本管理应有的管理效果。

3. 成本动因分析

在经过价值链分析和战略定位分析后,还需要通过成本动因分析进一步明确成本管理的重点。所谓成本动因,是指引起产品成本发生变动的原因,即成本的诱致因素。成本动因分析,首先要尽可能把成本动因与特定价值作业之间的关系量化,并识别成本动因之间的相互作用,从而对成本动因进行战略上的权衡与控制;其次要从战略上分析、查找、控制一切可能引起成本变动的因素,从战略上考虑成本管理,以控制日常生产经营中大量潜在的问题。

4. 产品寿命周期成本分析

对产品寿命周期成本的全面计量和分析,有助于企业更好地计算产品的全部成本,做好产品的总体成本效益预测;有助于企业根据产品寿命周期成本各阶段的分布状况,来确定进行成本控制的主要阶段;有助于扩大对成本的理解范围,从而在产品设计阶段考虑顾客使用成本与产品报废成本,以便有效地管理这些成本。

(二)成本控制方法体系

战略成本控制的目的在于确定战略成本目标,并采取一系列的日常成本控制方法实现目标。实务中通常采用目标成本规划法确定战略成本目标。

所谓目标成本规划法,就是通过市场研究,预测市场需求量及可能的价格,了解竞争者的产品功能和价格,根据企业中长期目标利润计划,确定由市场驱动的目标成本。目标成本规划法的核心工作是制定目标成本。产品的目标成本确定后,可与企业目前相关产品成本相比较,确定成本差距,逐步明确实现成本降低目标的具体途径;最后运用质量功能分解、价值工程、工程再造等方法来寻求满足需求的产品与工序设计方案。

需要说明的是,成本领先地位的战略一般必然地要求一个企业就是成本领先者,而不只是争夺这个位置的若干厂商中的一员。许多厂商未能认识到这一点,从而在战略上铸成大错。当渴望成为成本领先者的厂商不止一家时,他们之间的竞争通常是很激烈的,因为每一个百分点的市场占有率都被认为是至关重要的。

除非一个企业能够在成本上领先,并"说服"其他厂商放弃其战略,否则,对盈利能力以及长期产业结构所产生的后果就可能像某些由于长期价格战,从而导致全行业普遍亏损的行业那样,这种局面毫无疑问对行业内每个企业都是灾难性的。所以,除非重大的技术变革使一个企业得以彻底改变其成本地位,否则小成本领先就是特别依赖于先发制人策略的一种战略。

还需要注意的是,成本领先战略的成功取决于企业日复一日地实际实施该战略的技能。成本不会自动下降,也不会偶然下降,它是艰苦工作和持之以恒的重视成本工作的结果。企业降低成本的能力有所不同,甚至当它们具有相似的规模、相似的累计产量或由相似的政策指导时也是如此。要改善相对成本地位,与其说需要在战略上做出重大转变,还不如说需要管理人员更多的重视。

单元案例

格兰仕微波炉的成本领先战略

我国实施成本领先战略较为成功的企业有很多,其中格兰仕可称为我国总成本领先战略的成功典范。格兰仕可以说把"成本领先战略"的威力发挥到了极致,难怪连海尔的张瑞敏都连呼"想不到"。让我们看看它是怎样实施成本领先战略的。

微波炉行业是我国品牌集中化程度最高的一个行业,格兰仕占有国内60%左右的市场份额,欧洲35%的市场份额,可以说是一个"寡头垄断"行业。格兰仕的成功取决于三条:

一是规模化优势。其年产1200万台的产量使得其单位产品总成本实现了行业最低,而挑战者要突破格兰仕构筑的成本壁垒很困难。

二是上游资源的打造。格兰仕能以绝对优势的产量、第一品牌的光环,迫使供应商以超低的价格供货,建立起了有形和无形控制力极强的完整产业链条。

三是以超低价格终端市场,并通过"价格战""清理门户"。如当其生产规模达到125万台时,就将出厂价定在规模为80万台的企业的成本价以下,这样,80万台以下的企业生产越多,亏损越多;同样地,当规模达到300万台时,又将出厂价定在规模为200万台的企业的成本线以下。

有不少企业界与学术界人士曾经不理解,认为格兰仕是自己和自己打价格战,好好的钱不赚。但如果深入分析,就会发现其竞争战略是可取的,是明智的选择。

首先,格兰仕的价格战是建立在成本基础上的,不像彩电企业"赔钱赚吆喝",虽然价格低,但有利润,更不像倾销。

其次,自觉地控制利润率水平正是国外不少聪明的企业所为。过高的利润率水平无疑是给潜在进入者发了一个邀请函,降低潜在进入者的预期有利于减少进入者,因而,国外有的企业还设置利润率警戒线,自我节制,待到控制了市场再行收获。当然,如果自身垄断了技术尤其是核心技术,又当别论,就如微软不会以超低价格出售其软件一样。

再次,格兰仕的定价策略极富杀伤力。由于竞争者在微波炉这种技术含量不是很高的产品上难以获得差异化优势,只能走价格竞争这步棋,新进入者往往在襁褓期、磨合期、适应期即被扼杀,像海尔、荣事达这样的优秀企业亦不例外。其咄咄逼人的价格战攻势也无形中建立起了一个"威慑系统"打击进入者或潜在进入者的信心,降低了他们的预测。可以说,格兰仕关注的更重要的是市场竞争优势地位的形成而非短期利益。

最后,将成本领先优势全球化,立足于全球的大生产、大流通,定位于"全球最大的微波炉生产基地"。随着全球化进程的加快,国内竞争的分界线日益模糊,在很多行业已经融为一体。格兰仕的成本领先优势全球化延伸可以降低国内市场风险,避免像彩电企业那样在单一国内市场相互倾轧。

资料来源:http://www.emkt.com.cn/article/63/6302-4.html.

案例思考题

格兰仕集团实施成本领先战略能够成功的原因有哪些？

第二节 差异化战略

一、差异化战略概述

所谓差异化战略，是指企业借助自身产品与众不同，为客户提供某种有独特性价值的产品或服务，如产品差异化、服务差异化、形象差异化等，与竞争对手有明显的区别，从而获得竞争优势的战略。

产品差异化一般可以分为水平差异化和垂直差异化两种形式。水平差异化是指那些具有完全相同的根本特性并属于同一档次的同类产品，同时又会有一系列不同的规格和款式的产品；垂直差异化是指同一类产品在档次、性能上的差别，主要体现在产品的质量等级上。产品差异化另一种分类法把产品差异分为真实的产品差别和人为的产品差别。不管采用哪种分类法，问题的核心和关键在于消费者是否真的觉得产品确实有差别。

差异性可以来自设计、品牌形象、技术、性能、营销渠道或客户服务等各个方面。成功的差异化战略能够吸引品牌忠诚度高且对价格不敏感的顾客，从而获得超过行业平均水平的收益。与成本领先战略主要用于提高市场份额不同，差异化战略有可能获得比成本领先战略更高的利润率。

国内外众多企业经营实践表明，许多成功的企业在确定企业竞争战略时都是根据企业内外环境条件，在产品差异化、成本领先战略中选择了一个，从而确定具体目标、采取相应措施而取得成功。一般来说很少有同时采用这两种战略的，因为这两种战略有着不同的管理方式和开发重点，有着不同的企业经营结构，反映了不同的市场观念。

但是，也有企业同时采取两种竞争战略而取得了成功。很多战略学者认为通过降低与竞争有关的成本，企业可以对有特色的项目进行再投资，从而实现差异化。因此，一个企业是有可能在采用基于成本领先战略降低价格的同时实现差异化的。

二、差异化战略的优缺点与适用条件

（一）差异化战略的优点

（1）提高产品的溢价。顾客认可的产品差异化程度越大，就越愿意为这种差异化支付较高的费用，企业因为差异化而获得的单位利润就越高。例如，以卓越品质、杰出创意、精湛工艺和时尚艺术为主要卖点的 LV 产品，在消费者心里牢牢树立起了奢侈品的形象，从而极大提高了产品的溢价。

（2）形成进入障碍。由于产品的特色，顾客对该产品或服务具有很高的忠实程度，从而使该产品和服务具有强有力的进入障碍。潜在的进入者要与该企业竞争，则需要克服由这种产品的独特性造成的进入障碍。例如，一些外科手术使用的医疗器材，由于技术、性能、质量等方面的差异，一旦被外科医师熟悉和长期使用，其他同类竞争产品就很难进入同一

市场。

(3) 降低购买者对提价的敏感程度。由于顾客对企业差异化的产品或服务具有很高的忠诚度,所以当这种产品或服务的价格发生变化时,顾客一般对价格的敏感程度不高。生产该产品或提供该服务的企业便可以运用差异化战略,在产业的竞争中形成一个隔离地带,避免竞争的侵害。例如,国内白酒第一品牌茅台,几十年来核心产品价格从几十元逐步提价到超过 2000 元,对销量几乎没有产生负面影响。

(4) 防止替代品威胁。替代品能否替代老产品,主要取决于两种产品的性能-价格比的比较。差异化战略通过提高产品的性能来提高产品的性能-价格比,有助于抵御替代品的威胁。例如,五粮液在制定产品价格时跟茅台酒的价格拉开了一定的差距,但是这种更低的定价并没有使得茅台顾客转而购买五粮液。

(二) 差异化战略的缺点

采取差异化战略的风险主要包括:

(1) 竞争者可能模仿,使得差异消失。这种情况下,决定竞争优势的因素将重新回到基于低成本的价格竞争上,使得差异化带来的价值增加迅速减少甚至最终消失。

(2) 产品或服务差异对消费者来说失去了重要意义。并非所有的顾客都愿意或能够支付产品差异化所造成的较高价格。同时,顾客对差异化所支付的额外费用有一定支付极限,当超过这一极限时,低成本、低价格的企业比高价格差异化的企业更有竞争力。

(3) 形成产品差异化的成本可能过高。实现产品的差异化往往以成本的提高为代价,因为企业需要进行广泛的研究开发、产品设计、高质量原料和争取顾客支持等工作。有些时候差异化带来的溢价不能弥补成本增加的损失。

(4) 差异化战略可能导致降低市场占有率。企业要想取得产品差异,有时要放弃获得较高市场占有率的目标,最终可能不能真正有效地提升企业价值。

(三) 差异化战略的实施条件

(1) 外部条件:① 产品能够充分地实现差异化,并且这种差异被顾客所认可。② 顾客对产品和服务的需求是多样化的,即顾客的需求有差异。③ 企业所在产业技术变革较快,市场上的竞争主要集中在不断推出技术创新的产品上。

(2) 资源和能力条件:① 具有强大的研发队伍,具备强大的研发能力和产品设计能力。② 具有很强的市场营销能力。③ 有能够确保激励员工创造性的激励体制、管理体制和良好的创造性文化。④ 企业具有以其产品质量或技术领先的声望,研究与开发、产品质量以及市场营销等职能部门之间要具有很强的协调性。

三、差异化战略的实现

(一) 实现产品差异化的主要途径

差异化战略追求的最高目标是"鹤立鸡群",即本企业为顾客所提供的产品在功能、质量、服务、营销等方面具有"不完全替代性"。现代营销理论的产品整体概念说明,顾客对产品或服务价值的定位有三个层次:

一是核心价值,它主要由产品的基本功能构成,也就是产品之所以存在的基本理由,如手机是用于通信的,汉堡包是用来充饥的。

二是有形价值,包括与产品的质量和性能以及与服务有关的品牌、包装、外观样式等,这些也是实际产品的重要组成部分。

三是附加价值,其中包括与产品间接相关的超值服务——超出顾客期望值的服务,如产品终生保修、免费送货、分期付款、安装调试等售后服务。

这"三层次"或称"三合一"的产品整体概念的提出为我们奠定了差异化竞争战略的理论基础。以此为基础,我们可以从产品、市场和形象三大方面寻求差异化。

1. 产品差异化

在同行业中,产品的核心价值基本相同,所不同的主要是有形价值和附加价值。在满足顾客基本需要的情况下,谁的产品更具实用性特色,谁就更能够脱颖而出赢得顾客。如果产品本身在质量、性能和功能等方面明显优化于其竞争对手的同类产品,就可以在市场上独占鳌头。不同的产品差异化战略使不同企业特色鲜明,各自又获得了不同的顾客群。

2. 形象差异化

企业通过强化品牌意识、成功实施 CI 战略,在消费者心目中形成关于企业的独特形象,并对其产品产生偏好而乐意购买。

例如,到青岛的人都会看到机场沿路上空悬挂着成千上万带有海尔品牌标识的气球,海尔集团以高品质的产品加上"真诚到永远"的承诺,塑造出一种真诚可信的形象。如果说,产品差异化是以内在品质服务于顾客的话,那么形象差异化就是以诚信和别具一格的外在形象来占据消费者心目中最好的位置。

3. 市场差异化

市场差异化是指通过产品的销售价格、分销渠道、售后服务等符合具体市场环境条件而形成差异。在销售价格方面,在同类产品中,价格有高中低之分,企业可以根据产品的市场定位、自身实力以及产品生命周期等因素,或者选择高级礼品包装形式以高价出售,给消费者以物有所值的感觉;或者选择简易包装以低价出售,让消费者感到经济实惠。在分销渠道方面,根据经营层次或环节不同,有长渠道与短渠道之分,宽渠道与窄渠道之别。

渠道的选择受产品特点、市场因素、企业自身因素和国家政策法令因素的影响。因此,在同类产品中,企业可以根据有关影响因素并结合自己的特点和优势采用合适的销售渠道。

四、实施差异化战略应该注意的问题

(1) 针对顾客需求和竞争对手实施差异化战略。差异化战略实施的目的是要在某一领域建立起与众不同的优势,但它并非无中生有,它建立在科学的市场细分基础上,而市场细分又是立足于顾客需求的差异上。所以,差异化战略并不是单纯的标新立异,其落脚点是顾客的需求。其与众不同之处应该是顾客所关注的,必须能为顾客创造价值的差异才是值得的。因此,这就要求企业能够洞察竞争对手的产品的情况,找到竞争对手所忽视的而又为消费者所重视的方面实施差异化战略。

(2) 实施差异化战略应考虑成本效益原则。差异化有可能带来成本的上涨,但差异化也可以带来溢价收益,当溢价收益大于成本上升幅度时,企业效益就会增加,差异化也可以使相对成本更低。所以,差异化并不意味成本的过高。当然,如果因为差异化而导致成本超出了消费者的承受能力,则没有任何价值。

(3) 差异化战略的内容应不具有模仿性。如果差异化战略成效显著,必然会引起竞争

对手的仿效。即使竞争者可以进行仿效,作为差异化战略的有效实施者也可以获得以下优势:

首先,差异化战略实施者可以在竞争者没有仿效前获得高于社会平均水平的收益率。一般来说,竞争者需要一段长短不等的时间去研究是否需要进行仿效,以及组织资源进行仿效。在这段时间里,差异化战略实施者可以从容获得较高的收益率。

其次,差异化战略实施者有机会获得顾客的忠诚度,从而为后来的仿效者制造了感情方面的障碍。差异化战略实施者所获优势的大小实际上取决于差别化战略的内容被竞争对手模仿的难度。最具吸引力的差异化方式是那些竞争对手模仿起来难度很大的或代价高昂的方式。

(4) 差异化战略需要不断创新。差异化策略是根据对手甚至市场的变化而在不断变化着的。任何差异都不是一成不变的,昨天的差异化会变成今天的一般化。因此,差异化战略的出路只有不断创新,用创新去适应不断变化的顾客需求,去战胜变化着的竞争对手。

单元案例

国产牙膏如何实现突围?

2017年,中国市场排名前十的牙膏品牌中,有6家是外资品牌,包括黑人、佳洁士、高露洁、中华、舒适达、竹盐,只有云南白药、冷酸灵、纳爱斯、舒克是国产品牌。具体到产量,本土品牌的总产量占中国牙膏总产量约42%,外资品牌占到58%。显而易见,外资牙膏品牌不断进去,国产牙膏越发式微。这不仅关系着每个人的消费习惯,更影响着整个牙膏市场。

不要认为外资牙膏如今很彪悍,就看低国产牙膏。事实上,国产牙膏也曾风光无限。

以广西的"田七"牙膏为例,这款牙膏连续获得"广西名牌产品""中国驰名商标""中国名牌产品"等称号。数据显示,2004年前后,"田七"的母公司奥奇丽曾连续实现10亿元销售收入,一年狂销牙膏4亿余支。

同样,"蓝天六必治"牙膏也曾红极一时,尤其是"吃嘛嘛香,身体倍儿棒"的广告打响之后,订单纷至沓来。1996年,"六必治"牙膏发展到高峰,占国内牙膏市场近16%的市场份额。

而20世纪50年代,中国化学工业社(如今的上海美加净日化有限公司)开发出了中国首款水果香型牙膏"白玉牙膏",一度作为牙膏的范例在全国推广。

国产牙膏中,最典型的当属"两面针"。1994年,"两面针"面世,以中草药牙膏为发力点,广受欢迎。

据媒体报道,2001年,"两面针"牙膏年产销量突破4亿支,并且连续15年销量位居第一。2004年,"两面针"还成功登陆上交所,成为中国牙膏第一股。

然而,时移世易,这些造就辉煌业绩、深入中国人生活的国产牙膏,渐渐走向没落。

2014年,因财务成本增加、资金紧张,"田七"牙膏被迫停产。2016年,奥奇丽宣布资产重组成功,"田七"恢复生产,但很快,奥奇丽又出现经营危机,多次被法院认定为"失信被执行人",沦为"老赖"。

"蓝天六必治"则在2004年卖身立白集团,2018年力邀男星林更新代言,但没有激起什么水花。

"两面针"牙膏也在上市后滑入低谷,尽管已涉及日化、纸业、医药、房地产四大领域,业绩却未得到任何改善。

4月16日,"两面针"发布2019年财报,归属于上市公司股东的扣除非经常性损益的净亏损达1.195亿元。要知道,这已经是"两面针"连续第14年"扣非"后亏损。

国产牙膏何以纷纷走向没落?

接受媒体访问时,战略定位专家徐雄俊分析称,主要是两方面原因:一是业务多元化,分散了主业的精力;二是产品定位不明确。

审视国产牙膏,这两大原因,确实都是它们的"病因"。"两面针"多元化范围很广,连造纸都涉及,却拖累主业;而"田七"在牙膏主业之外,又聚焦洗发水、洗手液、洗衣粉,产品定位触达到消费者的过程中,形成了错位和混乱。

除了这些内部因素,外资巨头的碾压,也使国产牙膏的生存环境大不如从前。

从20世纪90年代开始,高露洁、联合利华、好来化工、宝洁、LG等先后进入中国市场,依靠强大的技术研发能力、丰富的产品线、充足的资金支持,让国产牙膏承受巨大压力。

问题是,对于内忧外患,国产牙膏如何突围?徐雄俊认为,需要在当前消费升级的趋势下找到新卖点,进行差异化竞争。

专家的答案看起来大而化之,但确实有国产牙膏采用差异化战略,打开了市场,比如云南白药牙膏。

2004年,云南白药牙膏面世,一开始就精准定位,运用云南白药活性成分,主打口腔保健与健康养护,成功实现转型,目前占据中国牙膏20%的市场份额。2019年,云南白药以牙膏为主的健康产品事业部实现营收46.8亿元,净利率高达35%。

另一个范例,是"冷热酸甜,想吃就吃"的"冷酸灵"。1999年,"冷酸灵"拒绝了外资的收购或合资请求,之后进行了股份制改造,但长期专注于抗牙齿敏感领域的研究。如今,"冷酸灵"牙膏年销售超2亿支,占据抗牙齿敏感领域60%以上市场份额。

说到底,外资牙膏品牌狼奔虎突,但国产牙膏怎么发展,钥匙仍然掌握在自己手里。

资料来源:云掌财经,http://www.123.com.cn/kline/396587.html。

案例思考题

云南白药牙膏采用差异化战略能够成功的原因有哪些?

第三节 集中化战略

一、集中化战略概述

集中化战略也叫专一化战略、目标集中战略,是指主攻某个特殊的顾客群、某产品线的一个细分区段或某一地区市场,公司业务的专一化能够以较高的效率、更好的效果为某一狭窄的战略对象服务,从而超过在较广阔范围内竞争对手的战略。公司或者通过满足特殊对象的需要而实现了差异化,或者在为这一对象服务时实现了低成本。因此,集中化战略可分为两类:集中成本领先战略和集中差异化战略。

集中化战略一般是资源能力有限的中小企业普遍采用的战略。就大企业而言,当企业想利用其核心能力以满足某一特定产业细分市场的需求而不考虑其他需求时,也可以采用集中化战略。

从经济学角度看,成本领先战略、差异化战略和集中化战略实际上是对市场份额和利润率之间的关系定位。在竞争性市场上,市场份额和利润率是互为代价的。成本领先战略的主攻方向是市场份额,而差异化战略的主攻方向是利润率,集中化战略则是主攻一个特定领域,并在这个领域取得市场份额或利润率的优势。

成本领先战略与差异化战略面向全行业,在整个行业的范围内进行活动。而集中化战略则是围绕一个特定的目标进行密集型的生产经营活动,要求能够比竞争对手提供更为有效的服务。公司一旦选择了目标市场,便可以通过产品差异化或成本领先的方法,形成集中化战略。就是说,采用重点集中化战略的公司,基本上就是特殊的差异化或特殊的成本领先公司。由于这类公司的规模较小,采用集中化战略的公司往往不能同时进行差异化和成本领先的方法。

如果采用集中化战略的公司要想实现成本领先,则可以在专用品或复杂产品上建立自己的成本优势,这类产品难以进行标准化生产,也就不容易形成生产上的规模经济效益,因此也难以具有经验曲线的优势。如果采用集中化战略的公司要实现差异化,则可以运用所有差异化的方法去达到预期的目的,与差异化战略不同的是,采用集中化战略的公司是在特定的目标市场中与实行差异化战略的公司进行竞争,而不在其他细分市场上与其竞争对手竞争。在这方面,重点集中的公司由于其市场面狭小,可以更好地了解市场和顾客,提供更好的产品与服务。

二、集中化战略的优缺点与适用条件

(一)集中化战略的优缺点

1. 集中化战略的优点

成本领先和差异化战略抵御产业五种竞争力的优势也都能在集中化战略中体现出来。由于集中化战略避开了在大范围内与竞争对手的直接竞争,所以,对于一些力量还不足以与实力雄厚的大公司抗衡的中小企业来说,集中化战略的实施可以增强它们相对的竞争优势。对于大企业来说,采用集中化战略能够避免与竞争对手正面冲突,使企业处于一个竞争的缓冲地带。

2. 集中化战略的缺点

一方面,由于企业全部力量和资源都投入了一个特定的市场,当顾客偏好发生变化,技术出现创新或有新的替代品出现时,就会发现这部分市场对产品或服务需求下降,企业就会受到很大的冲击。

另外,由于目标细分市场与其他细分市场的差异过小,企业原来赖以形成集中化战略的基础就消失了,因为集中化战略的基础就是市场能够细分,而且不同的细分市场应该是有差异的。

还有就是,竞争者可能模仿或新进入者重新细分市场,从而使原来实施集中化战略的企业失去了优势。

(二)集中化战略的适用条件

首先,不同的细分市场具有完全不同的用户群,这些用户或有不同的需求,或以不同的方式使用产品。

其次,产业中各细分市场在规模、成长率、获利能力等方面存在很大差异,致使某些细分市场比其他细分市场更有吸引力。

再次,目标市场的竞争对手尚未采用类似战略,因此采用这一战略可以在一定程度上减少由于战略雷同导致的激烈竞争。

最后,集中化战略适用于企业资源和能力有限,难以在整个产业中实现成本领先或差异化,只能选定个别细分市场。

单元案例

舌尖上的安庆——大南门牛肉包子

安庆的特色早点清真牛肉包,不同于上海的生煎包那么小巧,它是大而嫩的油煎包。外观是金黄色,包子皮外脆内嫩,被油煎过后的外皮香脆可口,光是看就能引起人的食欲。

牛肉包子在安庆很多,只有大南门牛肉包子才地道。大南门也有两家,要看哪家排队长才正宗。来排队的,多是归乡游子。梦里千回,返安庆,到大南门,就是为了一吃。大南门牛肉包子,馅大,皮薄,两面煎得金黄,咬一口,也辣也鲜也香也烫的"大南门"味,便直溢进心中。那,才叫个舒服!

大南门牛肉包子店,在大南门路段清真寺北。环境实在不敢恭维,甚至落座的地方也没有。但都避不开美味的诱惑啊!忍一忍,先吃了再说!十次去吃,就有九次碰到生活在外地的安庆人。也是一大奇观。

大南门牛肉包子,说是牛肉,其实以豆腐为主。牛肉绞成末,为配料。相比之下,豆腐量更多一些。牛肉也是大南门定点宰杀的,绝非其他牛肉。味之浓,味之正,加上皮更薄,馅更大,且有少许汤水,因此更让食客追捧。拥挤环境或许也是特色,换成麦当劳、肯德基之类,可能味道反而变了。

资料来源:https://www.sohu.com/a/112960022_443056.

案例思考题

安庆大南门牛肉包子店实施的竞争战略是什么?有什么优缺点?

第四节 零散产业与新兴产业的竞争战略

企业在进行竞争战略的选择时,除了应该遵循前面介绍的战略选择的一般原则,还要结合具体的产业环境和竞争特性进行深入分析。由于经济生活中绝大多数企业都是中小企业,而零散产业和新兴产业正是以中小企业为主体,是一种重要的结构环境,具有很强的代表性,故在此选取这两类产业就其竞争战略进行进一步分析。

一、零散产业中的竞争战略

在零散产业中,产业集中度很低,没有任何企业占有显著的市场份额,也没有任何一个企业能对整个产业的发展产生重大的影响。在一般的情况下,零散产业由很多中小型企业构成。很多行业都存在产业零散的现象,尤其是农业和传统服务业,如粮食种植业、餐饮业、酒店业、景区旅游业等都属于零散产业。

（一）造成产业零散的原因

1．进入障碍低或存在退出障碍

零散产业进入障碍低，就会有大量的企业涌入该产业；退出障碍高，业绩不佳的企业倾向于在产业中长期维持经营，以求得境况改善。这就会造成产业不易集中而变得分散。

2．市场需求多样导致高度产品差异化

由于顾客需求的多样化，导致该产业提供的产品高度差异化，限制了企业规模的扩大，使得满足不同目标市场需求的中小企业得以存在。

3．不存在规模经济或难以达到经济规模

通常零散产业需要投入大量的专业技能，且不易复制，无法扩大规模，因此，难以达到规模经济。

4．其他因素

如政府政策和地方法规对某些产业集中的限制，以及一个新产业中还没有企业掌握足够的技能和能力以占据重要的市场份额等因素，也是导致产业零散的原因。

（二）零散产业的战略选择

1．克服零散——获得成本优势

（1）特许经营或直营连锁。通过直营连锁和特许经营能够克服零散，使企业获得规模经济带来的成本优势。

（2）技术创新以创造规模经济。譬如，我国以前的培训产业以面授为主，产业相当分散，地区市场分割现象非常明显。后来，一些培训机构借助于IT技术和互联网，开办了网络远程教育，使得培训产业逐渐趋于集中，相关企业利用企业的知名度和影响力获得了明显的规模经济效应。

（3）尽早发现产业趋势。当产业处于导入期或成长期时，如果能够尽早地预测产业未来的发展趋势，积极主动地提前进行战略布局，也能够获得规模经济或经验曲线带来的低成本优势。

2．增加附加价值——提高产品差异化程度

增加产品的附加价值，增强消费者对产品价值的认同感，有助于强化消费者的购买意愿，降低价格上的议价能力，因此企业可能获得高利润。譬如，国内某家面粉企业，就曾以石磨制粉为标志，与其他机器磨制面粉的企业区分开来，强调了石磨的好处，使自己的企业在面粉市场上获得了差异化的竞争优势。

3．专门化——目标集聚

（1）产品类型专门化。当造成产业零散的原因之一是产品系列中存在多项不同产品时，产品类型或产品细分的专门化就是一种可行的战略。

（2）顾客类型专门化。企业专注于产业中一部分特定顾客也可以获得潜在的收益。

（3）地理区域专门化。有些产业在大的地域范围内可能不存在规模经济或者企业难以达到规模经济所需的市场份额，但是在一个小的地域范围内却可能获得重要的经济性。

（三）谨防潜在的战略陷阱

1. 避免寻求支配地位

受零散产业本身的基础经济特性的影响，为了寻求支配地位往往会使一些企业制定的战略过于激进，脱离企业的实际资源与能力，可能导致企业过度扩张，甚至经营失败。

2. 保持严格的战略约束力

企业制定战略后就要严格执行，战略频繁变动可能导致资源浪费，甚至危及企业的生存和持续发展。

3. 避免过度集权化

零散产业要求企业对市场变化做出快速反应，因此处于零散产业的企业不能过度集权，应当适当分权。

4. 深入了解竞争对手

知己知彼方能百战百胜，分析竞争对手的战略目标可以预测竞争对手对其所处位置是否满意，由此判断竞争对手会如何改变战略，以及他们对外部事件会采取什么样的反应。

5. 避免对新产品做出过度反应

零散产业中客户的需求是多样化的，也是多变的，因此对于市场上出现的新产品，企业要认真分析，避免盲目跟风，做出过度反应。

单元案例

"百年老字号"江毛水饺的连锁之路

安徽美晨餐饮管理有限公司成立于2015年，注册资本金1080万元，公司主要经营安庆百年老字号"江毛水饺"。目前在安庆市宜秀区加宝食品工业园建成2000平米生产加工车间，统一制作各种馅料，全程冷链物流配供，全面抓住目前政府的早餐工程项目以及有政府补贴的大好形势下，计划在安庆开设80家江毛水饺连锁店，将江毛鸡汤水饺、北方饺子、鸡汤泡炒米、包子、烧卖、馒头等一系列产品打造成老百姓喜闻乐见的身边美食，同时大力研发新产品，结合传统制作手法加上现代工艺，保证产品质量和独特风味。

安徽美晨餐饮管理有限公司目前在安庆宜秀区大桥开发区项目已立项，总投资1亿元，分三期进行。一期主要建设租赁厂房、研发配送中心、仓库、食品监测中心以及相应的生产设备和辅助设施，并建成直营店80家。二期主要建成一家大型综合养殖基地，安庆七县区开直营或加盟店10家，同时进军合肥市场。三期建成一座标准化的速冻食品生产大楼，生产速冻水饺、包子、烧卖等系列产品，在稳定发展商业网点的前提下全面进军食品工业，发挥中华老字号的影响，力争将安徽美晨餐饮管理有限公司建成华东区域内知名食品企业。

资料来源：http://www.aqjwc.com/about/gsgk.html。

案例思考题

江毛水饺在开展连锁经营时应该注意哪些问题？

二、新兴产业中的竞争战略

（一）新兴产业的分类

新兴产业是新形成的或重新形成的产业。其形成的原因是技术创新、消费者新需求的出现，或其他经济和社会变化将某个产品或服务提高到一种潜在可行的商业机会的水平。新兴产业大致可以分为以下两大类：

第一，新技术产业化形成的产业。新技术一开始属于一种知识形态，在发展过程中其成果逐步产业化，最后形成一种产业。比如说生物工程技术，在 20 世纪 60 年代或者更早的时候仅仅只是一项技术，但是发展到现在，生物工程产业被誉为非常有前景的新兴产业。同样，随着信息技术的不断发展，近年来逐步为人们所熟知的"元宇宙"概念，在将来某一天必定会衍化出若干新兴产业，从而真正走入大众的生活。

第二，用高新技术改造传统产业，形成新产业。比如说，几百年前，当时用蒸汽机技术改造手工纺机，形成纺织行业，使得整个纺织行业产生了飞速发展。纺织行业相对来讲，在当时就是新兴产业。现在新技术改造传统行业，比如改造钢铁行业，就成了新材料产业，生产复合材料以及抗酸、抗碱、耐磨、柔韧性好的新材料。同样，用新技术改造传统的商业，变成现在的物流产业。这些产业改造的核心，使经济效益比传统产业有较大幅度的提高。

从战略制定的观点看，新兴产业的基本特征是没有游戏规则。对于相关企业来说，缺乏游戏规则既是风险、又是机会的来源。

（二）新兴产业内部结构的共同特征

1．技术和产品的不确定性

在新兴产业中，企业的生产技术往往还不成熟，有待于成熟和完善。同时，哪种产品结构最佳，哪种生产技术最有效率等都没有明确的结论。

2．战略的不确定性

由于新兴产业内的企业对竞争对手、顾客特点、产业条件等可获得的信息较少，所以企业在产品市场定位、营销及服务等方面经常会进行多种尝试，没有公认的"正确"的战略。

3．成本的迅速下降

新兴产业的学习曲线通常会非常陡峭，随着生产过程和工厂设计的改进、工作熟练程度的提高、销售额的增长导致的规模与累计产量的增加，企业的生产效率会得到大幅度提高。如果在由小批量生产向大批量生产转变后能够获得规模经济，则成本下降得更快，幅度也会更大。

4．新成立的企业较多

由于不存在规模经济、也没有成型的游戏规则，导致新兴产业进入障碍较低。加上迅速发展和充满机会的环境容易吸引资本的关注和加入，新兴产业内的一些有想法的雇员也经常会跳出企业另立门户，从而导致新兴产业往往成为中小企业的天下。

5．客户大多是首次购买者

新兴产业许多顾客都是第一次接触和购买相关产品和服务，通过市场营销，吸引持有等待、观望态度的潜在顾客做出购买行为是营销活动的中心任务。

（三）新兴产业的发展障碍与机遇

新兴产业常见的发展障碍主要包括原材料、零部件、资金与其他供给的不足，顾客的困惑与等待观望，被替代产品防范新产品替代的反应等。上述障碍主要来源于如前所述的新兴产业内在的产业特征。

新兴产业的发展机遇更多地从五种竞争力中的另外两个方面——进入障碍与产业内现有企业的竞争中表现出来。由于新兴产业进入障碍相对较低，产业尚处于不平衡状态，竞争结构还没有完全建立起来，因此，相对于成熟产业，新兴产业的进入成本与竞争代价都会小得多。

（四）新兴产业的战略选择

1. 塑造产业结构

在新兴产业中压倒性的战略问题是企业是否有使产业结构成型的能力。企业通过其战略选择能够尽力在产品政策、销售方法以及定价策略等领域内确定竞争规则。从长期来看，企业应该以形成其最强有力的竞争地位的方式来寻求划定产业内的竞争规则。

2. 正确对待产业发展的外在性

在一个新兴产业内，一个重要的战略问题是企业在产业宣传和追求其本身的狭隘私利之间达到平衡，企业应该立足长远发展眼光，注重产业整体利益与企业个体利益的协调统一。

3. 注意产业机会与障碍的转变

很多时候，机会与障碍是相互转化的，尤其是产业发展的障碍能够得到有效克服时，产业发展将迎来明显的发展机遇，企业应该对此加以密切关注，在产业发展变化中占据主动地位。

4. 选择适当的进入时机与领域

当下列基本情况具备时，早期进入是适当的：

（1）企业的形象和声望对顾客至关重要，企业可因先驱者而发展和提高声望。

（2）产业中的学习曲线很重要，经验很难模仿，技术的更新换代不会使这种学习过程无效。

（3）客户忠诚度很高，因此首先对客户销售的企业可以自然地得到好处。

（4）通过对原材料供应、销售渠道等早期承诺能够获得绝对的成本优势。

而在下列情况下，早期进入将是非常危险的：

（1）早期竞争的细分市场与产业发展成熟后的情况不同，早期进入的企业建立了竞争基础后，面临过高的转换成本。

（2）开辟市场的费用很大，包括客户培训、规章制度的批准，以及技术开发费用等，但是开辟市场的好处却不能为企业所独占。

（3）技术变革将使早期投资过时，并且使那些后期进入的、具备最新产品及工艺的企业拥有某种优势。

> 课后案例

太乐厨具的竞争战略

太乐厨具有限公司创办于1996年。20多年来,太乐公司运用成本领先战略,迅速提高市场占有率,在国内外享有较高的知名度。

太乐公司集中全部资源,重点发展厨具小家电产品。公司利用与发达国家企业OEM合作方式获得的设备,进行大批量生产,从而获得规模经济优势。在此基础上,公司多次主动大幅度降低产品价格,以致连生产劣质产品的企业都无利可图,在市场上既淘汰了高成本和劣质企业,又令新进入者望而却步。

太乐公司实行24小时轮班制,设备的利用率很高,因而其劳动生产率与国外同类企业基本持平。同时,由于国内劳动力成本低,公司产品成本中的人工成本大大低于国外家电业的平均水平。

对于一些成本高且太乐公司自身有生产能力的上游资源,如集成电路等,公司通过多种形式自行配套生产。这样,一方面可以大幅度降低成本,确保质量,降低经营风险,另一方面还可以获得核心元器件的生产和研发技术。而对于一些成本高、自身还不具备生产能力的上游资源,公司由于在其他各环节上成本低于竞争对手,也能够消化这些高成本投入物的价格。

近几年来,C国厨具小家电的销售数量每年递增30%左右,吸引了众多国内外大型家电企业加入。这些企业放弃了原有在大家电市场走的高端产品路线,以中低端的价格进入市场。这些企业认为,在厨具小家电市场,企业销售的都是标准化的产品,消费者大多对价格比较敏感,价格竞争仍然是市场竞争的主要手段。

资料来源:根据《公司战略与风险管理》(中国注册会计师协会组编)相关案例编写。

> 案例思考题

1. 简要分析太乐公司在C国厨具小家电市场采用成本领先战略的优势。
2. 从市场情况和企业资源能力两个方面,简要分析太乐公司在C国厨具小家电市场实施成本领先战略的条件。

◆ 本章思考题

1. 企业采用成本领先战略需要具备哪些内部条件?
2. 企业采取差异化战略需要注意哪些问题?

第六章 蓝海战略

导入案例

学朗书吧的价值创新

学朗书吧位于某大学城内,其主要顾客是学生和教师,该书吧主人在创建该书吧前进行了市场调查,调查结果显示:该大学城现有书店两家,书店内空间较小,各类书籍较少,以各种考试辅导用书为主。由于商品严重同质化,两家书店的竞争异常激烈,该大学城还有若干饮品店,它们只外卖各种冷饮和奶茶,没有给顾客留出休憩的位置。学朗书吧的创建者决定把书店和饮品店具有的两类互补性功能结合起来,建立一个集读书、休闲、生活服务为一体的综合性服务书吧。现有一些书吧往往注重营造高雅的环境,通过豪华装修来吸引顾客,比如在书架旁放置高大的古董瓷瓶、在墙壁上挂上油画等。但这并不是大学城附近的消费者关注的重点,却会产生高昂的成本。学朗书吧抛弃这些流行的理念和做法,只在墙壁上描绘一些山水画提高意境,舍去了昂贵的摆设,大大降低了成本,进而降低了饮品和图书的售价,提升了竞争力。随着电子商务的普及,饮品的网上销售日益火爆,许多网站均提供网售平台。学朗书店与时俱进,也提供网上点单送货上门。另外,现在大学中自习室紧张,抢位现象严重,学朗书吧计划打造自习位出租系列,并且提供午餐,为学生们提供理想的学习和休息场所。学朗书吧以创新的理念和定位,进入竞争激烈的文化和生活服务领域,开创了新的生存与发展空间。

资料来源:《公司战略与风险管理》(中国注册会计师协会组织编写)。

案例思考题

何为价值创新?价值创新与价值创造有何区别?

第一节 蓝海战略概述

蓝海战略(Blue Ocean Strategy)这一概念是由来自欧洲工商管理学院的金伟灿教授(W. Chan Kim)和莫博涅教授(Mauborgne)首先提出的。

正如任何一个行业都无法长盛不衰一样,任何一家企业都难以在市场长期竞争中永葆卓越。在历史长河中,我们看到无数的企业在残酷竞争的"红海"中殚精竭虑,拼命搏杀,最终却无法挽回企业逐步走向衰落的命运。但是,与之相对应的,我们也能看到有些企业,能够跳出思维惯性,通过调整传统战略思维,甚至使得原本看不见太多美好前景的传统业务也能重新迸发出新的活力,为企业带来新的更大的成长空间。这种突破传统激烈竞争的"红海",避开竞争,进入新的非竞争性市场空间的战略,被称为蓝海战略。

一、蓝海战略的内涵

蓝海战略就是企业突破红海的残酷竞争,不把主要精力放在打败竞争对手上,而是主要放在全力为客户与企业自身创造价值的飞跃上,并由此开创新的"无人竞争"的市场空间,彻底摆脱竞争,开创属于自己的一片蓝海。

蓝海战略要求企业把视线从市场的供给一方移向需求一方,从与对手的竞争转向为客户提供价值的飞跃;通过跨越现有竞争边界看市场以及将不同市场的客户价值元素筛选与重新排序,企业重建市场和产业边界,开启巨大的潜在需求,从而摆脱"红海"的血腥竞争,开创"蓝海",实现同时追求"差异化"和"成本领先"。价值创新是开创蓝海、突破竞争的战略思考和战略执行的新途径。

实施蓝海战略的关键是要突破思维定势。定势是在经验的基础上产生的,容易让我们的思维固化、模式化。创新的基本要求是要敢于突破思维定势。譬如,英国化妆品公司联合利华用一位96岁的老奶奶作为"多芬香皂"的产品代言人,立竿见影地起到广而告之和刺激需求的作用,就是突破常规的美女型代言人这一思维定势而取得成功的典型。

二、红海战略和蓝海战略的关键差异

以竞争为基础的红海战略假定一个产业的结构性条件是给定的,企业只能被迫在这些条件下开展竞争,从而才能从众多竞争者中脱颖而出,给消费者和投资者创造更大的价值。为了从激烈竞争中脱颖而出,企业除了需要通过"五力模型"、战略集团和竞争对手分析,更好地把握竞争态势外,还需要从企业自身的资源和能力入手,不断提升自身的核心竞争力,从而战胜竞争对手。

而蓝海的开拓者并不把竞争作为自己的标杆,而是遵循全新的战略逻辑,力图超越现有的竞争格局,使客户和企业价值都能实现飞跃,即"价值创新",这是蓝海战略的基石。

红海战略和蓝海战略的关键差异如表6.1所示。

表6.1 红海战略与蓝海战略的对比

红海战略	蓝海战略
在已经存在的市场内竞争	拓展非竞争性市场空间
通过参与竞争打败竞争对手	规避竞争
争夺现有需求	创造和获取新需求
在价值与成本之间权衡取舍	打破价值与成本之间的互替定律
根据差异化或低成本的战略选择,把企业行为整合为一个体系	同时追求差异化和低成本,把企业行为整合为一个体系

从表6.1红海战略与蓝海战略特征的对比中可以看出,以"价值创新"为基石的蓝海战略认为,市场边界和产业结构等条件并非既定的,市场参与者的观念和行为可以重构看似既定的产业边界和结构性条件。而对于红海战略眼中差异化往往意味着高成本的观点,蓝海

战略则认为可以打破传统的价值与成本互替规律,同时实现差异化和低成本的战略效果。

三、蓝海战略的分析工具与框架

企业运用蓝海战略的最大障碍在于,如何分析、选择和切入真正的蓝海市场。由于众多深陷红海企业的视野和行动的种种限制,使得他们忙于应付各种竞争以求得生存,少有企业通过市场的分析和市场边界的创新到达蓝海。为了帮助企业真正找到有价值的蓝海,以下介绍两种常见的蓝海战略思维工具。

(一)价值曲线评价法

价值曲线评价方法,是通过评价一个公司相对于该行业顾客感知服务质量关键性要素的业绩表现,来评价顾客总体感知服务质量的方法。这种方法不仅要求顾客做出评价,还要求内部员工和管理人员做出评价,最终目标是发现使顾客感知服务质量产生质的飞跃的关键要素,为真正进行价值创新建立基础。

1. 价值曲线评价法的逻辑思路

价值曲线评价方法所遵循的逻辑思路是价值创新的战略逻辑思路,它与传统的战略逻辑有很大的区别,主要表现在以下五个基本方面:

(1)产业设想。许多公司认为他们的企业条件是先天的;而价值创新的逻辑却不是这样,无论其他企业的情况如何,价值创新逻辑追求的是突发奇想和顾客感知服务质量在某些属性上质的飞跃。

(2)战略焦点。许多公司任由其竞争对手确定顾客感知服务质量的参数。他们与竞争对手们比较优势、劣势,并且注重建立优势。因为价值创新者并不关心竞争,因此他们并不会只因为他们的对手正这么做就把资源用于增加某种服务特色上。但是,他们通过对顾客的关注却能够从竞争的所有因素中分辨出能带来非凡价值的因素。在这一方面美国CNN电视网就是一个很好的例证。它决定不参与其他电视网的寻求大牌主播的竞争,而是遵循价值创新逻辑,将其资源用于发现和提供全新的顾客感知质量的价值来源。具有讽刺意味的是,价值创新者虽然没有为了赢得竞争而刻意建立优势,但是他们最终却取得了最大的竞争优势。

(3)顾客的需求。许多公司通过保持或扩大他们的顾客群来寻找增长,这通常会导致市场细分,出现更完善的定制服务来满足某种特殊需求;而价值创新逻辑则完全相反,它是在顾客所关心的特性中寻找有效的共性,而不是关注顾客之间的差异。用法国阿高旅馆高级主管的话来说就是:我们关注的是顾客共同感知的优质服务质量,过于关注顾客之间的差异会阻止你看清楚什么是最重要的事。

(4)资产和能力。许多公司根据他们现有的资产和能力来评价商业机会。他们会问,在我们现有的条件下,什么是最适合我们做的?与之相对,价值创新者会问,如果我们重新开始,会有什么结果?这就是英国威京集团在20世纪80年代后期对自己提出的问题。当集团提出建立音乐和娱乐的超级商场时,该集团已经在英国拥有一个颇具规模的小型音像连锁商店,超级商场无疑将会给顾客带来一个巨大的顾客感知服务质量的质的飞跃。考虑到这些小商店的能力不足以抓住这个机会,公司决定卖掉整个连锁店。就像威京集团的一位主管所说的:"我们不能让今天我们所做的成为我们明天制胜想法的条件,我们采取的是一种抹杀过去的做法。"

(5) 经营的范围。一般地,每个行业都是在一定的范围之内为顾客提供服务的。行业中的企业都是在这一范围之内进行竞争,争相为顾客提供更高感知服务质量的服务;而价值创新者通常跨越这些界限,他们考虑的是顾客解决问题的总体方案是什么。他们会给自己提出以下问题:我们企业提供的服务处于顾客整个解决方案链的什么位置?我们在服务提供中强迫顾客做出了哪些妥协?通过对顾客解决问题的整个方案链的调查分析和评价,来寻求解决顾客感知服务质量的主要问题,即使这种做法超出了企业的经营范围,将企业带进一个新的行业,企业也不能想当然地接受本行业所定义的应该做什么和不应该做什么的限制。

2. 价值曲线评价法的步骤

(1) 确定行业内顾客感知服务质量的关键要素。各个行业之间顾客感知的服务质量的关建要素是不同的。比如,对于饭店行业,它的关建要素一般有价格、房间安静程度、卫生、床的质量、房间的设备和舒适度、服务员的服务水平、房间大小、大堂装修、建筑美感、饮食等;而对于航空公司来说,乘客感知的服务质量的关键要素一般有安全性、准时程度、价格、机型、空姐仪表等。

(2) 设计问卷进行市场调研,让顾客给各个要素打分。在这个步骤中,把每个关键要素列于调查问卷中,设计 0~10 的 11 个分数等级,让顾客根据自己的期望和要求给各个要素打分,目的是找出大多数顾客普遍认为重要的因素、不重要的因素以及服务企业提供的多余的因素。问卷最后要设计两个开放性问题:您认为还应当提供哪些重要的服务项目?您认为应当去掉哪些冗余的服务项目?

(3) 进行分数加总,画出价值曲线,如图 6.1 所示。

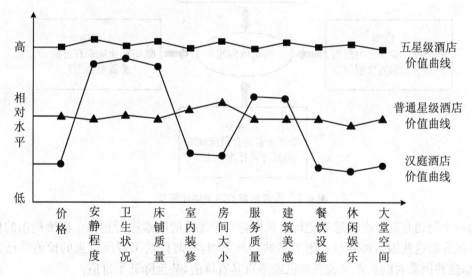

图 6.1 汉庭酒店价值曲线图

(4) 评价价值曲线,提高顾客感知的服务质量。通过分析和评价价值曲线,找出三个分数最高的要素和三个分数最低的要素,说明在顾客感知的服务质量中,它们分别是最重要的三个属性和最不重要的三个属性。进而,企业可以通过淘汰某些属性,创建某些属性以及将某些属性减少或者提升到行业前所未有的水平,实现价值曲线的突破,从而更加符合顾客的期望和要求,提高顾客感知的服务质量。

(5) 监控价值曲线的必要性。竞争是市场经济永恒的主题。成功实施蓝海战略的企业在很多时候其实也只是做到了领先一步而已。因为一个企业一旦通过价值曲线评价方法创造了新的价值曲线,并且获得了可观的利润,那么,竞争者迟早都会企图模仿。为了试图保住自己辛辛苦苦争取来的顾客群和市场份额,企业最后有可能为了取胜竞争,重新陷入传统战略逻辑的陷阱。

因此,动态地应用价值曲线评价方法,即监控价值曲线是非常必要的,它可以使一个企业从现今的服务中仍然能够得到一个巨大的利润的同时就看到并及时抓住质的飞跃的机会,从而持续性地做到步步领先,超越竞争。

(二) 四步动作框架

为重新构建买方价值因素,打破差异化和低成本之间的权衡取舍关系,创造新的价值曲线,有四个问题对挑战产业现有战略逻辑和商业模式而言至关重要:

(1) 哪些行业中被认为理所当然的因素应该被剔除?
(2) 哪些因素的含量应该减少到行业通常标准以下?
(3) 哪些因素的含量应该增加到行业通常标准以上?
(4) 哪些行业内从未提供过的因素应该被创造和提供?

企业通过四步动作塑造全新价值曲线如图 6.2 所示。

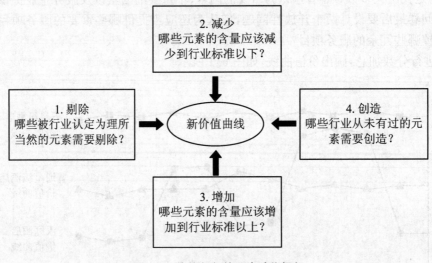

图 6.2 价值创新的四步动作框架

第一个问题有助于企业思考把行业长期竞争中无效的因素进行剔除。在所提供的价值活动中包含的这些因素可能只是想当然的一种习惯,有时候购买者所看重的价值早已发生了变化,这些因素对购买者来说其实已经不再具有价值,甚至降低了价值。

第二个问题有助于企业思考所提供的产品或服务是否进行了过度的设计,是否超过了购买者实际所需,是否徒然增加成本却无法增加收益。

第三个问题有助于企业超越竞争对手,更有效地满足购买者尚未真正得到满足的需求。

第四个问题可以帮助企业发现购买者价值的全新源泉,以创造新的需求,改变行业既有的价值提供模式。

解决前两个问题(剔除和减少),能让你明白如何把成本降到竞争对手之下。研究发现,在产业惯于攀比的元素方面,企业经理们很少去系统性地剔除、减少投资。结果是成本不断增加,商业模式也日趋复杂。与之相对,后两个问题教会我们如何去提升买方价值,创造新需求。

总括起来,这四个问题能够让我们系统地探索如何跨越他择性产业,重构买方价值元素,向买方提供全新的体验,同时降低企业自身的成本。这其中最重要的就是剔除和创造两个动作,它们使企业超越以现有竞争元素为基础追求价值最大化的境界。它们促使企业改变竞争元素本身,从而使现有的竞争规则变得无关紧要。

"剔除-减少-增加-创造"坐标格是四步动作框架的具体应用工具。这个工具敦促企业不仅仅审视四步动作框架所规定的四个问题,而且要在四个方面都采取行动,创造新的价值曲线。通过敦促企业在这四方面投入所要采取的行动,能够给予企业以下立竿见影的好处:

(1) 促使企业同时追求差异化和低成本,以打破价值-成本之间的替代取舍关系。

(2) 及时提醒企业,不要只专注于增加和创造两个方面,把产品和服务设计得过了头而抬高了成本结构。许多公司通常会陷入如此境地。

(3) 这一工具很容易被各层次的管理者所理解,从而在战略实施中获得企业高度的参与和支持。

(4) 由于完成表格是项有挑战性的工作,这使得企业能严格考察每一项竞争因素,从而反思那些竞争中所蕴含的假设。竞争中的企业往往无意中把这些假设当作理所当然的。

第二节 蓝海战略的制定

蓝海战略的第一条原则,就是重新构筑市场的边界,从而打破现有竞争局面,开创蓝海。这一原则说的是许多公司经常会碰到的搜寻风险。其难点在于如何成功地从一大堆机会中准确地挑选出具有蓝海特征的市场机会。这一点对于企业经营者非常重要,因为他们不可能像赌徒一样通过直觉或者抽签的方式决定企业的战略。蓝海战略总结了六种重建市场边界的基本法则,被称之为六条路径框架。

一、重建市场边界

(一) 审视他择产业

就某一特定产品或服务来说,他择品的范围比替代品的范围更大,形式不同但功能或核心效用相同的产品或服务,往往互为替代品。而他择品则包括功能与形式都不同但目的却相同的产品和服务。

从更大范围来看,一家企业并不仅仅是与同一产业中的其他企业竞争,而且还面临着生产替代性产品或服务的其他行业企业的竞争,甚至还要跟那些具有不同功能和形式,但能够达到同样目的的产品和服务进行竞争。

比如电影院和卡拉OK厅,两者提供的产品在形式上完全不同,功能上也有明显的差异,但人们去看电影或者去卡拉OK厅唱歌的目的却是一样的,那就是去放松心情,好好地享受一段休闲时光。它们虽然不是具有同一功能的替代产品,但相互之间却是人们替代性的备选方案。与传统的专注于产业内的竞争者不同,重建市场边界原则要求企业仔细审视他择产业以开创蓝海。

(二) 跨越产业内不同的战略群体

在大多数行业中,都可以根据战略上的差异化选择,将某一行业的企业划分为不同的战略群组。大多数企业都专注于提高他们在既定战略群组中的竞争地位,很少有企业会关注其他战略群组的企业在做什么,因为从竞争的角度来看,其他战略群组跟本企业往往并不存在明显的竞争关系,而且他们想当然地认为,尝试进入新的战略群组可能使得企业丧失原有的竞争力。

然而,从不同战略类型中开创蓝海的关键在于突破这种狭隘的观点,企业要深入了解究竟是什么原因决定客户从一种业务类别转换到另一种业务类别。有时候,通过吸收不同战略群体的优势,消除和降低劣势,可以给客户带来独特的价值,能够实现创造蓝海市场的目的。

比如,奔驰、宝马、捷豹等都是定位高端豪华型汽车的战略,它们就是同一战略群组;而福特、大众、丰田等都是定位经济型汽车市场的战略,它们就是另一战略群组。跨越不同战略群组的关键在于突破狭窄的视野,搞清楚是什么因素决定了顾客在豪华型汽车和经济型汽车之间做出的选择。在豪华轿车领域,丰田的凌志以接近低端的福特和大众的价格,提供与高端的奔驰、宝马和捷豹一样的产品质量,从而开创了新的蓝海市场。

(三) 重新界定产业的买方群体

在大多数行业中,参与竞争的企业对目标客户的定义都大同小异。但是,事实上,存在着一个客户链,他们都直接或间接地参与了购买的决策。产品或服务的购买者可能与最终使用者并不一致,在某些情况下,还存在导致购买行为的关键影响者,完整的买方群体是由购买者、使用者和施加影响者共同组成的买方链条。

跟专注于更好地为传统意义上的买方群体服务相比,对目标客户群体进行重新界定可以发现新的蓝海。从购买决策相关参与方的角度审视产业的买方群体,可以找到那些容易被忽视的客户群,通过质疑目标客户的传统定义,企业通常可以发现创造价值的全新方法。

譬如,20世纪80年代的时候,因为胰岛素行业的买方是医生,医生最看重的就是胰岛素的纯度,所以整个行业都在以提纯为第一竞争要素。但随着技术的进步,各产品之间的纯度差别已经微乎其微了,显然胰岛素行业已经是一片红海。然而诺和诺德公司转换视角,将目标客户从医生身上转移到实际使用者病人身上时发现,病人最看重的是注射胰岛素的方便程度。由于糖尿病患者每天要注射好几次胰岛素,用注射器从药瓶先吸取再注射的方式实在是不便之极。诺和诺德公司就此推出了诺和笔,它像一支自来水笔,不仅方便携带,而且笔的容量非常大,一次充满可以使用一周。诺和笔一经推出,就风靡全球市场,开创了一片新的蓝海。

又比如佳能,通过将复印机行业的目标客户从企业采购者转到使用者,从而开创了小型台式复印机行业,在很长时间里占据了相关市场的主导地位。

(四) 放眼互补性产品或服务

很多情况下,客户会把一种产品或服务与其他相关产品或服务结合起来使用,因此他们的价值会受到别的产品或服务的影响。但是,从企业经营来看,很多企业提供的产品或服务往往局限在一个比较狭窄的行业范围内。

在互补产品或服务背后常常隐藏着巨大的商业机会,关键是要搞清楚消费者在选择产品或服务时真正的完整的需求。一个简单的方法,就是仔细分析消费者在使用一种产品或服务之前、使用过程中和使用之后究竟还有哪些需求。

譬如英国的茶具市场,虽然这一产业在英国文化中占有非常重要的地位,但是销售额几乎停滞,利润率不断下降,直到飞利浦电器公司带着一套新的茶具进入这个市场,将红海竞争变成了蓝海。

从互补性产品和服务的角度进行思考,飞利浦发现,英国人泡茶时遇到的最大问题并不是茶壶,而是与茶壶互补的水,因为自来水中的碳酸钙含量问题。在烧水过程中,碳酸钙不断沉积,最后会混入泡好的茶中。冷静的英国人在喝自己泡的茶时,通常先用一个茶匙把这些令人讨厌的碳酸钙捞出来。一般的,对茶具产业来说,水的问题与他们无关,它是另一个产业——自来水产业的问题。

飞利浦从解决顾客整体方案中的主要问题角度思考,把水的问题视为它的一个机会。结果,飞利浦发明了一个新的茶壶,茶壶口有一个过滤器,在倒水的时候能够有效地过滤掉碳酸钙。这样,英国人在喝自己泡的茶时,就不会在茶水中看到漂浮的碳酸钙杂质了。人们纷纷将旧茶壶换成带过滤嘴的新茶壶,这个产业又进入了高速增长时期。

又比如,图书城将提供的服务范围进行重新定位,将单纯的卖图书转变为提供阅读和休闲、甚至一种时尚的高品位生活方式,通多营造一种全新的消费氛围以满足顾客更加广泛的需求,从而创造更大的价值。

(五)重新设定产业的功能或情感导向

行业竞争不仅在产品或服务的范围上容易趋同,而且在两个基本的诉求上也很类似。一些行业主要通过价格和功能来竞争,关注的是给客户带来的效用,他们的诉求是功能性的;还有些行业主要以客户的感觉为竞争手段,他们的诉求是情感性的。随着时间的推移,最初设定为功能导向型的行业会越来越注重功能,最初设定为情感导向型的行业会越来越注重情感。

当企业愿意挑战行业中固有的功能或情感诉求时,通常会发现新的市场机会。功能导向型的行业可以通过尝试添加一些情感因素使产品获得新生,刺激新的需求;情感导向型的行业可以尝试去除一些并没有增加功能的多余的产品或服务,可能就会创造一个全新的,简单、低价、低成本的业务模式,从而赢得更多客户的购买。

比如,日本的美发店行业最初属于情感导向型的行业,理发的过程包含了一系列其他的服务,会用到多条热毛巾,还有人按摩肩膀,顾客在理发过程中还可以喝茶或咖啡,理发师除了理发,还按照一定程序对头发和皮肤进行特别护理。这导致每个顾客理发的时间过长,价格也昂贵,经常出现的长时间排队现象也让顾客抱怨不已。于是,后来 QB 美发店决定将美发服务从情感导向型转变为功能导向型,在提供理发服务时去掉了各种情感性的因素,大幅削减了提供服务的成本,降低了服务价格,从而赢得了顾客认同,占有了更大的市场份额。

又比如智能手机,最开始是以功能为导向的。后来小米手机适当地添加了设计美感和用户情感元素,结果即使是以前的理性用户也变得更喜欢小米手机了。因为从本质上来看,市场上没有绝对理性的顾客,也没有绝对感性的顾客,换一个视角说不定能赢得更多的客户。

（六）跨越时间参与塑造外部潮流

当环境和条件发生变化后，多数企业往往选择被动的接受和逐步适应。不管是新技术的出现，还是政策的变化，企业经营者通常比较注重预测趋势本身，然后根据发展变化趋势来调整企业的行为。

企业应当学会从商业角度洞悉技术与政策潮流将如何改变顾客获取的价值，如何影响商业模式，这对企业长远发展是非常重要的。潮流的影响是所有企业不得不重视的，然而大多数企业都把精力用在预测潮流本身，很少从商业角度去预测潮流趋势下的顾客会如何获取价值。如果能跨越时间用未来顾客获取价值的方式来指导当下的战略，就有可能开创一片新蓝海市场。

需要强调的是，蓝海战略主要并不是仅仅预测未来，而是来自深入分析这一趋势会如何影响客户的价值和企业的业务模式。通过放眼未来，即从关注市场现在的价值转到未来的价值，企业经营者才可以主动调整，抢先找到新的蓝海。

譬如，20世纪90年代末盛行非法共享数码音乐的潮流，各地唱片公司痛心疾首，都想全力遏制数码音乐的发展。然而，苹果公司却敏锐地观察到这种数码音乐的潮流是不可逆转的。于是他们在2003年推出了iTunes，以远低于实体店CD的价格向大众出售高质量的正版数码音乐，同时开发出另一个更加炙手可热的产品——iPod。高手就是高手，不仅预测对了潮流之下顾客获取价值的方式转变，还根据这一预测，一下子开辟了两块蓝海市场。

又比如，随着互联网时代的不断发展，美国思科公司发现了对数据高速传输的需求不断上升的趋势，因此它把研发的重心放在了如何在开放的网络环境中提供更加快速的数据传输上面，从而在相关市场中获得了巨大的成功。

不过，有时候企业会发现存在很多趋势，为了形成蓝海战略，企业必须发现对企业业务具有决定性影响的趋势，并且这种趋势是不可逆的，且具有清晰的发展路径。如果趋势不具有上述特点，企业很可能将蓝海战略建立在了重大的、主观性很强的假设之上，这是一种非常冒险的行为。

表6.2对重建市场边界的六条基本法则做了一个小结。企业应把眼光放在更多的产业、更多的战略群体、更多的购买群体上，提供互补性产品或服务，重设产业现有的功能性或情感倾向，甚至应该超越时间。只有这样，企业才能获得重建市场空间、开创蓝海的新视角。

表6.2 从肉搏式竞争到蓝海战略

	肉搏式竞争	蓝海战略
产业	专注于产业内的竞争者	审视他择产业
战略群体	专注于战略群体内部的竞争地位	跨越产业内不同的战略群体
买方群体	专注于更好地为买方群体服务	重新界定产业的买方群体
产品或服务范围	专注于在产业边界内将产品或服务的价值最大化	放眼互补性产品或服务
功能-情感导向	专注于产业既定功能-情感导向下性价比的改善	重设产业的功能或情感导向
时间	专注于适应外部发生的潮流	跨越时间参与塑造外部潮流

二、注重全局而非数字

该原则关键的作用是要减少规划风险,避免企业投入很多时间和精力,最终制定出来的仍然是红海战略。可以通过绘制战略布局图将一家企业在市场中现有战略定位以视觉形式表现出来,激发各类人员的创造性,把视线引向蓝海。通过建立一个围绕战略布局图的企业战略规划过程,企业以及其管理者可以将他们的主要精力集中在全局性的事务上面,而不是沉溺于琐碎的数字和经营细节中。

绘制战略布局图意味着要完成三件事情。首先,要清楚地描绘影响某一行业内企业之间竞争的因素(包括潜在的竞争因素),以显示行业的战略轮廓。其次,要显示现有的和潜在的竞争者的战略轮廓,识别它们重点投资的战略因素。最后,要显示本企业的战略轮廓或价值曲线,描绘本企业投资于什么样的竞争因素,以及企业在未来如何投资于这些因素。

以创造蓝海的六条路径为基础,运用战略视觉过程,可以促使企业战略向蓝海转变。战略视觉过程包括以下四个步骤:

(1) 视觉唤醒。通过绘制企业当前的战略布局图来比较企业和竞争者的业务,从而识别企业战略需要改变的地方。绘制战略布局图要比基于数字和文字的论证更能证明战略变革的必要性,这就使得高层管理者产生了认真反思企业现有战略的强烈愿望。

(2) 视觉探索。如果说视觉唤醒是敲响警钟,那么下一步就是派出团队到基层去,真正弄清楚客户使用或者不使用企业产品和服务的原因,探索创造蓝海战略的六条路径对企业的可行性,观察替代产品和服务的独特优势,深入分析企业需要剔除、创造和改变的因素。

(3) 视觉战略展示。在视觉探索的基础上,绘制出企业未来的战略布局图。同时,听取客户、竞争对手的客户以及非客户对企业绘制的战略布局图的反馈意见,通过吸取反馈,构建最佳的未来战略。

(4) 视觉交流。未来战略确定之后,最后一步就是用合适的方式进行交流沟通,使员工更好地理解企业的战略意图。企业应该让员工看清企业目前的状况,以及企业需要在哪些方面做出改变,以开创辉煌的未来。企业高层应该跟员工加强沟通,并且只支持那些跟未来战略保持一致的项目和运营措施的实施。

三、超越现有需求

任何企业都不希望自己好不容易跳出红海领域之后,却发现自己置身于一个小水塘之中。问题是,如何最大限度地扩大所要创造的蓝海领域。这就涉及蓝海战略的第三条原则:超越现有需求。这条原则作为价值创新的关键因素,可以帮助企业降低进入新市场导致的规模风险。

为此,企业要调整两种传统的战略思维:一是只注重现有客户;二是进行更加精细的客户细分。企业应关注潜在客户,而不应只着眼于现有客户;应致力于大多数客户的共同需求,而不是注重客户的差异化。这样才能让公司超越现有需求,开辟出更加庞大的客户群。

要超越现有需求,就要先考虑非客户,然后才是客户;先考虑共同点,再考虑差异化;先考虑整合,然后才是进一步细分。

按照距离现有市场的远近程度,可能转化为客户的非客户一般可以分为三层:

(1) 即将转化的非客户。这一层次的非客户处在现有市场的边缘,很容易改变购买选择。企业要弄清楚这一层非客户重新选择产品的根本原因是什么,着眼于这一群体的共同点,可能会给企业带来蓝海的机会。

（2）拒绝性的非客户。这一类客户或者是觉得无法接受企业的产品,或者是因为价格昂贵而负担不起,因此选择了其他企业的产品以满足自己的需求。企业不能忽视这类客户群体,因为在这样的群体中,仍然存在着大量有待企业开发的需求,关键是要弄清楚这一类客户拒绝使用企业产品和服务的关键原因是什么。

（3）未经开发的非客户。因为这一类非客户距离企业目前所在的市场遥远,企业会认为这一层非客户和企业现有客户差别大,这些客户的需求一般很自然的是属于其他企业的商机。但是,这一层客户如果能够释放需求,企业的市场规模将会有爆发式的增长。

由于不同行业、不同时期,各层次非客户的蓝海规模都会发生变化,所以企业需要着重寻找的,是在当时能够带来最大收益的客户层。同时,还需要调查三个层次的非客户之间有无相互重叠的共同点,这样能够释放出更大的潜在需求,从而争取收益的最大化。

四、遵循合理的战略顺序

只有理解了什么是正确的战略顺序,以及如何借助战略顺序中的关键指标来评估蓝海理念,才能有效地减少商业模式的风险。蓝海战略的顺序如图 6.3 所示。

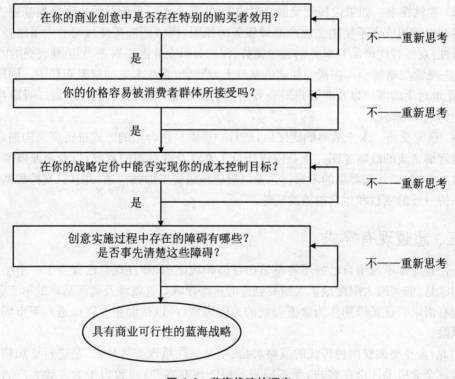

图 6.3 蓝海战略的顺序

（一）购买者效用的测试

（1）买方体验周期的六个阶段。买方的体验通常可以分为六个阶段,大致上按先后顺序从购买的环节延续到处置抛弃的环节,每个阶段包含各种各样的具体体验。在每个阶段,企业经理们都可以提出一系列问题,以测量买方体验的质量。

(2) 六个效用层面。要测试一项创意是否提供突出效用,企业应该先检查它们的产品或服务是否移除了顾客与非顾客的买方体验周期中最大的效用障碍。最大效用障碍常常代表着开启杰出价值的最大、最紧迫的机会。

如图 6.4 所示,买方效用定位图使企业经理可以认清产品或服务有可能填补的效用空间的全部范围。

买方体验周期的六个阶段

	1.购买	2.配送	3.使用	4.修配	5.保养	6.抛弃
效率						
简单						
方便						
风险						
乐趣						
环保						

(左侧纵向标注:六个效用层面)

图 6.4 买方效用定位图

(二) 从效用到战略定价

要为你的产品或服务获取强劲的收入流,必须制定正确的战略价格。这一步确保买方不仅想买你的东西,而且肯定买得起。你为你的产品或服务所确定的战略价格不仅要大量吸引买方,而且要帮助你留住他们。由于搭便车的可能性很高,一件产品或服务必须从第一天就创出声誉,因为品牌的打造越来越依赖于口口相传的推荐和网络化的社会传播。企业因此必须一开始就推出买方无法抗拒的产品或服务,而且要保持下去,令搭便车式的模仿知难而退。

企业该如何定价,而又不引来模仿产品和服务的竞争者,这项评估取决于两个主要因素:一是产品或服务是否通过专利或版权受到保护;二是企业拥有能阻止竞争的独家资产或核心能力的程度。

(三) 从战略定价到目标成本规划

按照战略顺序,下一步是目标成本规划。它针对的是商业模式的利润一侧。要最大限度发挥蓝海创意的利润潜力,企业应该从战略定价开始,从价格推演出所希望获得的利润率,以做出目标成本规划。在此,由价格推导出成本,而不是由成本得出定价,这至关重要,这样,你的成本结构才能有利可图,又难以被潜在的跟从者所模仿比照。要想实现目标成本,条件之一是建立另辟蹊径、重点突出,且能为企业节省成本的战略轮廓。

企业主要有三种杠杆来达到目标成本:第一种杠杆涉及简化运营,从生产到分销都引入

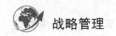

成本创新;第二种杠杆是寻求合作伙伴;第三种杠杆是改变产业的定价模式。

(四)从效用、价格和成本到接受

即使是无懈可击的商业模式也不一定能保证蓝海创意在商业上获得成功。蓝海战略顾名思义是要挑战现状,因此也可能在企业的三种利益相关人之间引发畏惧和抵触,这三种人是雇员、商业伙伴和公众。对于雇员,要有效地抚平他们对新商业创意影响其生活的担忧。比如,美林银行的管理层宣布开设网上经纪服务时,由于没有与雇员进行沟通,致使企业内部出现内讧,美林的股价下跌了14%。对于商业伙伴,他们会因为害怕其收入流或市场地位受到新商业创意的威胁而生出抵触情绪。对于公众而言,他们害怕新商业创意会威胁到现有的社会和政治规范,譬如转基因食品等。

(五)总体评价

尽管企业应该按照效用、价格、成本和接受的顺序建构其蓝海战略,但这些标准要形成一个整体才能确保商业上的成功。

(1)效用。你的产品和服务是否具有突出的效用?是否具有令人信服的理由促使买方去购买?

(2)价格。你的价格是否能为买方大众轻松地承受?

(3)成本。你的成本结构能满足目标成本吗?

(4)接受。你是否从一开始就解决了接受上的障碍?

第三节 蓝海战略的执行

一、克服关键组织障碍

企业制定了蓝海战略以后,就必须有效执行这个战略。当然,对任何战略来说,都存在执行上的挑战。无论是在红海还是在蓝海中,企业就如同个人一样,将想法转变为行动都很艰难。然而与红海战略相比,蓝海战略代表着对现状的重大变更,它取决于企业能否以更低的成本将与人雷同的价值曲线转变为另辟蹊径,这就加大了执行的难度。

企业经理们在这一领域的实践证明了挑战是很严峻的,他们主要面对以下四重障碍:

第一重障碍是认知上的障碍。如何唤醒员工,让他们意识到战略变革的必要性。

第二重障碍是有限的资源。一般认为,战略上的转变越大,执行它所需要的资源也就越多。然而在很多企业中,资源正被削减,而不是增加。

第三重障碍是动力上的障碍。你如何鼓动关键人士快速并执着地行动,以实现与现状的决裂?这可能需要几年,而经理们却没这么多时间。

第四是组织政治上的障碍。正如一位经理所说的那样,"在我们公司中,你还没站起来就已经被人撂倒了"。

领导者要回答下述关键问题:哪些因素或行为对打破现状能起到超乎一般的积极影响?能使企业所花的每一块钱都起到最大作用?能鼓动关键人物雄心勃勃地向变革迈进?能拆除企业政治的路障,使之不致成为最佳战略的拦路虎?

只要全心全意集中在这些具有超凡影响力的关键点上,企业就能真正克服执行蓝海战略的四重障碍,并且能以低成本迅速地做到这一点。

(1) 冲破认知障碍。

① 深入基层实地体验。冲破认知障碍不是靠命令,不是关起门来通过数字论证就能达成,而是要让高级和中级管理人员对企业的主要业务和流程进行实地体验,从而切身感受到变革的必要性。

② 与不满的顾客会面。要扫除认知障碍,你不仅要让你的经理们走出办公室,看到实际情形的恐怖,还要让他们亲耳听到最不满意的顾客心声,而不是对糟糕的现状视而不见,甚至自我感觉良好。

(2) 跨越资源障碍。企业要想以更少的资源实施战略转变,就应该准确识别资源使用的热点、冷点,并实现企业内部资源的互通有无。热点就是那些资源投入少,但在提高业绩方面很有潜力的活动。冷点就是那些资源投入高,但对业绩影响甚微的活动。互通有无指的是将部门剩余资源交换,来弥补各自资源上的不足。

首先,将企业资源重点分配到那些资源投入少,但在提高业绩方面很有潜力的热点活动上。其次,从那些资源投入高,但对业绩影响甚微的活动中调用资源满足热点活动的需求;最后,应该准确把握资源在企业内部不同部门的配置和拥有现状,将部门在一个领域的剩余资源与另一个部门的剩余资源交换,通过互通有无来填补资源上的空白。

(3) 跨越动力障碍。激励不足会导致企业各级员工执行战略时缺乏动力。首先要有效地激励组织中的关键人物,通过充分发挥关键人物的示范和带动作用,促使组织成员能够积极主动地采取行动。另外,通过任务层层分解使得组织各层人员具有明确的方向和任务,推动组织实现自我变革。

(4) 克服组织政治上的障碍。克服政治障碍首先要争取组织内部德高望重的人员的支持,让那些从战略转变中获益的人坚决拥护和自觉执行战略变革的任务,对于由于战略变革受到损失的人员,要避免矛盾的升级,设身处地地帮他们克服困难,尽可能的软化甚至转化他们抵触变革的立场。

二、将战略执行建成战略的一部分

(一) 公平操作的力量

"公平操作"这一概念是 20 世纪 70 年代由 John W. Thibaut 和 Laurens Walker 两位社会学家提出的。他们在对司法心理学的研究中,首度提出了"过程公正"(procedural justice)这一概念。他们在研究中发现,人们对司法制度的信任正是基于对过程公正的信任。审判的过程是否公正和审判的结果是否公正,具有同样的重要性。如果人们认为审判过程是公正的,那么对于最终的判决也往往是满意的。

把"过程公正"这一概念移植到管理上,就是我们所说的"公平操作"。在司法中,过程公正使得人们对司法的结果有了事先就准备接受的预期。在企业管理中,把公平操作引入战略决策,可以使员工对最终制定的战略更加信任,并自觉自愿地加以执行。

公平操作会对人们的态度和行为产生重大的影响。对一项战略的自觉执行当然胜于被动地执行,它使得员工能够关注战略的内在要求,发挥各自的积极性和创造性,甚至在职责范围以外都能各尽所能。

（二）公平操作的原则

1. 参与

参与（engagement）意味着允许个人在战略决策的过程发表意见，包括提出不同意见和展开争论。这样的沟通显示出管理层对个人意见的尊重，而对争论的鼓励则可以激励大家的思路，形成更有质量的综合意见。参与的作用使得管理层做出更明智的战略决策，也使得所有参与决策过程的员工对最终形成的战略负有执行的义务。

2. 解释

解释（explanation）是为了使与战略决策相关和受到决策影响的员工都能够理解最终的决定。对战略决策背后的理念进行阐释可以让员工相信，自己的意见和自身的利益都已在整体的战略中得以考虑。哪怕自己的意见没有被接受，员工仍然可以信任企业的战略部署。同时，解释的过程也是倾听员工意见的有效反馈过程。

3. 清晰的预期

清晰的预期（clarity of expectation）则要求在战略制定以后，管理层要明确新的游戏规则。尽管预期可能比较严苛，但员工应该事先被告知评判业绩的标准，以及如果业绩完成得不好会受到什么样的惩罚，新的战略到底是要达到什么目的？总体目标和阶段性的目标都是什么？各自的职责是什么？

在公平操作的过程中，具体目标、预期、职责分工并非最重要，最重要的是大家都能有统一、清晰的认识。当员工都对战略的预期有明确的认识，那么各种扯皮、推诿就少了，取而代之的是对战略的迅速执行。

总而言之，上述三项原则共同作用才能带来公平操作，三者缺一不可。

（三）公平操作对战略执行的重要性

公平操作对战略执行的影响如图 6.5 所示。

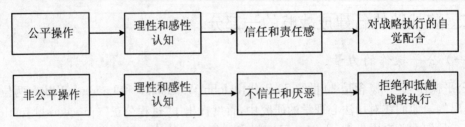

图 6.5　公平操作对战略执行的影响

公平操作的重要性可以从以下两个方面来理解。

从感性原因来看，每个人都希望被人认为有价值，不是作为"劳动力""员工"或是"人力资源"，而是作为一个受尊重、有尊严和希望获得成就感的个体。从理性原因来看，绝大多数员工都希望自己的意见能够受到重视，别人在听到他们理性的想法之后，愿意和他们解释沟通。

当人们感到他们的思想价值得到认可时，他们就会愿意与他人分享他们的知识。实际上，他们受到了鼓舞，希望能令人刮目相看，能在思想价值上不负期望，这就令他们思想活跃，乐于公开他们的知识。同样，当个人感到他们在情感上获得了认可，他们就会对新战略投入感情,会受到激励去竭尽所能。

(四)公平操作和蓝海战略

责任感、信任和自觉的配合不仅仅是态度和行为,它们是实实在在的资本。当信任存在,人们对于他人的意图和行为就更有信心;当责任感存在,人们就更能够自觉地超越一己私利。

询问任何一家成功地制定和实施了蓝海战略的企业,你都会听到这一实在的资本对于他们的成功有多么重要。而在那些蓝海战略执行失败的企业,你也会听到缺乏这一资本是执行失败的重要原因。因为缺乏信任感和责任感,企业的战略调整就缺少合力。责任感、信任、自觉配合对于战略的执行意味着速度、质量和坚定的决心,它们使得战略能够迅速、低成本地得以执行。

至于如何在企业内营造责任、信任和自觉配合,就是要把战略执行和战略制定结合在一起考虑。不少公司把它们分开考虑,这就是它们的战略执行拖沓和出问题的原因。当然,传统的胡萝卜加大棒式的激励方式也有用处,但要激励人们超越自身的利益时,这种方式就显得不足。当行为的不确定性增加,后一种方式很可能还会产生反效果。

公平操作可以解决这一两难。通过在战略制定的过程中引入公平操作的原则,执行从一开始就成为了战略的一部分。由于操作公平,即使战略调整需要员工牺牲暂时的利益,或是与员工的预期不完全一致,员工也有一种责任感来支持战略的实施。员工理解暂时的妥协和牺牲是有必要的,是为了企业发展这一长期的利益。无论企业的蓝海战略的具体内容是什么,引入战略合作伙伴也好,生产单元外包也好,或者是调整销售队伍、改变制造流程,我们的观察发现,公平操作对此确有实效。

综上所述,蓝海战略制定和执行的六项原则如表6.3所示:

表6.3 蓝海战略制定和执行的原则

原则	各原则降低的风险因素
战略制定原则	
重建市场边界	↓搜寻的风险
注重全局而非数字	↓规划的风险
超越现有需求	↓规模的风险
遵循合理的战略顺序	↓商业模式风险
战略执行原则	
克服关键组织障碍	↓组织的风险
将战略执行建成战略的一部分	↓管理的风险

实践中,蓝海战略的模仿存在诸多的障碍,包括传统观念认为价值创新没有意义;蓝海战略与其他企业的品牌形象不符;自然垄断导致市场无法支撑第二个竞争者;专利和法律障碍;创新者的规模优势带来的成本优势,对后来者形成阻碍;网络的外部性特征;模仿对企业内部关系平衡、运营变革和文化转变的显著要求;价值创新者的品牌知名度和客户忠诚度阻碍了模仿,等等。这些障碍为蓝海战略的最初开拓者带来了丰厚而持久的市场回报。

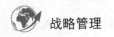

> 课后案例

小马驹农园的蓝海战略

随着生活节奏的加快,生活在都市的人们越来越希望能有一方净土,在空闲的时光摆脱繁忙的工作,通过劳动来净化自己的心灵,回归到最简单家庭亲情的生活方式中。此外,消费者对有机农产品的需求与日俱增,而一些企业的不规范行为导致消费者对市场销售的有机农产品的真实性产生质疑。

一种新型的社区支持型农业顺应这些需求而产生,其中以小马驹市民农园最为知名。小马驹市民农园成立于2008年,农园将农业、休闲业、教育产业融为一体,以会员制的模式运作。会员分为两种类型——配送份额会员和劳动份额会员。对于配送份额会员,农园提供配送服务,包括宅配和取菜点两种方式。宅配即配送到家,配送频率为每周一次或两次;小马驹农园在市区设立了三个取菜点,会员可以自行选择时间和取菜点。这些配送为消费者提供了便利,使他们享受到被关爱的体验。

劳动份额会员可以在空闲时间到农场耕种自己的园地。有儿童的家庭特别青睐这种亲近自然、家庭团聚、寓教于乐的模式。小马驹农园策划了很多节事活动,包括开锄节、立夏节、端午节、立秋节、中秋节、丰收节等,在这些节事活动中,对小朋友进行传统农耕和文化教育。农园还开展了一些活动激发小朋友的兴趣,包括认识植物、喂养动物、挖红薯、拔萝卜、荡秋千、玩沙子、滚铁环、拔河、在野地里撒欢等,这些活动是孩子们在城市中不可能见到的。在农园一角设立了一个大食堂,会员在劳动过程中,可以到食堂用餐。农园要求会员用餐后自己洗碗,洗碗用的不是洗涤灵,而是麦麸,更增添了农园天然质朴环保的色彩。

小马驹市民农园新鲜的有机农产品去掉了中间商,可以直接被会员们购买,在传统农产品的激烈竞争中,确保了稳定的市场和农民可靠的收入来源;同时,由于降低了农产品物流和包装成本,会员们能够亲历有机农产品的生产过程,也满足了会员们能够放心地享用物美价廉有机农产品的消费需求。

资料来源:2018年注册会计师考试《公司战略与风险管理》真题。

> 案例分析题

1. 依据红海战略和蓝海战略的关键性差异,简要分析小马驹农园怎样体现蓝海战略的特征。
2. 依据蓝海战略重建市场边界的基本法则,简要分析小马驹农园如何在激烈的农产品生产领域,开创新的生存与发展空间。

◆ 本章思考题

1. 蓝海战略的本质特征是什么?
2. 蓝海战略与传统的市场开发战略之间有何联系和区别?

第七章 职能战略

导入案例

洋河的蓝色情怀

"世界上最宽广的是海,比海更高远的是天,比天更博大的是男人的情怀……"洋河的广告词,广大消费者早已耳熟能详。洋河股份搭建立体化营销媒介,除电视、广播、报纸、户外高架等传统营销媒介外,还启用新媒体营销,引来微博红人、知名大V参与互动。走进洋河"白酒银行",橱窗内存储不少文化名人、社会名流、国外友人的定制酒,而为一般消费者生日、结婚、上大学等定制的产品同样应有尽有。"自2014年以来,高端化、个性化的产品为每个消费者提供极致化的体验服务,一推出,立即受到社会各界追捧。"洋河股份定制中心负责人说。洋河突破行业普遍应用的香型分类,在老品种基础上创造"绵柔型白酒"新品类,一经推出即收获如潮好评。作为白酒的特有类型,"绵柔型"在2008年被写入国家标准,洋河自此成为中国绵柔型白酒领袖品牌,开创"酱香茅台、绵柔洋河"的白酒新格局。2009年洋河在深圳交易所上市。2014年,洋河凭借卓越的绵柔品质与庞大的消费群体在高端白酒中一骑绝尘,加上原有的贵州茅台和五粮液,白酒行业第一阵营"茅五洋"逐渐形成。

资料来源:洋河股份有限公司官网,www.chinayanghe.com/article/73461.html。

案例思考题

洋河的营销战略有何特点?

第一节 营销战略

营销战略有助于企业通过为产品目标进行定位来创建波特的基本竞争战略,即成本领先战略、差异化战略和集中化战略,并且有助于实施安索夫矩阵中定义的产品/市场战略。换言之,营销战略与竞争战略以及企业发展战略类型的选择具有密切的联系,是实现企业总体战略和业务单位战略意图的重要支撑。

其中,市场细分和产品定位是营销中对战略管理最为重要的因素。

一、市场细分与目标市场选择

（一）市场细分

所谓市场细分，是指企业通过市场调研，依据消费者在消费需求的某些特征或变量上的明显差异，把某一产品的市场整体划分为若干消费者群体的市场分类过程。市场细分是战略实施中的一个重要变量，这至少基于以下三个主要原因：

首先，诸如市场开发、产品开发、市场渗透和差异化等战略都需要通过新的市场和产品来不断增加销量。要想成功地实施这些战略，就需要新的或改进的市场细分方法。

其次，市场细分使企业能够利用有限的资源进行经营，无须大量生产、大量经销和大量的广告。市场细分使小型企业在与大型企业的竞争中通过单位利润最大化和单位细分市场销量最大化而获得成功。

最后，市场细分决策会直接影响营销组合变量：产品、价格、地点和促销。评估潜在的细分市场需要战略者确定客户的特点和需求，分析客户的相似性和差异，并建立客户群组合。

在任何细分战略中，不仅需要识别市场，还需要市场做出反应，即要创造有效需求。这是指不仅要存在代表购买力的金钱（收入、资产和信誉），还要存在购买欲望。

在细分市场时，考虑如下因素很重要：

(1) 可衡量性。是否有充分的已公布数据使企业能够精确地识别相关细分市场。
(2) 可进入性。销售力量或促销媒体是如何有效进入细分市场的。
(3) 适应性。细分市场是否符合企业的目标和资源。
(4) 稳定性。细分市场是否在一定时间内保持稳定，这样可在未来对其进行预测。
(5) 足量性。细分市场的大小是否足以在财务上具有可行性和获利性。

如果一个细分市场未能满足上述若干条件，则很难制定并维持一个成功的市场细分战略。

（二）目标市场选择

目标市场选择是指企业通过市场细分确定细分市场，并为一个或多个细分市场制定出与之相适应的市场营销组合。目标市场选择战略可分为：

(1) 市场集中化，只选择一个细分市场，提供单一产品进行集中营销。这种战略适用于资源有限的小型企业。
(2) 选择性专业化，不同细分市场配有不同的营销组合。
(3) 产品专业化，企业专门生产一种特殊产品，并按照不同的细分市场对其加以调整使其适应不同的细分市场。例如，IBM 企业针对家庭和企业用户生产不同的计算机。
(4) 市场专业化，企业专门为一个特殊的细分市场服务，并为该细分市场提供一系列不同的产品。例如，哈雷·戴维森（Harley Davidson）的目标客户是年长的骑车一族，为其销售一系列的摩托车、配件和摩托车服饰等。
(5) 市场全面化，企业要为整个市场服务。市场全面化可以通过大市场战略或多重细分市场战略来实现。大市场战略是指对整个市场采用单一的营销组合；而多重细分市场战略是指有充分的、独立的营销组合用于整个市场。比如，当超市提供包括食品、清洁产品、服饰和灯泡等在内的经济系列、标准系列和特级系列的自主品牌产品时，其采用的战略就是多重细分市场战略。

二、产品定位

进行市场细分后,企业就可以选择特定客户群作为目标。接下来,就是找出这些客户有哪些需要,也就是如何定位企业的产品。

进行产品定位需要进行分析和调查。人们常犯的一个主要错误是假定企业已经知道客户的需求。众多研究表明,客户认同的服务及这些不同服务的重要性常常与生产商认为应提供的服务之间存在巨大差异,不少企业都通过填补客户与厂商在优质服务认同上的差异而取得了成功。最重要的是客户认为哪些服务是优质服务,而不是厂商认为应该提供什么样的服务。

在识别客户需求时,市场调研是重要的工具之一。市场调研是指系统性地收集、记录和分析与产品和服务的营销问题有关的信息。市场调研能够揭示出关键的优势和劣势,并且市场调研者会采用多种标准、程序、概念和技术来收集信息。

识别出企业产品的目标客户为如何满足特定客户群的需求打下了基础。要想在业内取得成功,对产品定位就需要清楚认识到,与竞争者的产品或服务相比,自身产品或服务是最重要的方面。将产品定位用作战略实施工具的经验法则如下:

第一,最佳的战略机会可能就是尚未开发的细分市场。

第二,不要定位在若干细分市场之间。一旦无法满足其中一个细分市场,定位在若干细分市场之间所取得的优势就会被抵消殆尽。

第三,不要对两个细分市场采用同一战略。通常情况下,适用于一个细分市场的战略并不能被直接应用于另一个细分市场。

第四,不要将自己定位在战略定位图的中间区域。中间区域通常意味着战略定义不清晰、不具有明显的特征,也很可能意味着会受到竞争对手的包围。

三、营销组合

营销组合是企业为了在目标市场实现其所希望的效果而确定的一组可控营销变量。营销组合有四个基本要素:产品、促销、分销和价格,它们是企业为满足客户需求和取得一定利润所必须管理的基本要素。

营销组合在本质上是制定定位战略的具体战术性营销策略的组合。企业应确保上述所有要素都与相应定位保持一致。例如,要实现高端定位,企业应该生产高品质产品、确定较高的价格、由高端经销商经销产品并在高品质杂志上打广告。当企业确定了产品营销中采用的产品定位和"独特的销售主张"之后,企业可以设定一些经营目标并选择要实施的战略。

(一)产品策略

产品策略包括产品组合策略、品牌与商标策略和产品开发策略。

产品在营销组合中具有两个作用。首先,产品起到了满足客户需求的作用。其次,产品差异化也是企业竞争性战略的重要组成部分。核心产品由产品的主要特征构成;引申产品是附加特征,能够使产品差异化。最重要的是客户如何看待产品。客户会更看中某些要素,以下任意一种要素都能使企业的产品从竞争者中脱颖而出:美感和样式、持久性、品牌形象、包装、服务等。

1. 产品组合策略

企业可选择的产品组合策略包括：

（1）扩大产品组合。包括拓展产品组合的宽度、长度和加强产品组合的深度。

（2）缩减产品组合。做法与扩大产品组合相反。从产品组合中剔除获利很少甚至亏损的产品，集中精力于盈利能力强的产品。

（3）产品延伸。具体做法有向下延伸、向上延伸和双向延伸三种。向下延伸是指向低端产品延伸；向上延伸是指向高端产品延伸；双向延伸是指企业立足于中档产品市场基础上，向低端和高端两个方向延伸。

2. 品牌与商标策略

产品的另一个方面是品牌。品牌具有三个基本特点，包括名称、标记、关联性和个性。企业可采用的品牌策略如下：

（1）单一的企业名称。企业对所有产品都使用同一商标，并采用某种实际的方式来描述个别产品。这种策略的优点是可以将一种产品具备的特征传递给另一种产品，从而简化了新产品上市的过程，因为无须为新产品建立新的品牌认知度。

例如，美国的通用电子公司用企业名称的缩写 GE 制作成名称的标志，以此作为单一品牌，在全世界范围内获得极大的成功。

（2）每个产品都有不同的品牌名称。如果企业生产的产品在市场中的定位显然不同，或者市场被高度细分，则企业通常对每个产品都采用不同的品牌名称。

例如，美国庄臣公司在我国销售其产品时，把其各类功能产品利用品牌区分开，比如，杀虫剂用的是"雷达"品牌，鞋油用的是"红鸟"品牌，而家具与皮革亮光剂用的是"碧丽珠"品牌，空气清洗喷雾剂用的是"佳丽"品牌，等等。

（3）自有品牌。许多零售商销售自有品牌的杂货、服饰和五金器具，以使客户建立对该零售商而不是产品生产商的忠诚度。

例如，随着家乐福等大型超市大举进入中国，自有品牌也在中国的超市中形成一股浪潮。这些超市对其自有品牌的定价拥有绝对的决定权，所以，可以根据需要灵活地调整，或者采取高位定价策略以获取更多的利润，或者采取低位定价策略以吸引更多的人流，不会受到生产商的制约。同时，超市对自有品牌生产商的选择有很大的灵活性，因而具有更强的谈判力并同时拓宽利润的空间。

3. 产品开发策略

产品开发策略就是开发新的产品来维持和提高企业的市场占有率。开发新产品可以是开发全新产品，也可以是在老产品的基础上做改进，如增加新的功能，改进产品的结构，简化操作，甚至哪怕是改善外观造型和包装等，都可视为进行产品开发，都有可能收到意想不到的市场效果。产品开发策略包括以下几种类型：

（1）进攻式开发策略。进攻式开发策略又称为抢占市场策略或先发制人策略。企业抢先开发新产品并投放市场，使企业的某种产品在激烈的市场竞争中处于领先地位。这样的企业认为第一个上市的产品才是正宗的产品，具有强烈的占据市场"第一"的意识，具有较强的科技开发能力；雄厚的财力保障；开发出的新产品不易在短期内为竞争者模仿。决策者具有敢冒风险的精神的企业可采用这种开发策略。

（2）防御式开发策略。防御式开发策略又称为模仿式开发策略。它不是企业被动性防御,而是企业主动性防御,企业并不投资研制新产品,而是当市场出现成功的新产品后,立即进行仿制并适当改进,消除上市产品的最初缺陷而后来居上。具有高水平的技术情报专家,能迅速掌握其他企业研究动态、动向和成果;具有高效率研制新产品的能力,能不失时机地快速解决别人没解决的消费者关心问题的企业可采用这种开发策略。

（3）系列化开发策略。系列化开发策略又称为系列延伸策略。企业围绕产品上下左右前后进行全方位的延伸,开发出一系列类似的、但又各不相同的产品,形成不同类型、不同规格、不同档次的产品系列。如电冰箱的使用能够延伸出对电冰箱断电保护器、冰箱去臭剂、保鲜膜、冰糕盒的需求等。企业针对消费者在使用某一产品时所产生的新的需求,推出特定的系列配套新产品,可以加深企业产品组合的深度,为企业新产品开发提供广阔的天地。具有设计、开发系列产品资源,具有加深产品深度组合能力的企业可采用这种开发策略。

（4）差异化开发策略。差异化开发策略又称为产品创新策略。市场竞争的结果使得产品同质化现象非常严重,企业要想使产品在市场上受到消费者的青睐,就必须创新出与众不同的、有自己特色的产品,满足不同消费者个性需求。这就要求企业必须进行市场调查,分析市场,追踪市场变化情况,调查市场上需要哪些产品,哪些产品企业使用现有的技术能够生产,哪些产品使用现有的技术不能生产。对这些技术,企业要结合自己拥有的资源条件进行自主开发创新,创新就意味着差异化。具有市场调查细分能力,具有创新产品技术、资源实力的企业可采用这种开发策略。

（5）超前式开发策略。超前式开发策略又称为潮流式开发策略。企业根据消费者受流行心理的影响,模仿电影、戏剧、体育、文艺等明星的流行生活特征,开发新产品。众所周知,一般商品的生命周期可以分为导入期、成长期、成熟期和衰退期等四个阶段。而消费流行周期和一般商品的生命周期极为相似并有密切的联系,包括风格型产品生命周期、时尚型产品生命周期、热潮型产品生命周期等特殊类型。在消费者日益追求享受、张扬个性的消费经济时代,了解消费流行的周期性特点有利于企业超前开发流行新产品,取得超额利润。具有预测消费潮流与趋向能力,具有及时捕捉消费流行心理并能开发出流行产品能力的企业可采用这种开发策略。

（6）滞后式开发策略。滞后式开发策略也称为补缺式开发策略。消费需求具有不同的层次。一些大企业往往放弃盈利少、相对落后的产品,必然形成一定的市场空档。如国内洗涤用品市场几乎被几个"寡头企业"所瓜分,无论城乡,无论发达地区欠发达地区,均充斥着"寡头企业"的知名产品。似乎其他后来者已很难进入市场。实际情况却是,各地尤其是在中西部农村,一些实力偏弱的小企业的中低档次的洗涤用品仍销售得很好,它们在各大品牌产品的冲击下,仍能获得可观的市场份额。具有补缺市场需求能力,而技术、资金实力相对较弱的小企业可采用这种开发策略。

（二）促销策略

一个成功的商人必须与其客户建立有效的沟通方式。"独特销售主张"必须吸引目标客户的注意。如果客户不知道有这种产品在销售,他当然不会购买。实际上,促销是营销组合中营销部门最具控制权的一个要素。促销的作用包括:赢得潜在客户的注意;产生利益;激发客户的购买渴望;刺激客户的购买行为。促销可以广泛开展,可以着重于普通客户的需求,也可以利用专业媒体,以着重强调产品的差异性。企业将其产品或服务的特性传达给预期客户的方式被称为促销组合。

促销组合由四个要素构成：

（1）广告促销。其涉及在媒体中投放广告，以此让潜在客户对企业产品和服务产生良好印象。但应仔细考虑广告的地点、时间、频率和形式。

（2）营业推广。其特点是采用非媒体促销手段，比如为鼓励客户购买产品或服务而设计的刺激性手段。例如，试用品、折扣、礼品等方式都已被许多企业所采用。

（3）公关宣传。通常是指宣传企业形象，以便为企业及其产品建立良好的公众形象。

（4）人员推销。采用人员推销时，企业的销售代表直接与预期客户进行接触。与广告促销和公关宣传不同，与客户面对面地交谈是一种更积极的方式，因为销售代表能够完整地解释产品的细节，针对客户对其产品提出的问题进行解答，适当时还可以演示产品的用途。

促销组合反映了使产品到达目标客户的各种方式。一般管理层所要确定的是，在什么时间对什么产品采用什么样的促销技术。这一问题有多个解决方案，取决于产品的类型、目标客户、可用的沟通渠道等。

（三）分销策略

分销策略就是确定产品到达客户手上的最佳方式。分销策略要克服地点、时间、数量和所有权上的差异，其与如何分销产品以及如何确定实体店的位置相关。

该决策取决于若干变量：

（1）企业产品类型的现有分销渠道。

（2）为企业产品建立自己的网络所需的费用。

（3）存货的成本，以及该成本随着分销策略的不同如何变化。

（4）企业产品类型所处的监管环境。

分销策略应当与价格、产品和促销相关。可获取产品的地点对于客户对产品的质量感知和状况感知非常重要。分销渠道必须使产品的形象与客户的产品感知相符合。

分销功能通过分销渠道来体现。分销渠道包括产品或服务的移动和交换过程中所涉及的所有机构或人员，如零售商、批发商、分销商和经销商、代理商、特许经营和直销。

分销渠道有两种类型：直接分销和间接分销。直接分销是指产品无须具体的中间商而直接从生产商到消费者；间接分销是指利用了中间商（批发商、零售商或可能两者）的分销系统。选择采用中间商，生产商能够扩大核心业务而不用在分销渠道上投入大量的资金，从而获取较高的投资回报率。此外，如果企业是一家大型生产商并且在全球范围内销售，则其不太可能拥有所有的销售点。

此外，企业可以采用独家分销，即在每个地域市场仅使用一家零售商；选择分销是使用一家以上的零售商，但并不是所有的分销商都愿意经销企业的产品；密集分销，是通过许多商店销售产品。

在评价和评估企业的分销结构时，经济学家会使用以下概念，比如渗透程度（实际销售企业产品的商店数量占指定地区销售同类产品的商店总数的百分比）和"加权"分销或真实分销（销售企业产品的这些商店在总体市场中所占的份额）。

（四）价格策略

定价是营销工具中最有力的策略，价格策略与产品的销售价格有关。定价目标可能如下：

（1）通过利用需求、弹性和成本信息使利润最大化——经济学理论中的目标。

(2)实现期望的投资回报率(如 ROI 或 ROCE 指标)。这一目标会导致采用成本导向定价法。

(3)实现目标市场份额(比如,采用渗透定价法)。

(4)当市场对价格非常敏感时,其目标是增强竞争力而不是领导市场。

营销组合的价格要素能够带来收益。由于要考虑成本和市场因素,因而厂商并不能完全自由地定价,但他们可以在不同情况下采用不同的定价策略,如质优价高的定价、跟随市场领导者或市场的定价策略、产品差别定价法以及产品上市定价法。

1. 产品差别定价法

差别定价是指对市场不同部分中的类似产品确定不同的价格。其经济学原理是:如果对所有产品确定相同的价格,那么其价格会低于购买力最强的客户细分市场(缺乏价格弹性的需求)愿意支付的价格,从而损失收益;但是其价格又会高于购买力稍弱的客户细分市场(富有价格弹性的需求)愿意支付的价格,从而损失销量。对前者定高价、对后者定低价能够使企业的收益最大化。要实现成功的差别定价,不同市场必须具有不同的弹性,并且实施差别定价的市场间的"渗漏"必须很小,这样才能保持市场的相对独立性。

差别定价的不同方法如下:

(1)细分市场。比如,乘坐交通工具时,学生和老年人群享受打折优惠。

(2)地点或位置。剧院的座位通常根据其位置出售,这样人们观看同样的演出时便根据其所在的座位类型支付不同的票价。

(3)产品的版本。移动电话具有"附加"附件,其能使一个品牌吸引多样化的客户。最终价格无须直接反映"附加"附件的成本价格;通常这一系列产品中高端产品的价格远远高于"附加"附件的成本。

(4)时间。酒店和机票的价格因季节而异。这种定价方法是通过考虑所供应的商品或服务的平均成本之外的其他变量来定价,从而提高销售额。又或者是有的产品可根据季节不同给予季节折扣,如冬天买电扇,夏天买电暖气,都可以折扣出售,这样可减少积压,加速资金周转。

(5)动态定价。产品的价格随着与正常需求形态相比的现有需求程度而变化。廉价航空企业会对未来飞行确定一个较低的初始价格,并通过先进的计算机程序跟踪累计销量;如果订票踊跃,销量上升较快,则航空企业会提高其价格。

2. 产品上市定价法

产品上市有两个常见的价格策略:渗透定价法和撇脂定价法。

(1)渗透定价法是指在新产品投放市场时确定一个非常低的价格,以便抢占销售渠道和消费者群体,从而使竞争者较难进入市场。因而,这是一种通过牺牲短期利润来换取长期利润的策略。企业缩短产品生命周期的最初阶段,以便尽快进入成长期和成熟期。

(2)撇脂定价法是指在新产品上市之初确定较高的价格,并随着生产能力的提高逐渐降低价格。这一方法旨在产品生命周期的极早阶段获取较高的单位利润。

新产品首次上市时,企业为了赢得客户在广告和促销上投入了大量成本。随着产品进入生命周期中的后期阶段,企业会逐渐为产品制定较低价格。这样,在渐进阶段,盈利性的"奶油"被"撇"掉,直到仅能以较低的价格维持销量为止。例如,新发布的电脑产品在上市初期定价相对较高,随后价格会逐渐下降。又例如,20 世纪 80 年代初,体育玩具"塑料飞盘"和智力玩具"魔方"曾风行一时,这些产品成本很低,生产技术简单,有的厂商便采用了这种定价策略,初期卖的价钱很贵,待到一阵风过后,厂商已获取厚利,才调低其售价。或者,竞争者进入市场才迫使其降低价格。

四、营销战略的计划与控制

营销计划是实施企业战略的一种方式,需要制订具体的实施计划并且需要控制。营销计划在形式上与企业战略计划类似,但在内容上却属于一个特殊的范畴。企业战略计划旨在引导企业的整体发展,营销计划从属于企业计划,但也探讨了许多相同的问题并给出了一些解决方案。营销计划与产品和市场尤为相关。

例如,企业为战略计划制定的目标可能是企业整体的利润增长20%,而营销计划中的目标可能是使产品A的销量增长20%。在企业战略计划中,外部环境评估包括对政治、经济、技术和社会文化因素的评估,但是营销计划中的外部评估仅仅评估影响客户、产品和市场的环境因素。

营销计划通常包括市场分析、目标设定、战略制定、战略实施、评估和控制等要素,制订营销计划的范本如表7.1所示。

表7.1 营销计划的范本

步骤	内容
执行概要	执行概要是一份最终性的计划文件,其概述了计划的主要目标和建议
情景分析	情景分析以SWOT分析的方式概述了企业的优势、劣势、机会和威胁
目标	企业追求的目标以及要实现的需求;目标可以表现为利润、回报率或市场份额;其基本理论与企业的整体发展方向一致
营销战略	营销战略考虑选择目标市场、营销组合和营销费用水平
战略营销计划	• 定义产品范围和市场行为 • 旨在使企业活动与其特有的竞争力相匹配 • 该计划涵盖的期间通常为3~5年
战术营销计划	• 通常以现有产品和市场为基础 • 探讨营销组合问题 • 时间范围通常为1年
行动计划	此部分阐述了如何实现战略,包括: • 市场细分 • 产品定位 • 营销组合战略,包括:产品、价格、分销(销售渠道)、促销(广告等)
预算	预计营销计划要产生的费用
控制	建立控制,以监控计划的进展和预算

在实施了营销战略之后,有必要进行控制和绩效测评来支持目标的实现。可将营销控制流程拆分为制定目标和战略、制定标准、绩效评估、纠正行动4个阶段。典型的可量化的

绩效指标可能是市场份额,运营目标也可能与营销绩效有关,比如通过拥有合适的产品,通过将实际情况与预算情况相比较来评估绩效。

第二节　财务战略

一、财务战略与财务管理

财务战略主要是涉及财务性质的战略,属于财务管理的范畴。财务战略主要考虑资金的使用和管理的战略问题,并以此与其他性质的战略相区别。财务战略主要考虑财务领域全局的、长期的发展方向问题,并以此与传统的财务管理相区别。

财务战略概念的出现,使得企业战略分为财务战略和非财务战略两类,并把非财务战略称为经营战略。如果说经营战略主要强调与外部环境和企业自身能力相适应,那么财务战略则主要强调必须适合企业所处的发展阶段并符合利益相关者的期望。

财务管理为企业战略提供资金支持,是为提高经营活动的价值而进行的管理。财务管理的方式是决定企业战略能否成功的关键。有效的财务管理不一定能使经营灾难转变为企业的成功,失败的财务管理却足以使成功的经营战略一无所获,甚至使优秀的企业毁于一旦。财务管理对于企业的长期生存和健康发展具有重要意义。

财务管理应支持企业的总体战略,但并不意味着没有自己的战略。重要的财务决策总是由企业最高层做出的,甚至要经过董事会决议。大多数企业以财务目标作为整个企业的主要目标,两者目标的直接一致使得财务管理不同于其他职能管理。重要的财务决策总会涉及企业的全局,带有战略的性质。

财务管理可以分为资金筹集和资金管理两大部分,相应地,财务战略也可以分为筹资战略和资金管理战略。狭义的财务战略仅指筹资战略,包括资本结构决策、筹资来源决策和股利分配决策等。资金管理涉及的实物资产的购置和使用,是由经营战略而非财务职能指导的。资金管理只是通过建议、评价、计划和控制等手段,促进经营活动创造更多的价值。资金管理的战略主要考虑如何建立和维持有利于创造价值的资金管理体系。股东价值是由企业长期的现金创造能力决定的,而现金创造能力又是由企业对各种因素(包括资金因素)进行管理的方式决定的。

二、基于发展阶段的财务战略选择

(一)企业发展各阶段及财务战略

产品的生命周期理论假设产品都要经过引入阶段、成长阶段、成熟阶段和衰退阶段。这些阶段的划分,以产品销售额增长曲线的拐点为标志。在引入期,由于买主的迟疑,销售额增长平缓;一旦产品被证明是成功的,购买者会大量涌现,开始进入成长期,此时销售额能快速增长;当购买力与市场供给基本平衡后,增长放慢,产品进入成熟期;当新的替代品出现以后,产品逐步衰退,直至完全退出市场。

企业在不同发展阶段的特征如表 7.2 所示。

表 7.2　企业发展各阶段的特征

企业的发展阶段	起步期	成长期	成熟期	衰退期
经营风险	非常高	高	中等	低
财务风险	非常低	低	中等	高
资本结构	权益融资	主要是权益融资	权益+债务融资	权益+债务融资
资金来源	风险资本	权益投资增加	保留盈余+债务	债务
股利	不分配	分配率很低	分配率高	全部分配
价格/盈余倍数	非常高	高	中	低
股价	迅速增长	增长并波动	稳定	下降并波动

1. 起步阶段的财务战略

企业生命周期的初始阶段是经营风险最高的阶段。新产品是否有销路、是否被目标客户接受？如果受到发展和成本的制约，市场能否扩大到足够的规模？如果所有这些方面都没有问题，企业能否获得足够的市场份额来建立其在行业中的地位？以上这些都具有很大的不确定性。

在起步期，企业的融资来源一般是低风险的权益资本，风险投资者的投资往往会成为企业权益资本的重要补充。风险投资者因为承担巨大的风险，所以会要求较高的回报，并期望能够在企业发展到一定阶段后顺利收回投资。这一阶段企业的资金需求很大，经营现金流往往是负的，内部积累一般满足不了企业投资需求，所以股利政策基本偏向于低股利甚至是零股利政策。

2. 成长阶段的财务战略

在企业生命周期的成长期，一旦产品或服务能够成功地进入市场，销售数量就会快速增长，企业的经营风险也会明显降低。这一阶段企业竞争策略的重点会放在营销活动上面，以确保不断扩大销售量和增加市场份额。由于市场处于不断的发展变化中，企业的经营风险尽管比初始阶段低了，但总体上仍然处于较高水平。因此，要想控制企业整体风险，就必须继续采用权益筹资作为主要融资手段，但也可以进行适当的负债融资。由于这一阶段企业的信用评估等级有所提升，负债融资成本会逐步下降到企业可接受水平。

在此阶段，企业开始产生经营现金净流入，可以考虑适当进行股利分配以吸引新的投资者，但股利分配率一般处于较低水平。

3. 成熟阶段的财务战略

在成熟期，企业战略会出现重大调整，由以前的关注增长和市场份额转移到关注盈利能力和获取利润上来。由于产能出现过剩，激烈的价格竞争会制约企业赚取利润的能力，成长期较高的行业平均利润率会逐步降低到正常水平。

在成熟期，由于各种影响企业盈利的因素都开始明朗化了，企业的经营风险进一步降低，能够产生大量的经营现金流，同时企业的再投资机会变少，资金需求降低。此时，企业开始大量利用负债进行筹资，以利用财务杠杆效应，进行合理避税，因而资产负债率变高。由于再投资机会减少，企业很难找到能够满足股东原先要求的预期报酬率的投资项目，所以企业会提高股利支付率,把富余的资金分配给股东,以实现股东财富的最大化。此时,企业股票价格也会趋于平稳。

4. 衰退阶段的财务战略

成熟阶段产生的巨额正的现金流不能永远持续,产品的需求将最终逐步消失。在企业生命周期的衰退期,销售业绩持续下滑,高额的固定成本使得企业常常处于亏损的境地。尽管这样,企业经营风险还是比先前的成熟阶段更低了,因为绝大多数影响经营绩效的因素都完全明朗化了。唯一重要的不确定因素是衰退期过后是否还有行业重新复苏的机会,这是需要企业加以明确的问题。

在这一阶段,已经难以吸引投资者追加权益投资,所以企业的资金来源渠道主要是负债。在衰退期,经营现金净流量持续减少,除了还债需求外,企业所产生的利润基本上都会通过股利的形式分配给股东。

(二) 财务风险与经营风险的搭配

经营风险的大小是由特定的经营战略决定的,财务风险的大小是由资本结构决定的,它们共同决定了企业的总风险。经营风险与财务风险的结合方式,从逻辑上可以划分为四种类型(图7.1)。

图 7.1 经营风险与财务风险的搭配

1. 高经营风险与高财务风险搭配

这种搭配具有很高的总体风险。例如,一个初创期的高科技企业,假设能够通过借款取得大部分资金,它破产的概率很大,而成功的可能很小。

这种搭配符合风险投资者的要求,他们只需要投入很少的权益资本,就可以开始冒险活动。如果侥幸成功,投资人可以获得极高的收益;如果失败了,他们只损失很小的权益资本。由于风险投资者已经考虑了失败的概率,通过一系列风险投资的组合分散了自己的风险,他们可以承受大部分投资项目失败的后果。

这种搭配不符合债权人的要求。这是因为债权人投入了绝大部分的资金,让企业去从事风险巨大的投资。如果侥幸成功,他们只得到以利息为基础的有限回报,大部分收益归于权益投资人;如果失败,他们将无法收回本金。

因此,事实上这种搭配会因找不到债权人而无法实现。

2. 高经营风险与低财务风险搭配

这种搭配具有中等程度的总体风险。例如，一个初创期的高科技企业，主要使用权益筹资，较少使用或不使用负债筹资。

这种资本结构对于权益投资人有较高的风险，也会有较高的预期报酬，符合他们的要求。权益资本主要由专门从事高风险投资的专业投资机构提供。他们运用投资组合在总体上获得很高的回报，不计较个别项目的完全失败。这种资本结构对于债权人来说风险很小。只要不超过清算资产价值的债务，债权人通常是可以接受的。因此，高经营风险与低财务风险搭配是一种可以同时符合股东和债权人期望的现实搭配。

值得注意的是，权益筹资对于投资人来说风险大，而对于企业来说风险小。企业没有必须偿还权益投资的法定义务，可以给股东分红也可以不分红，有很大弹性。分红多少可以视企业现金流量的情况而定，是一种酌量成本。债务筹资对于债权人来说风险小，而对于企业来说风险大。企业必须按合同约定偿还债务本金，没有弹性。企业必须按期支付固定的利息，不能根据经营好坏而改变，是一种固定成本。因此，经营风险高的企业，现金流量不稳定，企业经理人员愿意使用权益资本，因为权益筹资具有偿还弹性，股利支付可以根据经营状况酌情改变。

3. 低经营风险与高财务风险搭配

这种搭配具有中等的总体风险。例如，一个成熟的公用企业，大量使用借款筹资。这种资本结构对于权益投资人来说经营风险低，投资资本回报率也低。如果不提高财务风险（充分利用财务杠杆），股东权益报酬率也会较低。权益投资人希望"利用别人的钱来赚钱"，愿意提高负债权益比例，因此可以接受这种风险搭配。

对于债权人来说，经营风险低的企业有稳定的经营现金流入，债权人可以为偿债提供保障，可以为其提供较多的贷款。

因此，低经营风险与高财务风险是一种可以同时符合股东和债权人期望的现实搭配。

4. 低经营风险与低财务风险搭配

这种搭配具有很低的总体风险。例如，一个成熟的公用企业，只借入很少的债务资本。对于债权人来说，这是一个理想的资本结构，可以放心为它提供贷款。企业有稳定的现金流，而且债务不多，偿还债务有较好的保障。

对于权益投资人来说则很难认同这种搭配，其投资资本报酬率和财务杠杆都较低，自然权益报酬率也不会高。更大的问题是，这种资本结构的企业是理想的收购目标，绝大部分成功的收购都以这种企业为对象。收购者购入企业之后，不必改变其经营战略（通常要付出成本并承担较大风险），只要改变财务战略（这一点很容易做到）就可以增加企业价值。只有不明智的管理者才会采用这种风险搭配。

因此，低经营风险与低财务风险搭配，不符合权益投资人的期望，是一种不现实的搭配。

综上所述，经营风险与财务风险反向搭配原则是制定资本结构的一项战略性原则。由于产品或企业的不同发展阶段有不同的经营风险，企业应采用不同的财务战略，适时地做出财务战略的调整。

三、基于创造价值或增长率的财务战略选择

创造价值是财务管理的目标，也是财务战略管理的目标。如果这个目标是不变的，那么

第七章 职能战略

财务战略的问题就只剩下战略路径问题,也就是如何实现这个目标的问题。

从战略上看,管理者为增加企业价值可以操纵的管理杠杆十分有限。这就如同驾驶飞机一样,虽然有很多仪表显示机器复杂的运转状态,但是驾驶员可以操纵的不外乎是方向、速度和高度等有限的变量,正是依靠对主要变量的控制使飞机安全抵达目的地。如果对主要变量的操作失误就会偏离目标,甚至机毁人亡。

(一)影响企业创造价值的因素

为了实现财务目标,必须找到影响创造价值的主要因素,以及它们与创造价值之间的内在联系。既然在利率不变的情况下,企业市场增加值最大化与股东财富最大化具有同等意义,那么管理人员就应努力增加企业的市场增加值。

影响企业市场增加值的主要因素分析过程如下:

假设企业也是一项资产,可以产生未来现金流量,其价值可以用永续固定增长率模型估计。

$$企业价值 = \frac{现金流量}{资本成本 - 成长率}$$

其中:

$$现金流量 = 息税前利润 \times (1-税率) + 折旧 - 营运资本增加额 - 资本支出$$
$$= 税后经营利润 - (营运资本增加额 + 资本支出 - 折旧)$$
$$= 税后经营利润 - 投资资本增加额$$

假设企业价值等于企业的市场价值,则

$$企业市场增加值 = 资产市场价值 - 投资资本$$
$$= \frac{税后经营利润 - 投资资本增加额}{资本成本 - 增长率} - 投资资本$$
$$= \frac{税后经营利润 - 投资资本增加额 - 投资成本 \times (资本成本 - 增长率)}{资本成本 - 增长率}$$
$$= \frac{\left(\dfrac{税后经营利润}{投资成本} - \dfrac{投资资本增加额}{投资成本} - 资本成本 + 增长率\right) \times 投资资本}{资本成本 - 增长率}$$

由于增长率是固定的,则

$$\frac{投资资本增加额}{投资资本} = 增长率$$

$$\frac{税后经营利润}{投资资本} = 投资资本回报率$$

所以

$$市场增加值 = \frac{(投资资本回报率 - 资本成本) \times 投资资本}{资本成本 - 增长率}$$

这里的企业市场增加值与经济增加值(即经济利润)有联系。经济增加值是分年计量的,而市场增加值是预期各年经济增加值的现值。

$$经济增加值 = 税后经营利润 - 资本成本 \times 投资资本$$
$$= \left(\frac{税后营业利润}{投资资本} - 资本成本\right) \times 投资资本$$
$$= (投资资本回报率 - 资本成本) \times 投资资本$$

因此

$$\text{市场增加值} = \frac{\text{经济增加值}}{\text{资本成本} - \text{增长率}}$$

经济增加值与企业市场增加值之间有直接联系，为企业业绩考核奠定了最为合理的基础，可以使激励报酬计划与增加企业价值保持一致。

经济增加值与净现值有内在联系。投资的净现值、投资引起的经济增加值现值、投资引起的企业市场增加值三者是相等的。正因为如此，净现值法成为最合理的投资评价方法。

综上所述，影响企业创造价值的因素有三个：① 投资资本回报率。反映企业的盈利能力，由投资活动和运营活动决定。② 资本成本。通过加权平均资本成本来计量，反映权益投资人和债权人的期望值，由股东和债权人的期望以及资本结构决定。③ 增长率。增长率一般使用销售收入增长率来衡量，数据来源于预期的企业长期销售增长率，它由外部环境和企业的竞争能力共同决定。

值得注意的是，这三个因素对企业增加值的影响是不同的。投资资本的回报率是公式的分子，提高盈利能力有助于增加市场增加值；资本成本同时出现在公式的分子（减项）和分母（加项）中，资本成本增加会减少市场增加值；增长率是分母的减项，提高增长率对市场增加值的影响，要看分子是正值还是负值。当公式分子的"投资资本回报率－资本成本"为正值时，提高增长率使市场增加值变大；当"投资资本回报率－资本成本"为负值时，提高增长率使市场增加值变小（即市场价值减损更多）。

因此，高增长率的企业也可能损害股东价值，低增长率的企业也可以创造价值，关键在于投资资本回报率是否超过资本成本。增长率的高低只影响创造（或减损）价值的多少，而不能决定创造价值还是减损价值的性质。

增长率的高低虽然不能决定企业是否创造价值，但却可以决定企业是否需要筹资，是制定财务战略的重要依据。

（二）销售增长率、筹资需求与价值创造

在资产的周转率、销售净利率、资本结构、股利支付率不变并且不增发和回购股份的情况下：

销售增长率超过可持续增长率时企业会出现现金短缺。我们将这种增长状态定义为高速增长。这里的"现金短缺"是指在当期的经营效率和财务政策下产生的现金不足以支持销售增长，需通过提高经营效率、改变财务政策或增发股份来平衡现金流动。

销售增长率低于可持续增长率时企业会出现现金剩余。我们将这种增长状态定义为缓慢增长。这里的"现金剩余"是指在当前的经营效率和财务政策下产生的现金，超过了支持销售增长的需要，剩余的现金需要投资于可以创造价值的项目（包括扩大现有业务的规模或开发新的项目），或者还给股东。

销售增长率等于可持续增长率时企业的现金保持平衡。我们将这种增长状态定义为均衡增长。有序的"现金平衡"是指在当前的经营效率和财务政策下产生的现金，与销售增长的需要可以保持平衡。这是一种理论上的状态，现实中的平衡是不存在的。

从财务的战略目标考虑，必须区分两种现金短缺：一种是创造价值的现金短缺；另一种是减损价值的现金短缺。对于前者，应当设法筹资以支持高增长，创造更多的市场增加值；对于后者，应当提高可持续增长率以减少价值减损。同样道理，也有两种现金剩余：一种是创造价值的现金剩余，企业应当用这些现金提高股东价值增长率，创造更多的价值；另一种是减损价值的现金剩余,企业应当把钱还给股东,避免更多的价值减损。

综上所述,影响价值创造的因素主要有:① 投资资本回报率;② 资本成本;③ 增长率;④ 可持续增长率。它们是影响财务战略选择的主要因素,也是管理者为增加企业价值可以操纵的主要内容。

（三）价值创造和增长率矩阵

根据以上的分析,我们可以通过一个矩阵,把价值创造（投资资本回报率－资本成本）和现金余缺（销售增长率－可持续增长率）联系起来。该矩阵称为财务战略矩阵,可以作为评价和制定战略的分析工具(如图 7.2 所示)。

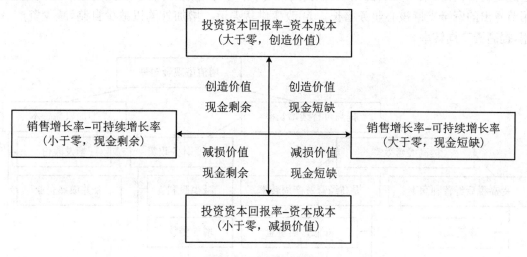

图 7.2 财务战略矩阵

财务战略矩阵假设一个企业有一个或多个业务单位。纵坐标是一个业务单位的投资资本回报率与其资本成本的差额。当差值为正数时,该业务单位为股东创造价值。当差值为负数时,该业务单位减损股东价值。横坐标是销售增长率与可持续增长率的差额。当增长率为正数时,企业现金短缺;当增长率差为负数时,企业有剩余现金。

据此建立的矩阵有四个象限:处于第一象限的业务,属于增值型现金短缺业务;处于第二象限的业务,属于增值型现金剩余业务;处于第三象限的业务,属于减损型现金剩余业务;处于第四象限的业务,属于减损型现金短缺业务。处于不同象限的业务单位(或企业)应当选择不同的财务战略。

1. 增值型现金短缺

处于第一象限的业务(或企业)可以为股东创造价值,但自身经营产生的现金不足以支持销售增长,会遇到现金短缺的问题。

首先,应判明这种高速增长是暂时性的还是长期性的。高速增长是供不应求的反映,会引来许多竞争者。高速增长通常是不可持续的,增长率迟早会下降。如果高速增长是暂时的,企业应通过借款来筹集所需资金,等到销售增长率下降后企业会有多余现金归还借款。如果预计这种情况会持续较长时间,不能用短期周转借款来解决,则企业必须采取战略性措施解决资金短缺问题。长期性高速增长的资金问题有两种解决途径:一是提高可持续增长率,使之向销售增长率靠拢;二是增加权益资本,提供增长所需的资金。有关增值型现金短缺的财务战略选择如图 7.3 所示。

(1) 提高可持续增长率的方法：

第一，提高经营效率。提高经营效率是应对现金短缺的首选战略。它不但可以增加现金流入，还可以减少增长所需的资金数额。但是，通常企业改善经营效率的努力从未停止过，绝大多数企业的经营业绩已经达到现有经营条件下的极限，一般的降低成本或加快资金周转的措施很难解决面临的问题。企业必须改变经营战略，寻求突破性的改善。具体包括：① 降低成本。进行作业分析，重构作业链，消除无增值作业，提高增值作业的效率。② 提高价格。改变价格形象，在维持利润的同时抑制销售增长，减少资金需求。③ 降低营运资金。通过重构价值链，减少资金占用。④ 剥离部分资产。将资产利润率较低的资产剥离出去，用节省出的资金支持核心业务增长。⑤ 改变供货渠道。增加外购以减少自制，减少资产占用，提高资产周转率。

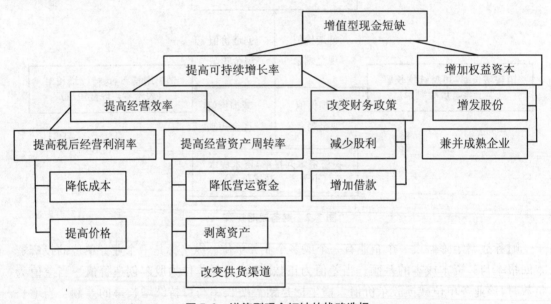

图 7.3 增值型现金短缺的战略选择

第二，改变财务政策。具体包括：① 停止支付股利；② 增加借款的比例。

(2) 如果可持续增长率的提高仍不能解决资金短缺问题，就需要设法增加权益资本。不能因为资金短缺就降低增长率，那将不利于创造价值。增加权益资本包括增发股份和兼并成熟企业两种。

第一，增发股份。在增发股份的同时按目标资本结构增加借款，以维持目标资本结构。增发股份的必要前提是所筹集的资金要有更高的回报率，否则不能增加股东的财富。增发股份的缺点是分散了控制权，而且会稀释每股收益。

第二，兼并成熟企业。兼并"现金牛"企业，即那些增长缓慢、有多余现金的企业。

2. 增值型现金剩余

处于第二象限的业务可以为股东创造价值，但是增长缓慢、自身经营产生的现金超过销售增长的需要时会出现现金剩余。因此，关键的问题是能否利用剩余的现金迅速增长，使增长率接近可持续增长率。有关战略的选择如图 7.4 所示。

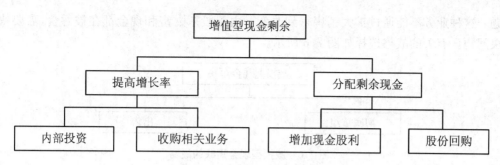

图7.4 增值型现金剩余的战略

（1）由于企业可以创造价值，加速增长可以增加股东财富，因此首选的战略是利用剩余的现金加速增长。加速增长的途径包括：① 内部投资。扩大产销规模，增加生产线，增加分销渠道等。② 收购相关业务。收购与该项业务相关的业务，迅速扩大规模。不过，经过几次并购浪潮的盲目乐观之后，逐渐积累的证据表明，通过并购实现的增长并没有给股东带来多少好处。并购所支付的大笔溢价，使买主得到的只是中等或较差的投资回报。

（2）如果加速增长后仍有剩余现金，找不到进一步投资的机会，则应把多余的钱还给股东。分配剩余现金的途径包括：① 增加股利支付，陆续把现金还给股东。② 回购股份，快速把现金还给股东。

3．减损型现金剩余

减损型现金剩余表明资源未得到充分利用，存在被收购的风险。减损型现金剩余的主要问题是盈利能力差，而不是增长率低，简单的加速增长很可能有害无益。首先应分析盈利能力差的原因，寻找提高投资资本回报率或降低资本成本的途径，使投资资本回报率超过资本成本。财务战略选择如图7.5所示。

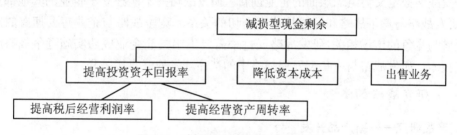

图7.5 减损型现金剩余的战略选择

（1）首选的战略是提高投资资本回报率。应仔细分析经营业绩，寻找提高投资资本回报率的途径。这是一个艰巨的过程，经常要增加开发费用（技术创新），进行矛盾重重的组织结构变动（管理创新）等。提高投资资本回报率的途径有：① 提高税后经营利润率，包括扩大规模、提高价格、控制成本等。② 提高经营资产周转率，降低应收账款和存货等资金占用。

（2）在提高投资资本回报率的同时，审查目前的资本结构政策，如果负债比率不当，可以适度调整，以降低平均资本成本。

（3）如果企业不能提高投资资本回报率或者降低资本成本，无法扭转价值减损的状态，就应当把企业出售。

4．减损型现金短缺

处于第四象限的业务单位（或企业）会减损股东财富，并且由于增长较快遇到现金短缺问题。这种业务不能通过扩大销售得到改变。由于股东财富和现金都在被吞食,需要快速解决问题。有关的战略选择如图7.6所示。

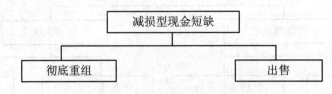

图7.6 减损型现金短缺的战略

(1) 彻底重组。如果盈利能力低是本企业的独有问题,应在仔细分析经营业绩,寻找价值减损和不能充分增长的内部原因后,对业务进行彻底重组。这样做的风险是,如果重组失败,股东将蒙受更大损失。

(2) 出售。如果盈利能力低是整个行业的衰退引起的,企业无法对抗衰退市场的自然结局,应尽快出售以减少损失。即使是企业独有的问题,由于缺乏核心竞争力,无法扭转价值减损的局面,也需要选择出售。在一个衰退行业中挽救一个没有竞争力的业务,成功的概率不大,往往会成为资金的陷阱。

第三节 其他职能战略

一、研发战略

研发战略被定义为组织层面的企业创新。研发战略并不能独立于企业的其他部分单独进行,研发战略与竞争战略和发展战略有密切的关系。竞争战略与企业想要拥有的产品以及想要参与竞争的市场相关,研发战略反过来需要集中关注企业成功实施竞争战略所需的产品和技术。研发战略与密集型发展战略中的产品开发战略直接关联。

(一) 研发战略的类型

1. 产品研究——新产品开发

新产品开发是竞争优势的主要来源,是实施差异化战略的企业战略保障体系中的关键环节。

2. 流程研究

流程研究关注于生产产品或提供服务的流程,旨在建立有效的流程来节约资金和时间,从而提高生产率。

(二) 不同战略理论中对研发战略作用的阐述

1. 波特的竞争战略理论

产品创新是产品差异化的重要来源,流程创新使企业能够更好地采用相应的竞争战略。

2. 波特的价值链理论

研发活动属于价值链的支持性活动,通过提供低成本或差异化的产品可以提升价值链的价值创造能力。

3. 安索夫矩阵

市场渗透、市场开发、产品开发和多元化都可以从研发活动中获得支持。

4. 产品的生命周期理论

产品研发会加快产品的推陈出新,提高现有产品的衰退速度,企业需要持续的研发活动为企业持续发展提供替代产品。

(三) 研发定位

企业研发战略主要存在以下三种定位:

1. 成为向市场推出新技术产品的企业

这是一种典型的高收益、高风险的战略,适用于实力雄厚、研发能力突出,以领导者角色作为发展目标的企业。

2. 成为成功产品的创新模仿者

这种定位的启动风险和成本最小,但也要求企业拥有研发所必需的优秀的研发人员。作为新产品的跟随者,对企业的营销能力也具有较高的要求。

3. 成为成功产品的低成本生产者

这种定位对企业生产能力的投资要求较高,跟前两种定位相比仅需要较低的研发投入。

二、生产运营战略

生产运营战略是企业根据目标市场和产品特点构造其生产运营系统时所遵循的指导思想,以及在这种指导思想下的一系列决策规则、内容和程序。生产运营战略与企业内部流程的设计、实施和控制相关。

(一) 运营流程的四个因素

1. 批量

大规模生产可以实现专业化分工,可以有效降低生产成本。小规模生产无法实现专业化分工,导致生产成本较高。

2. 种类

多品种要求足够的灵活性,成本较高。少品种可以更好地实现标准化的生产,成本较低。

3. 需求变动

需求波动容易导致产能利用率低,从而成本高。需求稳定能够使得产能利用率较高,从而降低生产成本。

4. 流程可见性

指生产运营流程为客户所见的程度。服务型行业流程可见性高,对员工技巧要求高,进而单位成本可能比较高。生产型行业流程可见性较低,对员工技巧要求低,进而单位成本可能比较低。

（二）产能计划：平衡生产能力与市场需求

1. 产能计划的类型

（1）领先策略，也叫进攻型策略，是指企业根据对需求增长的预期增加产能。

（2）滞后策略，也叫保守型策略，仅当企业因需求增长而满负荷生产或超额生产后才增加产能。

（3）匹配策略，也叫稳健性策略，是指少量地增加产能来应对市场需求的变化。

2. 平衡产能与需求的方法

（1）资源订单式生产，也就是先有订单再有资源再到生产。例如，建筑企业可能会先收到承建新的道路桥梁的大订单，该建筑企业将仅在签订了合同之后才开始采购必需的资源。

（2）订单生产式生产，也就是先有资源再有订单再到生产。例如，企业会配备适当的劳动力和设备，但企业会在实际收到订单之后才开始生产产品或提供服务。

（3）库存生产式生产，也就是先有资源再有生产再有订单。这是一种传统的平衡产能与需求的方法，这种情况在制造型企业非常常见。

三、采购战略

采购是指企业取得生产经营所需各项投入要素的过程。

（一）货源策略

1. 单一货源策略

（1）优点：① 采购方能与供应商建立较为稳固的关系。② 便于信息的保密。③ 能产生规模经济。④ 随着与供应商关系的加深，采购方可能获得高质量的货源。

（2）缺点：① 若无其他供应商，则该供应商的议价能力就会增强。② 采购方容易受到供应中断的影响。③ 供应商容易受到订单量变动的影响。

例如，在一家百货公司，其所有塑料袋都采购自同一家塑料袋生产企业。随着纸袋使用量的增加，社会对塑料袋的需求大幅下降，因此行业内仅有为数不多的几家供应商。由于业内仅有几家供应商，因此这种单一采购的策略可能是合适的。但是，现有的供应商将来能否继续供应的问题无法保证。因此，百货公司的管理层应考虑寻找其他候选供应商来应对这一风险。

2. 多货源策略

（1）优点：① 能够取得更多的知识和专门技术。② 一个供应商的供货中断产生的影响较低。③ 供应商之间的竞争有利于对供应商压价。

（2）缺点：① 难以设计出有效的质量保证计划。② 供应商的承诺较低。③ 疏忽了规模经济。

例如，一家面包店选择了多家供应商为其供应面粉就属于多货源策略。这样做可能会产生质量问题，而面粉的质量又会直接影响所产面包/派的口味和质量。虽然，面包店的这种做法能确保其主要产品有持续的面粉供应，但是其需要对供应商设定质量标准来维持面粉质量，即如果供应商不能满足这些标准就不能为其供应面粉。这些标准包括面粉的原产地要求等。

3. 指定供应商负责交付一个完整的子部件

例如,品牌电脑制造商将键盘或鼠标的生产授权给某个专门的供应商。

(1) 优点:① 允许采用外部专家和外部技术。② 可为内部员工安排其他任务。③ 采购方能够就规模经济进行谈判。

(2) 缺点:① 第一阶的供应商处于显要地位。② 竞争者能够使用相同的外部企业,因此企业在货源上不太可能取得竞争优势。

(二) 采购组合

企业的采购策略跟其采用的竞争战略密切相关。低成本战略的企业采购时会尽可能地寻求低成本的货源。以质量为基础的差异化战略可能更加强调采购要素的质量符合要求。

应注意的是,低成本并不是采购活动中唯一的考虑要素。更为准确的表达应当是:采用低成本基本战略的企业应寻求"最佳成本"。该最佳成本应尽可能地降低并与所采购的产品或服务的质量相一致。一方面,如果所采购的产品或服务在生产过程中损坏或者无法满足客户需求,那么即便价格低廉也毫无意义。而另一方面,过度地强调质量也会增加不必要的成本并抬高价格。

企业一般综合考虑以下四个方面来确定最佳的采购组合:

(1) 质量。原材料质量决定了产品质量,采购部门在确定质量要求时要向生产部门和营销部门确认对产品质量的基本要求。

(2) 数量。综合考虑保有库存的成本和库存不足导致的生产延误两方面,确定采购订单的数量。

(3) 价格。采购时应考虑采购价格的走势趋势,并综合考虑其他因素。

(4) 交货。考虑交货时间及可靠性,在完成生产计划的同时实现有效的库存控制。

四、人力资源战略

企业的经营和职能的有效性在很大程度上取决于其所雇佣的员工。所有管理者都希望自己部门的员工是出色的。要确保实现这一点,管理者需要认清有计划的系统性方法对招聘和选择员工的重要性。企业聘用的人员应具备适当的能力、性情和积极性,否则有关激励、授权以及承诺的理论都会变得毫无用处。

阿姆斯特朗对人力资源管理做了如下描述:它是取得、开发、管理和激发企业的关键资源的一种战略性和一贯性方法,企业借此实现可持续竞争优势的目标。

人力资源管理具有战略性质。任何战略的关键成功因素就是确保在适当的时间、适当的地点有可利用的适当的人力资源。例如,如果企业希望转行做出版业,企业在开始经营之前应确保拥有适当的、可用的相关经验和人员(编辑、校对、作者等),即在开始之前应确定员工的组成结构和员工招聘计划。

(一) 人力资源战略的主要内容

有效的人力资源策略应包括现实的计划和程序。该策略的目标应包括如下事项:

(1) 精确识别出企业为实现短期、中期和长期的战略目标所需要的人才类型。

(2) 通过培训、发展和教育来激发员工潜力。

(3) 应尽可能地提高任职早期表现出色的员工在员工总数中所占的比重。

(4) 招聘足够的、有潜力成为出色工作者的年轻新就业者。
(5) 确保采取一切可能的措施来防止竞争对手挖走企业的人才。
(6) 招聘足够的、具备一定经验和成就的人才,并使其迅速适应新的企业文化。
(7) 激励有才能的人员实现更高的绩效水平,并激发其对企业的忠诚度。
(8) 寻求方法来提高最有才能的人员的绩效和生产效率。
(9) 创造企业文化,使人才能在这种文化中得到培育并能够施展才华。这种文化应当能够将不同特点的人才整合在共享价值观的框架内,从而组建出一个金牌团队。

(二) 人力资源规划

人力资源规划是指企业为取得、利用、改善和维持企业的人力资源而采取的策略。人才规划为制定人力资源规划提供了良好的开端。

人才规划包括四个主要阶段:
(1) 分析现有的员工资源,包括优势、劣势、年龄跨度、经验和培训水平等。
(2) 估计资源可能发生的变化,包括资源流入企业、资源在企业内流动以及资源流出企业。
(3) 估计企业未来的人才需求,包括数量、类型、质量及技能构成等。
(4) 确定人才供需之间的缺口,并制定消除该缺口的政策和计划。

人力资源规划流程考虑了更广泛的环境因素(例如,雇员的结构类型、自动化的发展、定性技术的使用等),因而超出了简单的定量分析。该流程也与企业的整体发展有关,并且该流程应与企业目标和能够实现这些目标的组织结构相关。人力资源计划流程还关系到人员的发展,以使其具备满足未来业务需要的技能。该流程还通过利用适当的激励技术来提高企业内所有员工的绩效。

(三) 人力资源计划

人力资源计划旨在消除人才的预期供需之间的缺口。内部人才供应的预期包括人员的数量、技术/能力、经验、年龄/职业、激情以及预期的自然损耗;而人才需求的预期包括所需的新技能、所需的新工作态度、工作/职责的增长/缩减以及所需的新技术等。要消除人才供需之间的缺口,企业应关注以下几个方面:
(1) 招聘计划。所需招募的员工数量、招聘时间以及招聘渠道。
(2) 培训计划。所需的受训人员的数量及/或现有员工的培训需求。
(3) 再发展计划。用于员工的调动和再培训的计划。
(4) 生产力计划。用于提高生产力、降低人力成本和确定生产力目标的计划。
(5) 冗余计划。选择冗余人员、对冗余人员进行再发展、再培训或再分配的政策,以及对冗余人员实行的支付政策。
(6) 保持计划。为了降低可避免的劳动力浪费和留住人才而采取的行动。

该计划应当包括预算、目标和标准。企业应当分配实施和控制计划的职责(包括报告和监控计划实现的程度)。

(四) 招聘与选拔

招聘并没有理想的计划。所有企业都有其自身的招聘方式,并且招聘成功的比例也不尽相同。重要的是,企业应认清过去有用的、成功的招聘和选拔方法,并努力开发出一种适用的、设计良好的体系。

招聘计划包括：说明所招募的职位的准确性质；确定该工作所需的技术、态度和能力；确定该职位理想候选人的要求；以及通过广告或其他手段吸引求职者。

在招聘时，除了要初步确定某项工作是否需要补充人手和初步确定该工作描述和人员说明之外，还应确定是进行企业内部招聘还是企业外部招聘。这两种招聘方式各具优缺点。

1. 内部招聘

由现有员工来补充空缺职位时称为内部招聘，这种方式通常适用于存在某种职业结构的工作，比如具有管理或行政性质的员工。多数企业总是从其底层员工中选拔主管人员。

企业采用内部招聘政策具有如下优点：

(1) 通过晋升现有员工来进行内部招聘。这种方式能调动员工积极性，培养员工的忠诚度，激发员工的工作热情，并且有助于鼓舞员工的整体士气。

(2) 在管理现有员工时，可通过已知数据进行选拔，并且可通过在内部取得反馈来考察员工是否适合该工作。

(3) 内部招聘能节约大量的招聘和选拔时间及费用。

(4) 如果需要培训，则招聘成本较高；但是，内部招聘通常无须作介绍，并且企业可以仅按照自身要求对员工进行培训。

内部招聘的缺点如下：

(1) 未被选拔的员工容易产生负面情绪；或者员工晋升后成为前同事的主管，管理会比较困难。

(2) 适合该工作的员工可能在企业外部。

(3) 会降低"新视点"进入企业而产生的变化。

(4) 由于员工认为晋升只是时间问题，因此内部招聘容易诱发自满情绪。

通过调整措辞就能将某种策略（例如内部招聘）的优点清单变为另一种策略（例如外部招聘）的缺点清单。

2. 外部招聘

外部招聘是指由企业外部的员工来补充空缺职位。一般而言，外部招聘的优缺点与内部招聘相反，但是应注意以下事项：

当企业无法在内部找到具有特殊技术和技能的员工时，外部招聘必不可少。在某种程度上，外部招聘对于重建人员配备非常有必要。

在企业发展过程中，有必要给企业持续不断地注入新鲜血液。由于企业外部的人员具有在其他企业中工作的经验，因而通常能给企业带来新的思想和不同的工作方法。同时，应注意入职新人很可能难以改变其做事方式并且难以适应新技术和新方法。

（五）继任计划

继任计划应当是人力资源计划中不可或缺的一部分，并且应当支持企业所选择的战略。所设计的计划应当能够适应企业经营方式可能发生的任何变化。只有当管理层的发展与企业的发展步调一致的时候，企业的战略目标才有可能实现。

继任计划的好处在于，如果各个级别管理者的发展属于继任计划的范围，则会促进其发展，这种计划通过提出与企业需求直接相关的目标来专注于管理层的发展。良好的继任计划容易实现持续性领导，从而减少方法和政策上的不当变动。继任计划还能通过建立相关

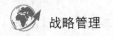

标准,改善管理能力的评估结果。

除此以外,激励和奖励机制、绩效评估、员工的培训和发展等也是人力资源战略的重要组成部分,这些因素的有效与否对人力资源战略的实施效果也具有重要的影响。

课后案例

恒瑞医药的研发战略

江苏恒瑞医药股份有限公司是一家从事医药创新和高品质药品研发、生产及推广的医药健康企业,创建于1970年,2000年在上海证券交易所上市,截至2019年年底,共有全球员工24000余人,是国内知名的抗肿瘤药、手术用药和造影剂的供应商,也是国家抗肿瘤药技术创新产学研联盟牵头单位,建有国家靶向药物工程技术研究中心、博士后科研工作站。2019年,公司实现营业收入232.9亿元,税收24.3亿元,并入选全球制药企业TOP 50榜单,位列第47位。

在市场竞争的实践中,恒瑞医药坚持以创新为动力,打造核心竞争力。公司近年来每年投入销售额15%左右的研发资金,2019年累计投入研发资金39亿元,占销售收入的比重达到16.7%。公司在美国、欧洲、日本和中国多地建有研发中心或分支机构,打造了一支3400多人的研发团队,其中包括2000多名博士、硕士及200多名海归人士。

相关资料显示,恒瑞医药与研发有关的高管几乎全部具有海外背景,譬如公司副总经理、全球研发负责人张连山,美籍华人,毕业于中国药科大学,获德国蒂宾根大学有机化学博士学位,美国范德比尔特大学微生物学与免疫学系博士后研究员,1998年担任美国礼来首席研究科学家,2008年担任美国Marcadia Biotech公司高级化学总监;公司副总经理、上海恒瑞研发中心首席执行官陶维康,美籍华人,毕业于第二军医大学,获新泽西医科大学分子与细胞生物学博士学位,普林斯顿大学博士后,2000~2012年在美国Merck制药公司任资深研究员,2012~2014年在上海睿智化学研究有限公司任副总裁。

近年来,公司先后承担了国家重大专项课题44项,已有6个创新药艾瑞昔布、阿帕替尼、硫培非格司亭、吡咯替尼、卡瑞利珠单抗和甲苯磺酸瑞马唑仑获批上市,一批创新药正在临床开发,并有多个创新药在美国开展临床。公司累计申请国内发明专利894项,拥有国内有效授权发明专利201项,欧美日等国外授权专利286项,专有核心技术获得国家科技进步二等奖2项,中国专利金奖1项。

资料来源:江苏恒瑞医药官网,http://www.hrs.com.cn/company_summary.html.

案例分析题

1. 恒瑞医药采用的研发战略的类型是什么?该研发战略对企业实现战略目标、建立竞争优势有何作用?
2. 恒瑞医药的人力资源战略具有什么特点?

◆**本章思考题**

1. 营销战略对企业实施差异化战略有何作用?
2. 财务战略与企业总体战略应该如何配合?

第八章　国际化经营战略

> **导入案例**

海尔智家的国际化经营

新冠肺炎疫情持续蔓延，进入 2020 年 7 月以来，日本的疫情有所抬头或迎来第二波爆发。变化不断的疫情让日本量贩店客流量下滑达 10% 以上，但海尔智家旗下品牌 AQUA 却仍旧保持增长。根据 GFK 数据显示，1~6 月份，AQUA 超大型冰箱销量逆势增长 25%，海尔及 AQUA 双品牌冰箱份额合计 12.8%，在日本这样的家电强国市场上，成为与本土优势品牌日立、夏普一起位列 TOP3 的唯一中资品牌。

为应对"后疫情时代"，AQUA 积极探索转型之路，第一时间加大了线上销售的力度以及与网上社区的用户交互，联动多个社交媒体，打造沉浸式用户体验。AQUA 联合 YouTube 平台的视频博主发布一系列 AQUA TZ 冰箱从送货上门至使用体验的全流程视频，对 AQUA TZ 的超薄、大容量冷冻、外观设计等特点进行了详细展示，并在视频下方加入了 Amazon 购入链接，从而实现了销售引流。

除了借助视频博主来吸引关注，AQUA 还注重"与用户零距离"互动。针对 AQR-17J 小型冰箱的大冷冻特点，AQUA 聚焦 30 岁上下的年轻用户群，开展冷冻室收纳的线上挑战活动，拉动官方 Ins 账号粉丝的快速增长，用户既感受到了 AQUA 产品强大的收纳能力，又与品牌产生了更多的正向互动。

针对日本多种多样的家庭结构和生活方式，AQUA 不仅推出大冷冻及可视化蔬菜室的 Delie 系列商品，更为用户提供生活方式解决方案，丰富日本家庭的"食生活"。通过聚焦家庭主妇社群，收集专属于她们的使用体验。一位日本妈妈在 Ins 上分享到，使用冰箱的频率增加，让 Delie 冰箱已经不仅仅是一件厨具，更是与女儿的情感纽带。

在"后疫情时代"，海尔坚持以用户需求为中心，继续深耕用户体验与口碑，在"人单合一"模式指导下，结合当地实际情况，通过内部不断创新驱动，为用户带来更美好的生活体验。

资料来源：https://www.haier.com/press-events/news.

> **案例思考题**

海尔智家为什么会成为中国开展国际化经营的成功典范？

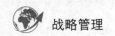

第一节 国际化经营战略概述

在经济全球化的浪潮下,国际化经营是所有企业都要面对的挑战。即使大量的中小企业自己未能走出国门,也会受到跨国公司进入本国市场的冲击,因而国际化经营是绝大多数企业都无法回避的一个课题。

企业国际化经营战略是指在两个或两个以上的国家(或具有独立关税地位的地区)进行经营活动的战略。采用国际化经营战略的企业逐步从国内经营走向跨国经营,从国内市场进入国外市场,在国外设立多种形式的组织,对国内外的生产要素进行统一配置。

一般来说,如果一个企业的资源转化活动超越了一国国界,即进行商品、劳务、资本、技术等形式的经济资源的跨国传递和转化,那么这个企业就是在开展国际化经营。但是,国际化经营的真正内涵不仅在于其产品由国内市场走向国际市场,更重要的在于企业的经营视野、经营范围是否摆脱国内市场的束缚,是否站在全球市场的高度而不是局限于国内市场进行战略布局。

一、企业国际化经营的外部驱动力和战略目的

企业国际化经营的目的包括转移核心竞争力、获得区位经济效益、形成最佳经验曲线等,从而更好地实现成本领先或者形成差异化,在激烈的全球竞争中占据主动地位。

(一)国际化经营的外部驱动力

具体来说,企业在追求国际多元化战略过程中,其外部驱动力主要有以下几个方面:

1. 市场因素

这是企业国际化经营最主要的驱动力。全球经济一体化构造了统一大市场,造成了需求环境的日益相同,无论哪一个国家的消费者,其需求内容和形态都呈现出越来越高的相似性。典型的如华为手机等消费类电子产品,不仅在全球同步销售,而且各个国家的顾客对产品的要求和评价也趋于一致。

2. 政府的推动

很多国家政府对企业国际化经营的鼓励是另一个重要的外部原因。政府通过补贴、税收优惠政策以及辅导等措施促使本国企业走向海外。

3. 竞争驱动

当企业的主要竞争者纷纷走出国门的时候,对该企业会产生很大的推动作用,为了维持在全球市场上对等的竞争力量,企业必须进行国际化经营。

4. 技术进步

以互联网等为代表的现代通信和信息技术以及发达的航空、海运网络大大促进了世界范围内的沟通交流和人员流动,各个国家形成了前所未有的紧密联系,为企业国际化经营提供了极大的便利。

5. 成本的压力

特别是企业的产品和服务与竞争对手难以形成较大差异时,价格就成了主要的竞争武

器。为了有效降低成本,企业不得不寻找要素资源价格最低的国家和地区,通过国际化经营实现低成本竞争的战略意图。

(二)企业国际化经营的战略目的

1. 转移核心竞争力

核心竞争力是由企业创新、效率、质量以及顾客的忠诚度所组成,构成企业竞争优势的基础。

2. 获得区位经济效益

一是降低价值创造的成本,有利于企业达到成本领先的地位;二是使企业形成差别化,获得超平均水平的利润。

3. 形成最佳经验曲线

企业的规模经济是经验曲线的成因。最佳经验曲线是指该曲线尽可能地下滑,使企业获得成本优势。

总的来看,现代跨国公司出于获得垄断优势、在全球配置资源和价值链等多种动机,积极推行国际化战略,通过无所不包的全球战略和错综复杂的全球经营网络构造全球一体化的生产经营体系,在"无国界经营、全球竞争"的新时代占据竞争的制高点。

二、国际化经营的优势和劣势

(一)国际化经营的优势

国际化经营为企业开辟了新的发展空间,进行国际化经营主要可以得到以下利益:

1. 扩大市场规模

国际化经营可以让企业突破本地市场的限制,获得更大的发展空间。这对在本国市场面临激烈竞争或者市场趋于成熟以及市场规模有限的企业来说特别重要。

2. 获得更大的投资回报

企业进行国际化经营如果能取得较大的市场规模,就可以分摊产品研发和生产的巨大投资,提高投资收益率。因此,需要巨额研发投入的产业往往会走向海外。如产业技术更新速度加快,产品生命周期缩短或者很快被竞争对手模仿和超越,为了加速收回投资,企业只有借助于国际化经营。

3. 发挥区域经济优势

区域经济效应是指把价值链的某个环节安排在最适宜的地点所产生的经济效益。例如,有些国家和地区的劳动力或原材料价格很低,具有某种要素成本优势;有些地方接近主要市场,便于就近服务重要的客户。这样就获得了典型的区域经济效应,当企业面对的竞争压力增大时,这种区域经济效应就十分必要。

4. 形成规模经济与学习曲线效应

这种效应尤其体现在生产中,全球巨大的市场规模使得企业可以把全部产品集中在某一个或少数几个工厂来生产,充分发挥学习曲线效应,最终为企业带来规模经济。

（二）国际化经营的风险和挑战

国际化经营会给企业带来很多风险和挑战，主要体现在以下几个方面：

1. 政治风险

即使某一地区以经济标准来衡量具有优势，但如果政局不稳或者实行专制统治，就不宜贸然进入，防止由于政治风险给企业经营带来重大损失。

2. 经济风险

虽然经济风险与政治风险相互依存，如东道国对待外资的政策和管制措施往往体现在市场准入、关税、汇率甚至可能的国有化等方面，但对企业影响最直接的是汇率的波动。汇率的变化直接决定了国际化经营的收益，还会极大地影响企业在全球市场的竞争力。

3. 社会文化差异形成的障碍

国家之间不同的社会习俗和文化传统不但会给跨国公司的管理带来巨大的挑战，还可能成为进入当地市场的障碍。文化差异使得跨国公司员工的态度、行为差别很大，只有兼顾全球化和当地化，才能形成真正的竞争优势。

4. 组织管理的难度

国际化经营的企业面临着经营地域分散、文化差异和业务众多造成的管理困难，如何协调各个业务单位以提高整个组织的管理效率是能否获得国际化经营收益的决定性因素。国际化经营的企业分权是必然的，但如何在分权的情况下保持统一管理是企业必须解决的问题。

三、国际化经营与国家竞争优势

尽管竞争已经越来越全球化，但大多数最成功的企业仍然源于少数几个国家。例如，较成功的消费电器公司往往是日本企业，而较成功的生物技术公司和计算机公司往往是美国企业。这就意味着企业所在的国家或地区可能对于企业在全球市场中的竞争地位有着重要的影响。

美国战略管理学家波特提出的"钻石模型"可以帮助战略决策师们分析一个国家某种产业为什么会在国际上有较强的竞争力。波特认为，决定一个国家某种产业竞争力的因素有生产要素、需求条件、相关产业和支持产业的表现、企业的战略、结构和竞争对手的表现等。分析国家竞争优势的钻石模型如图 8.1 所示。

（一）生产要素

波特将生产要素划分为初级生产要素和高级生产要素。初级生产要素是指天然资源、气候、地理位置、资金等；高级生产要素是指现代通信等基础设施、研究机构等。波特认为初级生产要素的重要性越来越低，因为这些要素可以通过全球的市场网络比较方便地获取。高级生产要素对获得竞争优势具有不容置疑的重要性。高级生产要素很难从外部获得，必须自己来投资创造。

从另一个角度，生产要素被分为一般生产要素和专业生产要素。高级专业人才、专业研究机构、专用的软硬件设施等被归入专业生产要素。越是高端的产业越需要专业生产要素，而拥有专业生产要素的企业也会产生更加强大的竞争优势。

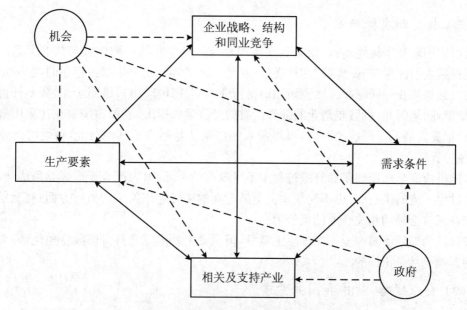

图 8.1　国家竞争优势四要素钻石体系

一个国家如果想通过生产要素建立起强大而又持久的优势,就必须发展高级生产要素和专业生产要素,这两类生产要素的可获得性与精致程度也决定了竞争优势的质量。如果国家把竞争优势建立在初级与一般生产要素的基础上,它通常是不稳定的。

波特同时指出,在实际竞争中,丰富的资源或廉价的成本因素往往造成没有效率的资源配置;另外,人工短缺、资源不足、地理气候条件恶劣等不利因素,反而会形成一种刺激产业创新的压力,促进企业竞争优势的持久升级。一个国家的竞争优势其实可以从不利的生产要素中形成。

一般认为,资源丰富和劳动力便宜的国家应该发展劳动密集型的产业,但是这类产业对大幅度提高国民收入不会有大的突破,同时仅仅依赖初级生产要素是无法获得全球竞争力的。

(二)国内需求市场

国内需求市场是产业发展的动力。国内市场与国际市场的不同之处在于企业可以及时发现国内市场的客户需求,这是国外竞争对手所不及的,因此波特认为全球性的竞争并没有减少国内市场的重要性。

波特认为本地客户非常重要,特别是那些内行而挑剔的客户,假如本地客户对产品、服务的要求或挑剔程度在国际上数一数二,就会激发出该国企业的竞争优势。原因很简单,如果能满足最难缠的客户,其他的客户要求就不在话下。

另一个重要方面是预期性需求。如果本地的客户需求领先于其他国家,这也可以成为本地企业的一种优势,因为先进的产品需要前卫的需求来支持。德国高速公路没有限速,当地汽车工业就非常卖力地满足驾驶人对高速的狂热追求,而超过 200 千米乃至 300 千米的时速在其他国家毫无实际意义。有时国家政策会影响预期性需求,如汽车的环保和安全法规、节能法规、税费政策等。

(三) 相关和支持产业

对形成国家竞争优势而言,相关和支持产业与优势产业是一种休戚与共的关系。波特的研究提醒人们注意"产业集群"这种现象,就是一个优势产业不是单独存在的,它一定是同国内相关强势产业一同崛起。以德国印刷机行业为例,德国印刷机雄霸全球,离不开德国造纸业、油墨业、制版业、机器制造业的强势。有的经济学家指出,发展中国家往往采用集中资源配置,优先发展某一产业的政策,孤军深入的结果就是牺牲了其他行业,钟爱的产业也无法"一枝独秀"。

本国供应商是产业创新和升级过程中不可缺少的一环,因为产业要形成竞争优势,就不能缺少世界一流的供应商,也不能缺少上下游产业的密切合作关系。另一方面,有竞争力的本国产业通常会带动相关产业的竞争力。

波特认为即使下游产业不在国际上竞争,但只要上游供应商具有国际竞争优势,对整个产业的影响仍然是正面的。

(四) 企业战略、结构和同业竞争

波特认为推进企业走向国际化竞争的动力很重要。这种动力可能来自国际需求的拉力,也可能来自本地竞争者的压力或市场的推力。创造与维持一国某产业竞争优势的最大关联因素是国内市场上强有力的竞争对手。波特认为,这一点与许多传统观念相矛盾,比如,一般观念认为,国内竞争太激烈,资源会过度消耗,妨碍规模经济的建立;最佳的国内市场状态是有两到三家企业独大,用规模经济和外商抗衡,并促进内部运作的效率化;还有观念认为,国际产业并不需要国内市场的对手。

在国际竞争中,成功的产业必然先经过国内市场的竞争,这也迫使产业内的企业不断进行改进和创新,对这些企业而言,海外市场只是竞争力的延伸。相反,那些在政府的保护和补贴下,放眼国内没有竞争对手的明星企业通常不具备国际竞争力。

第二节 国际化经营战略的选择

一、国际化经营战略的类型

在国际市场经营的企业通常面临两种竞争压力:降低成本的压力和当地市场反应压力,也就是适应当地市场和客户需要的压力。这两种压力对企业的要求是相互冲突的。

一方面,降低成本要求企业把生产经营活动的各个环节配置在成本最低的地区,企业不得不向全球市场提供相同的标准化产品,以尽快实现学习曲线效应;另一方面,在全球不同的市场上经营,提高当地市场的反应能力又要求企业具备产品的差异化,以适应不同国家消费者的偏好、商业模式、竞争条件及政府管制的需要,这种差异化通常会导致成本的增加。

按照战略实施的重点,企业国际化经营战略可以分为四种类型,即国际化战略、多国本土化战略、全球化战略与跨国战略。

(一) 国际化战略

国际化战略是指企业将其具有价值的产品与技能转移到国外市场,从而创造价值的战

略。大部分企业采用国际化战略时,是把在母国所开发出的具有差别化的产品转移到海外市场来创造价值。在这种情况下,企业大多把产品开发的职能留在母国,而在东道国建立制造和营销机构。在大多数的国际化企业中,企业总部一般严格地控制产品与市场战略的决策权。

如果企业的核心竞争力使企业在国外市场上拥有竞争优势,而且在该市场上降低成本的压力较小,企业采取国际化战略是非常有利的。

但是,如果当地市场要求能够根据当地的情况提供产品与服务,企业采取这种战略就不太合适。同时,由于企业在国外各个生产基地都有厂房设备,会形成重复建设,则加大了经营成本,这对企业也是不利的。

(二)多国本土化战略

为了满足所在国的市场要求,企业可以采用多国本土化战略。这种战略与国际化战略的不同之处在于,要根据不同国家的不同的市场,提供更能满足当地市场需要的产品和服务;相同点是,这种战略也是将自己国家所开发出来的产品和技能转到国外市场,而且在重要的东道国市场上从事生产经营活动。因此,这种战略的成本结构较高,无法获得经验曲线效益和区位效益。

在当地市场强烈要求根据当地需求提供产品和服务并降低成本时,企业应采取多国本土化战略。

但是,由于这种战略生产设施重复建设并且成本比较高,在成本压力大的行业中不太适用。同时,实行多国本土化,会使得在每一个东道国的子公司过于独立,企业最终有可能会失去对于公司的控制。

(三)全球化战略

全球化战略是向世界市场推广标准化的产品和服务,并在较有利的东道国集中进行生产经营活动,由此形成经验曲线和规模经济效益,获得高额利润。有些企业采用这种战略主要是为了实现成本领先。

在成本压力大而当地特殊要求较少的情况下,企业采用全球化战略是有利的。但是,在要求提供当地特色产品的市场上,这种战略是不合适的。

(四)跨国战略

跨国战略是在全球激烈竞争的情况下,形成以经验为基础的成本效益和区位效益,转移企业的核心竞争力,同时注意当地市场的需要。为了避免外部市场的竞争压力,母公司与子公司、子公司与子公司的关系是双向的,不仅母公司向子公司提供产品与技术,子公司也可以向母公司提供产品与技术。

跨国战略的显著特点是业务经营的多样化和市场的多样性。多元化跨国公司的管理者们不仅要制定和执行大量的战略,还要根据各国市场条件的需求进行调整变化。

上述每一种战略都有各自的优劣,表 8.1 是四种国际化战略的比较。

表 8.1　四种国际化战略的优劣

战略	优点	缺点
国际化战略	把独特的竞争力转移到海外市场	缺乏对当地市场的反应,也无法实现规模经济和区域经济
多国本土化战略	提供更好的满足当地市场需求的产品,开展有针对性的营销活动	无法实现规模经济和区域经济,也不能把独特的竞争力转移到海外市场
全球化战略	充分发挥规模经济和区域经济效应,具有明显的成本优势	未考虑对当地市场的适应性
跨国战略	兼具规模经济和区域经济效应,根据当地市场情况提供产品和服务,具有全球学习的优势	组织管理难度最大,很难实现不同业务部门的整合

二、国际化经营的决策

确定了国际化经营战略类型之后,企业面临的几项主要决策是:进入的国家或地区、进入的时机、进入的规模与进入的模式。

(一) 进入的国家或地区

国际化经营的首要决策是进入哪些国家或地区,这涉及企业的竞争范围选择。企业采取逐步进入还是全面进入的策略主要是基于多国竞争还是全球竞争的考虑。多国竞争指企业一次进入一个或少数国家市场,再逐步扩展至全球市场;全球竞争指企业同时大规模进入很多国家的市场,争夺全球市场的领导地位。

每一个国家的政治环境和经济与社会发展水平都不一样,投资价值存在很大的差异。选择进入哪些国家或地区是一个双向的过程,一方面要评估拟进入国家或地区市场的规模、购买力、竞争状况等,以确定进入该市场的收益、成本和风险,另一方面必须明确企业能否在该市场上创造独特的价值,也就是企业的专长和特有能力是否与该市场的需求吻合,存在互补关系。二者互补程度越高,越适合进入。

(二) 进入的时机

国际化经营的第二个决策就是进入时机的选择。企业既可以在竞争对手之前进入选定的海外市场,也可以选择跟随进入。首先,抢先进入有先入为主的优势,有利于塑造品牌形象,培育忠诚的客户群体,典型的如 20 世纪 80 年代率先进入中国的松下、日立等日系家电所具有的影响力。其次,随着当地市场的逐步扩大,销量快速上升,抢先进入还有利于规模经济的实现,最终获得成本优势,在后来者加入时可以用低价策略来打击竞争对手。最后,抢先进入还可以强化客户的转换成本,以此绑定客户,构成对潜在进入者的壁垒。

抢先进入也有缺点,主要是代价高昂的市场开发成本,这是抢先进入者必须付出的代价,尤其是目标市场与企业的母国市场存在很大差异时,开发成本可能非常高。先进入的企业往往要投入大量的时间和精力了解、培育新市场,建立客户群体,建立营销渠道,开展促销活动,这些都需要巨额的资金投入。如果产品本身是全新的,开发成本就更高。而后进入者却可以"搭便车",不但可以用较低的成本进入市场,还可以吸取先进入者的教训避免犯错误。

（三）进入的规模

国际化经营需要考虑的战略变量是进入规模。通常进入的规模越大表明企业进入该市场的决心越大、意愿越强，同时投入资源也越多，而资源较少的企业就没有太多的选择，只能采取小规模局部进入的方式。但这并不意味着拥有资源优势的企业都会选择以大规模进入的方式，有时它们也会先以小规模进入的方式熟悉当地市场，以规避贸然进入所潜伏的巨大风险。

大规模进入对整个市场的竞争有很大的冲击，可能改变整个市场环境，但这种选择缺乏弹性，可能会因为巨额资源的投入无法收回而给企业带来很大的风险。反过来，小规模进入虽然有弹性，并且风险较低，却可能失去先机和大规模进入带来的市场机会。

（四）进入的模式

在国际化过程中，当目标市场确定之后，选择以何种方式进入市场也是一个需要权衡的问题，战略决策人员需要对各个方面因素做综合分析和全面评估后，才能决定正确的进入战略。总的来说，企业开展国际化经营进入国外市场主要有以下几种方式：

1. 出口模式

商品或服务的出口是国际化经营的初级形式，出口分为间接出口和直接出口。

（1）间接出口。企业将产品卖给国内的中间商或国外中间商委托的国内代理机构，由它们负责企业产品的出口，这是开拓海外市场、增加产品销售量最简单的一种方式。间接出口方式的优点是：风险最低，资金、人力等资源投入较少，但企业对海外市场控制程度低，不能直接掌握国际市场信息。通常中小企业适合采用这种方式，有时大企业也采用这种方式进入某些次要市场。

（2）直接出口。企业将产品直接卖给国外的客户，要独立完成出口业务，需要进行海外市场调研、与国外客户谈判、产品实体分销、出口产品定价及办理各种出口手续等。直接出口方式的好处是企业直接参与市场营销，能够按照自己的意图实施出口，有利于积累国际营销经验，培养国际营销人才。

出口模式是很多企业国际化经营的第一步，通过出口了解海外市场，建立客户关系，待成功后再转向其他模式。出口模式不必在其他国家设立工厂，投入资源最少，成本较低，风险也较小，集中生产也有利于实现规模经济。

出口模式也会带来一些问题。首先，如果母国并不具有资源优势，不是最佳生产地点，就无法发挥经济效益。所以，合适的方式是在全球找到一个合适的生产地点，把生产集中在这个地方，然后再把所生产的产品运送到目标市场所在的国家或地区，甚至返销到母国。其次，出口模式的运输成本很高，可能会抵消规模经济和区域经济带来的成本优势。解决的办法是对运费很高的产品直接在当地生产，但这又受制于当地的生产条件。

2. 许可模式

许可是具有技术或品牌优势的企业作为许可方，把某项专利技术或商标在被许可方支付费用的前提下提供给对方使用。许可模式下许可方授权国外的被许可方生产产品，被许可方必须自行筹措经营所需资金，并负责维持业务的运作。许可的好处是不必承担开发海外市场的成本和风险，对于缺乏资本和经验的企业来说或者海外市场的风险特别高时，许可是一个可行的选择。

许可模式的主要缺点有：

第一，企业无法控制被许可方的营销、制造和经营活动，被许可方可能会因为质量缺陷或其他行为损害许可方的声誉。

第二，为了全球竞争的需要，有时必须以某些有竞争优势的市场获得的利润补贴竞争力较弱的市场，许可模式显然不可能实现这种战略上的协调一致，被许可方不可能许可跨国经营的企业拿走自己的利润去支持另一个国家里与自己毫无关系的业务。

第三，许可模式的收益主要来自被许可方，如果被许可方经营无方，就会大大影响许可方的收益。

第四，存在技术泄密的风险，也就是通过许可把技术诀窍转移到了国外企业，从而会危及企业的竞争优势。例如，美国的RCA公司曾经向许多日本企业许可彩色电视机技术，后来这些企业很快利用这一技术进入了美国市场，并最终超越了RCA公司在美国市场上的份额。

3. 特许模式

特许模式类似于许可模式，是一种特殊的许可形式。与许可模式相比，特许双方的合约更完整，合作期限更长。特许方把无形资产出售给被许可方，还会帮助被许可方经营业务，但同时要求被许可方严格遵守特许方有关业务经营的规则。许可模式适用于制造企业，特许模式主要适用于服务企业。

特许模式的成功范例是麦当劳的全球经营。麦当劳依靠特许模式成为世界上最著名的快餐连锁企业，它除了输出麦当劳品牌，还制定各个加盟店都必须严格遵守的《公司服务手册》，该手册内容有300多页，就产品的规格、标准、工艺、原材料和设备的采购、店堂布置、内部管理、员工培训等做出了严格的规定。

特许模式的优点与许可模式相似，特许方不必承担市场开发费用和经营风险，企业可以以较低的成本实现快速的扩张。特许的缺点不像许可那么明显，因为它主要用于服务业，不需要面对如何协调制造和生产以实现区域经济和规模经济的问题，但仍然存在如何实现全球统一战略的问题。

特许模式比较明显的缺点是对质量的控制，即使是麦当劳以严格的制度约束加盟方，也很难保证全球各地的麦当劳的品质都达到相同的水平。为了克服这一缺点，企业可以在每个进入的国家建立一个分支机构，由它来管理该国的特许企业，以确保加盟方的经营质量符合要求。

4. 合资模式

合资模式是国际化经营的企业与东道国公司共同成立一家新公司进入东道国市场。其中的典型做法是双方各拥有一半股权的合资模式，也就是双方分享公司的控制权，如果一方拥有超过50%的股份，它就可以主导合资企业，更好地保护自己的利益。

合资模式有很多优点。首先，本地的合作方对当地市场更加了解，有助于企业更便捷地进入；其次，合资模式还可以让双方共同分担市场开发的成本，降低国际化经营的风险；最后，合资还是避免很多国家政府对本国市场保护的唯一途径。例如，施乐早期为了打破贸易壁垒，通过与富士公司建立合资企业，最终才实现在日本销售复印机的目的。

尽管有这些优势，合资模式还是有两个很难克服的缺陷。首先，和许可模式一样，合资可能造成技术流失，为了尽可能抑制这一风险，企业就必须掌握合资公司的控制权，占有尽可能多的股份,但这样一来就很难找到同意合资条件的合作方。其次,因为控制权的问题,企业很难实现全球战略的协调一致,也难以获得区域经济和规模经济效应。

总的来看,合资模式可以让企业更快进入当地市场,但成本可能很高,企业会面临冗长和复杂的谈判,合资企业建立之后如何与当地的经营环境接轨也是一大难题。

5. 独资经营模式

独资经营是企业通过直接投资建立全资子公司或者拥有绝对控制权来开发当地市场。独资经营模式既可以采取设立一家全新公司的方式,也可以通过并购的方式来取得一家东道国公司,可以说并购是进入当地市场最快捷的途径。TCL 在 2002 年收购了德国老牌电视机制造商施耐德,其目的就是以此为跳板开拓欧洲市场。

独资经营作为介入程度最深、控制力最强的一种模式主要有以下优点:第一,完全没有技术流失的问题,这对于以技术为竞争优势的企业来说特别重要,所以很多高科技公司特别喜欢这种方式;第二,它能确保企业的全球战略协调一致;第三,有利于保证企业的产品或服务的质量,并具有较大的成本优势;第四,有利于贯彻母公司的企业文化。

6. 国际战略联盟

国际战略联盟是指某个企业的结盟对象超越了国界,在世界范围内与对自己发展有利的企业结成合作伙伴。这些企业的联盟是为了资源共有、风险共担、利益共享。实质上是以合作代替对抗,是更高形式的、更为激烈竞争的开始。

与跨国合资经营和独资经营相比,国际战略联盟出现得较晚。哪怕是在半殖民地半封建社会的旧中国,早在 1921 年,在天津就成立了中国历史上第一家中外合资玻璃企业——耀华玻璃公司。而企业之间缔结国际战略联盟最早是在 1979 年,美国福特汽车公司与日本马自达汽车公司结成了第一家国际战略联盟。

与一般的战略联盟相比,国际战略联盟的缺点主要有:① 合作难度大;② 利益平衡很难达到;③ 合作开发的技术被滥用。

在上述六种国际化经营模式中,独资经营是成本最高、风险最大、遇到阻力最强的选择,企业必须承担所有的成本,所以企业必须具有很强的经营管理能力,能够适应不同国家经营环境的差异。独资公司不仅会遭遇东道国政府的政策限制,也会由于缺少合作方而单独面对当地客户和本地员工的抵触。TCL 兵败施耐德既有不适应当地环境的原因,也有其自身实力不足以应对独资经营挑战的原因。

三、国际市场进入战略选择模型

进入方式的选择,对企业跨国经营的成败有着十分重要的影响,在选择具体的进入方式时,企业除了需要考虑前面介绍的各种进入方式的优势与不足外,还需要考虑其他一些因素。国内学者刘文刚将影响企业国际市场进入方式决策的因素分为四个维度(如图 8.2 所示),即国际化战略目标、企业所有权优势、产业国际分工地位、国内国际经营环境。这四个维度又分别包括若干具体要素,而且它们之间还存在相互影响关系。

(一) 企业国际化战略目标与国际市场进入方式选择

从根本上讲,国际市场进入方式的选择是为企业的国际化战略总目标服务的,国际化战略总目标调整了,国际市场进入方式也应随之调整。例如,当企业把扩大销售收入作为总目标时,直接出口、定牌生产等方式往往是决策时的主要选择;当企业把国际化总目标调整为培育国际名牌时,收购兼并、独资新建等对外直接投资方式往往会成为主要选择。

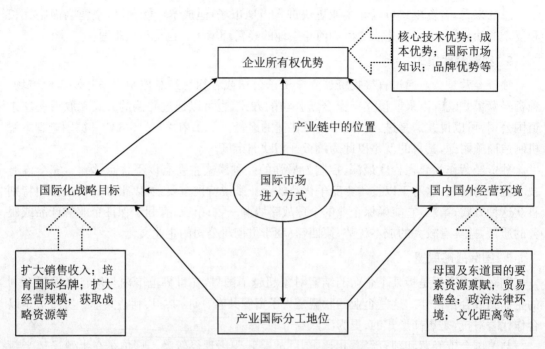

图 8.2　国际市场进入战略选择模型

当然,在同一种国际化战略目标下,企业也可能同时采取不同方式进入国际市场。进入国际市场的方式既有对外投资,又有直接出口。

企业国际化战略目标的制定和调整,与企业国际化进程、资源能力的积累、产业国际分工与合作、企业家心态等因素有密切关系。在企业国际化初期,企业往往把充分利用生产能力、扩大销售收入作为主要目标;随着国际化进程的推进,建立具有控制权的国际分销网络、培育国际名牌等目标会陆续成为国际化经营的主要目标。

在企业资源能力比较薄弱时,企业往往把增加销售收入和积累国际市场知识作为国际化战略目标;随着企业实力的增强,企业逐步会把国际化战略目标调整为建立国际渠道网络或培育国际名牌;如果企业家有良好的心态,他们会在综合考虑企业国际化进程、企业资源条件、产业的国际分工等因素后做出合理的战略决策;反之则易做出盲目的、不合理的战略决策。

(二)企业所有权优势与国际市场进入方式选择

首先,企业拥有的资源能力优势会直接影响到国际市场进入战略的制定,企业选择的国际市场进入战略应是能够最有效开发并发展企业既有资源能力的模式,进而使企业在长期的市场竞争中保持自己的优势。其次,企业拥有的竞争优势,通过影响企业国际化战略目标的制定,进而间接影响进入方式的选择。

例如,基于廉价的劳动力资源和快速扩张的生产规模而形成的成本优势是中国企业共同拥有的优势,成本领先战略也成为中国企业普遍选择的竞争战略。为了发挥这种优势,许多中国企业把拓展海外市场、增加销售量作为企业国际化经营的最高目标,而较少考虑研发能力的提高、国际型人才的培养等目标。在扩大销售量这一目标的指引下,企业往往把扩大出口或贴牌生产作为进入国际市场的主要途径。

(三)产业国际分工地位与国际市场进入方式选择

随着经济全球化的不断深入,在西方跨国公司对外直接投资的推动下,产业链不断在全球范围内进行分解和重构,进而形成了以少数跨国公司为核心的全球一体化产业分工体系,跨国公司在该体系中扮演"组织者"角色。

面对这一时代背景,有人提出,加入跨国公司全球一体化经营网络并成为其中的一个节点,是缩短中国企业国际化进程的重要战略选择。然而,国内要素资源禀赋状况决定了在现阶段中国企业主要处于低端产业、低附加值的分工地位。对于多数的中国企业来说,如果心甘情愿接受跨国公司转移过来的产业或产业链环节,那么结果必将是:出口将成为中国企业进入国际市场的最主要方式。如果中国企业不安于现状,对目前的国际分工地位不满意,希望向全球一体化产业链中附加值相对较高的上游或下游环节延伸,那么企业就必须调整其国际化战略目标,进而调整其国际市场的进入方式。

(四)国内外经营环境与国际市场进入方式选择

母国和目标市场国的经营环境,包括对外投资政策、要素资源禀赋、贸易壁垒、政治局势及两国文化差异等,对国际市场进入方式的选择也有重要的影响。例如,我国劳动力资源丰富,所以我国企业大都选择在国内生产,然后出口到目标市场国,因为这样不仅投入少、风险小,而且有助于获取成本优势。目标市场国市场容量大、政局稳定、法律体系完备、政府行政透明公开,也会激励企业采取投资的进入方式;反之,则会促使企业选择出口或国际合资公司方式进入该市场。

总体而言,在图 8.2 所示的框架中,国际化战略目标是企业选择国际市场进入方式时的出发点,而所有权优势是企业制定市场进入战略的基础条件,国内环境和东道国环境及两者相比较产生的比较优势、文化距离等均是企业制定市场进入战略时必须考虑的因素。在经济全球化时代,企业间的竞争与合作、产业链的配置日益全球化。因此,企业在制定市场进入战略时还要考虑自身在全球一体化产业体系中的位置或期望占据的位置,以及如何处理与竞争对手的关系。

第三节 国际化经营战略的实施与控制

关于战略实施与控制的详细内容在后面章节进行介绍,这里主要介绍国际化经营战略实施与控制的一些特殊方面。

一、国际化经营战略的实施

国际化经营战略实施与一般战略实施的差异主要是:要有效地实施国际化经营战略,就必须充分认识到国家和文化的差异,在众多的考虑因素中,以下四个因素非常重要,必须引起足够重视的方面。

（一）战略伙伴的选择

战略联盟实施的关键在于当地合作者的选择。联盟双方不但要考虑各自的战略目标，而且还要考虑各自的资源。

（二）组织结构的设计

国际企业的组织结构设计主要考虑两个因素：行业及所处国际化经营的阶段以及集权和分权。

企业的国际化经营一般要经历五个阶段，每个阶段对组织结构的要求是不一样的。

（1）通过本国的代理商出口部分产品，所有的出口事务通过设立出口部来解决。

（2）企业建立自己的销售公司并在其他国家设立办理处以减少中间商。这时企业建立出口事业部来管理国外销售办事处。

（3）公司在主要国家投资建立生产设施，这时企业便建立国际部负责国外的业务。

（4）企业在东道国设立分公司或子公司，这时企业在投资国建立了生产部门和其他管理职能部门（如研究开发部、财务、营销等部门）。

（5）企业有全球的人事、研究开发和财务等战略。这时组织结构的设计应从全球角度来考虑。企业的组织结构大都以地区、产品线和职能组合形成矩阵式。

集权和分权不论对多国市场或全球市场的企业都是尤为重要的问题。一方面需要适应当地环境以求最有效，而另一方面需要大力协调使整个公司活动一致以求效率最大化。

（三）文化价值观与管理

美国学者G·霍夫斯特德用了五个指标对管理文化与价值观进行分析和比较：① 权力距离；② 回避风险；③ 个人与集体；④ 刚性与柔性；⑤ 人本与物本。

霍夫斯特德认为由于文化不同，管理风格和人力资源管理也应适合于它国的具体情况，现在国际企业倾向于从投资所在国聘用管理人员。据一份调查，一个国际经理人员应具备五种素质：① 战略意识；② 新环境的适应能力；③ 对新文化的敏感性；④ 与国际人员工作的能力；⑤ 语言技巧。

（四）外汇风险管理

（1）经营风险，是由于东道国突发性政治、经济、自然事件使企业经营性现金流量发生变化，可以通过经营多元化和融资渠道多元化来防范。

（2）交易风险，指已达成协议而尚未结算的外币交易因汇率波动而发生汇兑损益，可采用套期保值、外汇期权、合理选择币种、提前错后收付等办法来防范。

（3）折算风险，是会计报表中不同货币之间换算造成的损益，是纯粹会计上的损益，并无实质性的影响。

二、国际化经营战略的控制

（一）所有权控制

一般来说，对子公司的所有权多少就意味着对子公司控制程度的大小。通过控股，使母公司在董事会成员中占绝对多数，从而控制了企业重要事项的决策，使子公司的运作更能符合跨国母公司的意图。

（二）人员控制

国际企业通过培养子公司忠实的经营者，加强与子公司经理人员的感情交流，以及通过"文化熏陶"来实现对海外子公司的控制。主要有两种形式：个人控制和私访控制。

个人控制是指国际企业让海外子公司的关键人物参与母公司的正式或非正式的组织活动，从而达到控制子公司的目的。

私访控制则是通过旅行、考察、个人接触等私访活动，使企业内每个员工都能感到同处一个和睦的大家庭，从而从感情上维系子公司。

（三）信息控制

国际企业可以看成不同国家企业之间资本、产品和知识交易而构成的网络。信息不断地从一个子公司流向其他公司又反馈回来。结果就是国际企业越来越依赖于国际信息网络来协调它们的国际经营活动，以及实现对子公司的控制。

（四）财务控制与评价

对海外子公司的经营业绩评价主要有投资回报分析、财务预算分析和历史比较分析三种技术方法。

为了谋取全球竞争优势，国际企业努力将一些标准化的产品的生产和营销设施分散到世界各地，因而一些关键的经营决策必须集中化，海外子公司通常被视为成本中心、收入中心或费用中心而不是投资或利润中心。

课后案例

伊利国际化之路

根据 BrandZ™ 发布的"2021 年最具价值中国品牌 100 强"榜单，伊利连续 9 年蝉联食品和乳制品行业第一；根据 Brand Finance 发布的"全球最具价值乳品品牌 10 强"榜单，伊利蝉联第一，并连续 4 年在"全球乳品品牌潜力榜"中夺冠；在凯度消费者指数《2021 年亚洲市场品牌足迹》报告中，"伊利"品牌以超过 10 亿以上的消费者触及数，连续 6 年成为消费者选择最多的品牌。

截至 2021 年 6 月 30 日，伊利集团实现营业总收入 565.06 亿元，较上年同期增长 18.89%；净利润 53.20 亿元，较上年同期增长 41.60%。其中液体乳业务实现营业收入 424.07 亿元，同比增长 19.65%，市场零售额份额较去年同期提升了 0.7 个百分点，稳居行业第一，优势进一步扩大。在海外市场上，伊利也有不俗的表现。继续优化海内外市场及生产基地联动机制，强化全球供、产、销的统筹规划和运营协同及风险应急能力，全面提升"全球供应链网络"高效协同优势，公司目前年综合产能接近 1394 万吨。

早在 2005 年，当伊利成为中国乳业首家销售额破百亿元的企业时，伊利就有了开拓国际市场的想法，首先如何让全世界的消费者认识来自中国的乳制品，同年 11 月，伊利集团凭借高品质的产品和服务成功牵手北京奥运会，成为中国首家乳制品奥运合作伙伴。三年蛰伏、三年更高品质的锻造，2008 年北京奥运会的成功举办，让伊利——这张中国乳业名片以全球一流品质享誉世界。

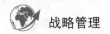

2014年起,伊利的国际化进程驶入了快车道,开启了以整合全球优质资源服务中国市场的第二步,并将国际化升级为集团三大核心战略之一,一个个重大项目相继落地:在欧洲,伊利联手荷兰瓦赫宁根大学建立了伊利欧洲研发中心;在新西兰,伊利投资30亿元人民币建成了全球最大的一体化乳业基地——伊利大洋洲生产基地;在美洲,伊利联合美国一流的大学、科研机构主导实施了"中美食品智慧谷",推动中美两国在营养健康、产品研发等领域迈出重要合作步伐。

2021年12月10日,伊利集团在东南亚的首个自建工厂——伊利印尼乳业生产基地举行一期项目投产仪式,标志着伊利"全球织网"再创新的里程碑。一期项目投资8.67亿元人民币,一、二期全部建成后可日产冰激凌400万支,成为印尼单体规模最大的冰激凌工厂,也是迄今为止中国乳企在东南亚建设的最大生产基地,刷新中国乳企在东南亚投资规模纪录。

随着伊利国际化的步伐越走越稳,伊利与全球合作伙伴构建的"全球健康生态圈"也正日益壮大。在伊利的战略规划中,不仅要实现2030年"全球乳业第一"战略目标,还要实现"全面价值领先",为消费者、社会、员工、企业创造更大价值。全面价值共享必将汇聚更多同行力量,成为全球最值得信赖的健康食品提供者的美好愿景正在变为现实。

资料来源:根据伊利官网和相关新闻资料编写。

案例分析题

伊利的国际化经营战略有什么特点?

◆本章思考题

1. 国际化经营不同战略各自的优缺点有哪些?
2. 企业进行国际化经营的动机有哪些?

第九章 战略实施

> **导入案例**

华为企业文化的特点

一、远大的追求,求实的作风

一个企业的成功,根源于企业家的胆识和追求,在于企业家的价值观和胸怀,企业家依据自己的追求和价值准则建立公正的价值体系和价值分配制度,并凭借这一体系和制度吸引和积聚优秀人才,建立严密的、有高度活力的组织,形成有高度凝聚力和高度文明的企业文化。企业的生命周期是由企业的内部特征决定的。如果企业只卖产品,而产品又受到生命周期的这一客观规律的制约,因而不能逃脱夭折的厄运,它们注定是短命的。另一种企业是既卖产品又卖文化,因为文化的生生不息导致产品的不断柳暗花明,所以它们注定是长命的。而且,文化鲜明的民族特征能给一个企业带来持续推动力,企业文化必须是能体现一个民族远大追求的文化。

华为公司企业文化具有远大追求的特点主要表现在以下三方面:

(1) 实现顾客的梦想,成为世界级领先企业。

(2) 在开放合作的基础上独立自主和创造性地发展世界领先的核心技术和产品。

(3) 以产业报国、振兴民族通信工业为己任。

强大的国家是强大企业的沃土,企业必须依靠国家作为后盾。另一方面,国家没有强大的、在国际上领先的企业群,经济就没有基础,从而政治上就没有地位。任何一个强大的企业,不管其所有制性质,都是国家经济实力的创造者,都是国家增强综合国力的源泉。企业要在经营活动中处处表现出爱祖国、爱人民、爱事业、爱生活的价值观念。

爱祖国不是空洞的口号,要成长为世界级公司,只能独立自主、自力更生地发展领先的核心技术体系和产品系列。而这种长期艰苦奋斗的精神力量只有来自爱祖国、爱人民。华为公司的企业家和员工是有血有肉的凡人,他们既爱祖国、爱人民,又爱事业、爱生活、爱自己和家人。这样,就把远大的追求与员工的切身利益有机地结合,把"造势与做实"紧密地结合。

二、尊重个性,集体奋斗

日本企业家稻盛和夫认为,要想企业能够长期持续发展,经营者就必须塑造一个没有赘肉的、筋肉坚实的企业。坚实的企业不搞偶像崇拜,不推崇个人主义,强调集体奋斗,也给个人以充分发挥才能的平台。高技术企业的生命力在于创新,而突破性的创新和创造力实质上是一种个性行为。这就是要求尊重人才、尊重知识、尊重个性。但高技术企业又要求高度的团结合作,今天的时代已经不是爱迪生的时代,技术的复杂性、产品的复杂性,必须依靠团队协作才能攻克。

华为公司是以高技术为起点，着眼于大市场、大系统、大结构的高科技企业。它需要所有的员工必须坚持合作，走集体奋斗之路。一个没有足够专业能力的人跨不进华为的大门，但溶不进华为文化，也等于丧失了在华为发展的机会。

坚实企业应该在组织上，特别是科研和营销组织上采取团队方式运作；在工作态度考评上强调集体奋斗、奉献精神；在工资和奖金分配上实行能力主义工资制，强调能力和绩效；在知识产权上，要保护个人的创造发明；在股权分配上强调个人的能力和潜力。

三、结成利益共同体

企业是一种功利组织，但为谁谋利益的问题必须解决，否则企业不可能会有长远发展。企业应该奉行利益共同体原则，使顾客、员工与合作者都满意，这里合作者的含义是广泛的，是与公司利害相关的供应商、外协厂家、研究机构、金融机构、人才培养机构、各类媒介和媒体、政府机构、社区机构，甚至目前的一些竞争对手都是公司的合作者。

华为公司正是依靠利益共同体和利益驱动机制，不断地激活了整个组织。

四、公平竞争，合理分配

华为公司的价值评价体系和价值分配制度是华为之所以成功的关键，是华为公司管理中最具特点之处。华为本着实事求是的原则，从自身的实践中认识到：知识、企业家的管理和风险与劳动共同创造了公司的全部价值，公司是用转化为资本的方式使劳动、知识、企业家的管理和风险的积累贡献得到合理的体现和报偿。职工只要为企业做出了长期贡献，他的资本就有积累；另一方面，不但创业者的资本有积累，新加入者只要为企业做出特殊贡献，他们的利益也通过转化为资本的方式得到了体现和报偿，使劳动、知识、管理成为一体，使分配更加合理。

华为公司从以下四个方面力图使价值分配制度尽量合理：
(1) 遵循价值规律，按外部人才市场的竞争规律决定公司的价值分配政策。
(2) 引入内部公平竞争机制，确保机会均等，而在分配上充分拉开差距。
(3) 树立共同的价值观，使员工认同公司的价值评价标准。
(4) 以公司的成就和员工的贡献作为衡量价值分配合理性的最终标准。

在对待报酬的态度上，华为人的传统是不打听别人的报酬是多少，不要与别人比，想要得到高回报，把注意力集中在搞好自己的工作上，如果觉得不公平，不闹不吵、好合好散，到外单位折腾一段，觉得还是华为好，再回来，欢迎！从这点上来看华为公司的文化，她是一种实事求是的文化，是一种建立在尊重价值规律和自然规律基础上的文化，是一种精神文明与物质文明互相结合、互相促进的文化。

资料来源：https://baike.so.com/doc/6411134-6624801.html.

案例思考题

华为的企业文化有何特点？对实现其战略目标有何影响？

第一节　企业战略实施概述

战略实施是战略管理过程的第三阶段活动，也是最后一个阶段。所谓战略实施，就是把战略制定阶段所确定的意图性战略转化为具体的组织行动,也就是企业为实现预定战略目标所采取的一系列行动。新的战略的实施常常要求一个组织在组织结构、经营过程、能力建设、资源配置、企业文化、激励制度、治理机制等方面做出相应的变化和采取相应的行动。

一、战略实施的基本原则

战略制定时并不能完全预见战略执行时将会面临的诸多问题,为了更好地防范和化解各类问题,战略实施应当遵循以下四个基本原则。

1. 统一领导

一般来讲,企业的高层管理人员对企业的经营战略理解得最为深刻,他们掌握的战略相关信息要比企业中下层管理人员以及一般员工多,对战略意图有最深的领会,对企业战略实施产生的各个方面的要求以及各个方面的相互联系了解得更全面。因此,高层管理者应该统一领导和指挥战略的实施。只有这样,实施过程要求的资源分配、流程再造、战略支持型企业文化的建设、企业组织机构的调整、相关信息的共享及控制等各方面才能得到协调与平衡,才能使企业的一切运作都是围绕战略目标的实现来进行。

战略实施过程中,企业的每个部门必须只能接受一个上级的指示。但是在战略实施过程中出现的问题,应尽可能在低层次、小范围内解决,不要扩展到更高层次、更大范围。这样做使得解决问题付出尽可能小的代价,避免因涉及面广、关系更复杂而导致在较高层次的环节上付出更大的代价。

2. 战略目标的适度合理性

因受到信息、决策时限以及决策者认识能力等因素的限制,经营目标和经营战略的制定并非建立在对未来很精确的预测的基础上。并且,在战略实施时,企业外部环境及内部资源等条件的变化通常较大,情况比较复杂。所以在实际中,如果战略预定的目标基本达到了,一般就认为该战略的制定与实施是成功的。企业战略实施并不是完全按照原先制定的战略计划简单机械的执行过程,其中需要执行者的大胆创造与不断革新。创新是否定旧的企业战略,打破支撑旧战略的企业文化,贯彻实施新战略的需要。因此可以说,战略的实施过程也是战略的创造过程。在此过程中,在不妨碍总体目标及战略目标实现的前提下,战略的某些内容或特征发生一些改变也是合理的。

另外,全面而复杂的总体战略应分解为具体的、简单的、可以管理和控制的问题,由企业内部各部门分工去贯彻和实施。为适应企业经营战略的需要,组织机构需要重新构建或调整。但一个组织结构内本位利益的存在导致各不同利益之间以及与企业整体利益之间产生矛盾或冲突的必然。企业的高层管理者需要对各种矛盾冲突做协调和一致性的折中、妥协,找寻各方面都能接受的解决方案,而不能脱离客观条件去刻意找寻所谓绝对合理性。战略实施过程中所做的不损害总体目标实现的适度妥协,即战略实施的适度合理性原则。

3. 沟通与反馈

通过沟通,要在企业内部各个层次达成对战略的共识。在实践中,要努力把战略规划有效地转化为各个层级员工可以理解的语言,并成为指导其具体工作的原则,这是战略实施过程的首要任务。

在战略实施中,企业需要找到关键战略绩效指标,及时地检验战略制定过程中所做的战略假设是否因现实情境的变化而需要修正和调整,也就是做好战略控制。这部分内容详见

第十章的论述。对企业竞争环境的快速应变和反馈能力是战略实施的重要原则,是企业保持竞争优势的基础。

4．权变

战略的制定是基于对未来经营环境条件的假设基础之上的。而到了战略实施过程,经营环境的发展与原先所做假设将不可避免会有所偏离,战略实施过程就要不断解决这些问题。但若企业内外环境发生重大的变化,导致原先制定的战略不可能实现,这时原定的战略就需要做出重大的调整,这就是战略实施的权变原则。权变的艺术关键在于掌握环境变化的程度,在环境发生了不大的变化时,如果就大幅度修订原先的战略,会导致组织内的人心不稳,造成消极的影响,组织成员会对执行战略缺乏恒心和毅力,战略的效果将永远无法实现。而若是环境确已发生了巨变,就不该再坚持实施既定的却已经不适应经营环境的战略。权变原则的关键在于如何衡量企业环境的变化。

在战略实施的整个过程中,都要遵循权变原则,要识别战略实施过程中的关键变量,并对那些关键变量做灵敏度分析。当关键变量的变化超出一定范围时,就应当调整战略,并准备相应的战略替代方案。企业应该对环境的变化有充分的观察和应变能力。

二、战略实施的主要内容

从具体内容来看,战略实施是动用企业各种资源,将制定好的战略付诸实施,通过系统的、相互配合、前后一致的战略行动达成战略目标的过程。战略实施包括以下主要内容:

1．设定年度目标

设定年度目标是组织结构设计的基础。要根据战略计划的要求,设定企业执行战略的年度行动目标,这是战略实施过程中最基础的任务。年度目标是分配资源的基础,也是评价管理者的尺度。它是企业实现长期目标的基础。设定年度目标的方法和应该注意的问题将在"战略控制"一章里做详细介绍。

2．建立或调整组织结构,使之与战略相适应

"结构跟随战略"是进行战略管理一个重要的原则。应根据战略计划的要求,调整组织结构,并重新设计人力安排。尤其是战略实施的主要负责者,要合理安排,合理调度。

3．合理预算、配置资源

要按照战略计划的要求合理制定资源预算,这是推进战略执行的重要手段。科学合理的预算能使各个部门和员工都能了解自己的任务和可以动用的资源情况,也是监控和评价战略实施活动效果的重要方式和标准。

4．制定战略实施的政策和规程

为战略的顺利实施,制定战略行动的规定、政策,规范行动,修正违背战略实施目标的行动。

5．流程重组或再造

根据战略实施的要求,重新设计流程,一切以有利于战略计划的实施为第一原则。对流程的重组或再造包括以下几个方面:

(1) 重新设计工作执行方式(包括工作设计、工作拓宽、工作轮换、工作加深等)。

(2) 建立信息交流平台系统,保证管理者与战略匹配。

(3) 修正业绩管理和薪酬与激励计划，使之与战略相适应。
(4) 建设战略支持型企业文化。

6．建立战略控制系统

战略控制和战略实施同时进行，战略控制使战略实施的结果符合预期的要求，同时还能在环境变化导致战略失效时及时调整战略。

三、战略实施的阶段

战略实施是一个自上而下的动态管理过程。所谓"自上而下"，主要是指战略目标在公司高层达成一致后，再向中下层传达，并在各项工作中得以分解、落实。所谓"动态"，主要是指战略实施的过程中，常常需要在"分析－决策－执行－反馈－再分析－再决策－再执行"的不断循环中达成战略目标。

经营战略在尚未实施之前只是纸面上的或人们头脑中的东西，而企业战略的实施是战略管理过程的行动阶段，因此它比战略的制定更加重要。在将企业战略决策转化为战略行动过程中，有四个相互联系的阶段。

1．战略发动

在这一阶段上，企业的领导人要研究如何将企业战略的理想变为企业大多数员工的实际行动，调动起大多数员工实现新战略的积极性和主动性。这就要求对企业管理人员和员工进行培训，向他们灌输新的思想、新的观念，提出新的口号和新的概念，消除一些不利于战略实施的旧观念和旧思想，以使大多数人逐步接受新的战略。对于一个新的战略，在开始实施时相当多的人会产生各种疑虑。因为一个新战略往往要将人们引入一个全新的境地，如果员工们对新战略没有充分的认识和理解，它就不会得到大多数员工的充分拥护和支持。

因此，战略的实施是一个发动广大员工的过程。要向广大员工讲清楚企业内外环境的变化给企业带来的机遇和挑战、旧战略存在的各种弊病、新战略的优点以及存在的风险等，使大多数员工能够认清形势，认识到实施战略的必要性和迫切性，树立信心，打消疑虑，为实现新战略的美好前途而努力奋斗。在发动员工的过程中要努力争取战略的关键执行人员的理解和支持，企业的领导人要考虑机构和人员的人事调整问题，从而扫清战略实施的障碍。

2．战略计划阶段

战略计划阶段将经营战略分解为几个战略实施阶段，每个战略实施阶段都有分阶段的目标，相应的有每个阶段的政策措施、部门策略以及相应的方针等。要定出分阶段目标的时间表，要对各分阶段目标进行统筹规划、全面安排，并注意各个阶段之间的衔接，对于远期阶段的目标方针可以概括一些，但是对于近期阶段的目标方针则应该尽量详细一些。新战略实施的第一阶段更应该注意新战略与旧战略的衔接问题，以减少阻力和摩擦。因此，第一阶段的分目标及计划应该更加具体化和可操作化。对于第一阶段，应该制定年度目标、部门策略、方针与沟通等措施，使战略最大限度的具体化，变成企业各个部门可以具体操作的业务。

3．战略运作阶段

企业战略的实施运作主要与下面六个因素有关：各级领导人员的素质和价值观念，企业的组织机构，企业文化，资源结构与分配，信息沟通，控制及激励制度。通过这六项因素使战略真正融入到企业的日常生产经营活动中去，成为制度化的工作内容。

4. 战略控制与评估阶段

战略是在变化的环境中实践的，企业只有加强对战略执行过程的控制与评价，才能适应环境的变化，完成战略任务。这一阶段主要是建立控制系统、监控绩效和评估偏差、控制及纠正偏差三个方面。由于战略控制的内容非常丰富，本书将用专门一章内容对其进行详细的介绍。

第二节 战略实施与企业组织结构

一、企业组织结构与战略的关系

企业组织结构，是指企业采用的按不同任务或职位来划分和调配劳动力的方法。组织结构通过管理行为实现共同目标，因而适当的组织结构对战略的有效实施起着关键作用，尤其是组织设计的作用更加明显。组织设计，是指高层构思的战略在整个企业中得以协调实施的方法。组织设计是一个比组织结构更加宽泛的概念，包括组织的构建模块和协调机制的配置。其中，构建模块由组织结构与企业的人员、技术以及信息系统构成。设计流程从企业目标和战略的分析开始，阐述待实施的关键任务，接着按照组织结构划分这些任务。

集权或分权式的组织设计允许在实施战略时采用不同的方法。但必须要强调的是，组织结构和组织设计的灵活性和重建才是实现内部整合的关键，也是在企业与不断变化的环境之间寻求契合点的关键。

信息和制造技术的发展、创新的日益重要以及复杂多变的经济环境要求管理层定期审视组织结构。审视过程需要考虑诸多因素，例如，基础结构形式的合理性、集权和分权的比例、整体设计构架对战略实施的适用性等。在这一部分，我们要学习一个重要的基本内容就是：组织结构是一个关键变量，需要对其加以有效的管理和设计，这样才能促进和优化企业战略的实施以及战略目标的实现。

还有，企业主要的价值链活动中有些关键业务流程是必须执行的，正是这些关键业务才令企业的战略取得成功。这其中要搞清楚两个关键问题：一是要保持企业持续的竞争优势，哪些职能是必须妥善执行的；二是哪些价值链活动的执行不当又会危及战略流程。答案往往都是那些企业集中精力实施的关键活动。要使组织结构与战略相匹配，需要将战略上的关键活动和关键部分转化为组织结构中的主要构建模块。领导者和管理者应当理解其价值链中主要职能与支持性职能之间的战略关系，从而将单位绩效与核心竞争力和核心能力关联起来。同时，领导者和管理者需要谨防出现组织设计对战略相关的活动进行不当拆分的情况，并且需要关注最终结果。将支持性活动纳入组织设计的关键就是建立报告和协调活动，使支持性活动对战略任务的贡献达到最大化。

以下部分将对组织结构的影响因素和类型（包括一些新的组织形式）进行介绍，进而分析战略和结构之间的关系、讨论组织设计的战略重要性以及所需的集权或分权的程度。

二、组织结构的主要影响因素

简单地说，企业应当选择并采用这样一种结构：能以最简单的方式执行经营任务，同时不会产生不必要的问题和复杂情况。企业的目标或使命应当是选择组织结构类型的主要出发点。由于组织结构是由企业的战略方向和战略活动决定的,因此战略是最为基本的要素。最佳结果就是战略与组织结构有效匹配。两者之间的契合度也是要讨论的一个内容,所谓契合度也就是战略与组织结构相一致的紧密程度。

（一）确定组织结构类型时需要考虑的因素

为确保形式上的结构不妨碍企业主要目标的实现这一最根本的目的,就要对工作进行安排,使员工能够以最有效的方式工作。这是企业在制定战略时,需要考虑的一个重要因素。例如,一个企业需要及时对其经营所在地的市场变化做出灵活反应,企业就可能会采用分权式结构来实现更大的灵活性。

企业经营所处的环境是关键因素。为了将工作划分为可管理的若干部分、并将这些部分进行归类使其能够有效沟通,就需要判断企业经营所处的环境是稳定的还是高度复杂且不断变化的。这其中需要区分企业的多样性,因为跨国企业和小企业的需求会有所不同。稳定的环境允许企业采用较为严格的、常规的组织结构;而不断变化和不确定性的环境就要求企业采用更为灵活的、可调整的组织结构。

企业所采用的技术也与组织结构的确定有关。举例而言,批量化的生产技术通常需要企业采用高长型、更为集中的组织结构。

规模也具有类似的重要性。当企业达到一定规模时,从上到下的控制就会变得非常困难,因此就要求企业采用分权式的组织结构。

考虑企业的人员和文化。例如,技能熟练的、独立的专业人员通常要求采用分权式的组织结构并要求取得自主权。实际上,企业倾向于采用某些混合形式的组织结构。

鉴于上述各种不同的影响因素,很难有一套简单的规则来确定组织结构和体系。组织结构只是一个骨架,有了这个骨架,策略的血肉才能有所依附;然而,虽然组织结构自身并不能确保策略的成功,但是选择不当的组织结构可能会妨碍策略的成功实施。

（二）组织结构的三要素

组织结构显示企业所有不同部分之间的关系。从组织层级的角度来说,组织结构显示了不同级别的员工之间的关系,即企业内部的报告路线。组织结构类型是执行策略的特殊工具。构建组织结构需要仔细考虑以下三个方面的问题：

(1) 复杂性。复杂性是指工作之间及部门之间在横向和纵向上的差别程度。一个企业越复杂,其沟通、协调和控制的难度就越大。

(2) 规范性。规范性是指企业中工作的标准化程度。

(3) 集权度。集权度是指企业的决策权力集中于个人的程度。

组织通常从小型、单一的经营主体发展成为较为复杂的企业,并运用诸如垂直整合、地理扩张和多样化等战略;同时,其组织结构倾向于从单人式的控制体系发展为职能部门,或者发展为诸如事业部制、分权式的经营单位等企业形式。从战略的角度来看,要使组织结构与战略相匹配,就要使战略上的关键活动和关键部门成为组织结构中主要的构建模块。

三、组织结构的类型

组织结构的七个主要类型为创业型组织结构、职能制组织结构、事业部制组织结构、战略业务单位组织结构、矩阵制组织结构、控股企业/控股集团组织结构和跨国经营企业的组织结构。

（一）创业型组织结构

创业型组织结构是多数小型企业的标准组织结构模式。采用这种结构时，企业的所有者或管理者对若干下属实施直接控制，并由其下属执行一系列工作任务。企业的战略计划（若有）由中心人员完成，该中心人员还负责所有重要的经营决策。这一结构类型的弹性较小并缺乏专业分工，其成功主要依赖于该中心人员的个人能力。

这种简单结构通常应用于小型企业。从一定意义上说，简单结构几乎等同于缺乏结构，至少缺少正式意义上的组织结构。在这种结构中，几乎没有工作描述并且每个人都参与正在进行的任务。这样，随着企业的发展，所有管理职能都由一个人承担就变得相当困难，因此为了促进企业的发展，应将该结构朝着职能制组织结构进行调整。

例如，一家书店在某地区内拥有数家分店，由创办人一人负责管理。每家分店的数名店员都由他亲自聘用，帮忙打理日常店务。这属于简单的创业型组织结构。最近，创办人得到一名投资者的赏识，投入资金，利用创办人的品牌在全国开设八十多家连锁书店。随着企业规模的扩大及新的投资者的加入，管理权力的重新分配和专业化分工成为必然，这就促使该连锁书店实现从简单结构到职能制/事业部制组织结构的转变。

（二）职能制组织结构

职能制组织结构被大多数人认为是组织结构的典型模式。这一模式表明结构向规范化和专门化又迈进了一步。

随着企业经营规模和范围的不断扩张，企业需要将职权和责任分派给专门单元的管理者。这样，中心人物——首席执行官的职责就变得更加细化，这反映了协调职能单元的需要，并更多地关注环境问题和战略问题。这是一个适用于单一业务企业的职能型结构。

如图9.1所示，不同的部门有不同的业务职能：营销部负责产品的营销和推广；产品部负责生产销售给客户的所有产品；财务部负责记录所有交易并控制所有与经费和财务相关的活动。理论上，各部门之间相互独立，但是在实务上部门之间通常有一定的相互作用和影响。

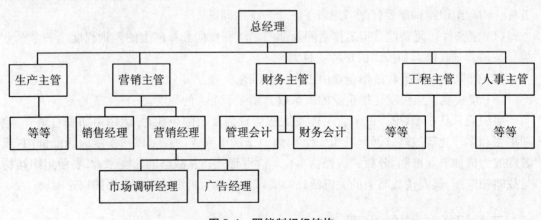

图9.1 职能制组织结构

职能制组织结构的优点如下：一是能够通过集中单一部门内所有某一类型的活动来实

现规模经济。比如,所有的销售和营销工作都通过销售和营销部门来执行。二是组织结构可以通过将关键活动指定为职能部门而与战略相关联,从而会深入提升职能技能水平。三是由于任务为常规和重复性任务,因而工作效率得到提高。四是董事会便于监控各个部门。

职能制组织结构的缺点如下:一是由于对战略重要性的流程进行了过度细分,在协调不同职能时可能出现问题。二是难以确定各项产品产生的盈亏。三是导致职能间发生冲突、各自为政,而不是出于企业整体利益进行相互合作。四是等级层次以及集权化的决策制定机制会放慢反应速度。

以下的例子说明了一家玩具生产商所采用的职能制组织结构可能面临的挑战。玩具生产商的组织结构如图9.2所示。

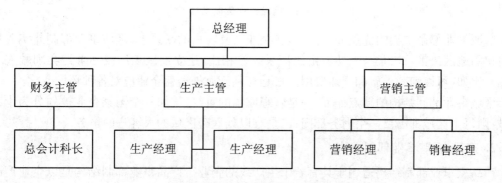

图9.2 玩具生产商的组织结构

总会计科长正在准备及整理来年不同部门的预算资料。生产经理不愿意提供预算数字,因他们认为只需直接报告给生产主管。在这个案例中,问题在于组织结构图很容易会使员工狭隘地理解各自职能,各自为政。而事实上,生产经理的职能应当包括预算信息的提供。该问题的解决办法在于将组织结构图"上"移,然后再向下移,即财务主管(以及总经理,若必要)应先向生产主管解释整个企业预算信息的重要性,然后再向各部门的主管寻求支持。

(三)事业部制组织结构

当企业逐步成长为有多个产品线之后,或者由于市场迅速扩张企业必须进行跨地区经营时,企业的协调活动就变得比较困难。在这一阶段,事业部制组织结构就应运而生。事业部制结构按照产品、服务、市场或地区定义出不同的事业部。将企业人员划分为不同的事业部被称为事业部制。由于总经理的时间和精力都被过度挤占,对分权化和半自治的需求就被放大了。企业总部负责计划、协调和安排资源,事业部则承担运营和职能责任。随着复杂性的增加,迫使组织放权,事业部自身的战略规划责任会有所增加。在某些情况下,采用区域事业部结构比较适当;而在其他情况下,采用产品事业部结构效果更好。

事业部制结构强化了这一点,即制定战略并不仅仅是高层管理者和领导者的任务。企业层、业务层和职能层的管理者都应在其各自的层级参与战略制定流程。

如前所述,在事业部制组织结构内可按产品、服务、市场或地区为依据进行细分。

1. 区域事业部制结构

当企业在不同的地理区域开展业务时,区域式结构就是一种较为适当的结构,它按照特定的地理位置来对企业的活动和人员进行分类。这种结构可用于本地区域(可将城市划分成销售区域)或国家区域(见图9.3)。例如,可按照北美区域、东南亚区域以及中东区域等进行划分。北美区域负责该地区的所有活动、所有产品以及所有客户。

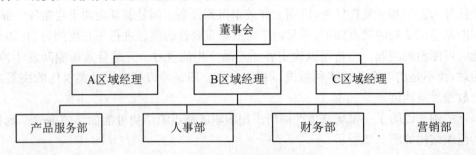

图9.3 区域事业部制结构

区域事业部制结构的优点如下:一是在企业与其客户的联系上,区域事业部制能实现更好更快的地区决策。二是与一切皆由总部来运作相比,建立地区工厂或办事处会削减成本费用。比如,可以削减差旅和交通费用。三是有利于海外经营企业应对各种环境变化。

区域事业部制结构的缺点如下:一是管理成本的重复,比如一个国家企业被划分为十个区域,则每个区域都需要一个财务部门;二是难以处理跨区域的大客户的事务。

2. 产品/品牌事业部制结构

产品型事业部制结构适用于具有若干生产线的企业。产品事业部制结构是以企业产品的种类为基础设立若干产品部,而不是以职能为基础进行划分。

产品事业部制结构的优点:一是生产与销售不同产品的不同职能活动和工作可以通过事业部/产品经理来予以协调和配合。二是各个事业部可以集中精力在其自身的领域。这就是说,由于这种结构更具灵活性,因此更有助于企业实施产品差异化。三是易于出售或关闭经营不善的事业部。

然而,采用产品事业部制结构也有缺点:一是各个事业部会为了争夺有限资金而产生摩擦。二是各个事业部之间会存在管理成本的重叠和浪费。三是若产品事业部数量较大,则难以协调。四是若产品事业部数量较多,高级管理层会缺乏整体观念。

品牌是设计的名称,用于区别制造商或供应商提供的产品或服务,并使之与竞争对手的产品或服务相区别。品牌可以表示同一企业生产的不同产品或(通常)类似产品,以便给客户一种感官差异。

品牌代表了一种独特的市场地位。在选择产品事业部制组织结构的同时,考虑实行品牌事业部制也变得很有必要。在保留产品事业部制一般权利的基础上,品牌经理还负责进行品牌营销,而这会涉及各个职能。品牌事业部制与产品事业部制具有类似的优缺点。具体来说,会增加管理成本和管理结构的复杂性;处理不同的品牌部门与单一的生产部门之间的关系会变得尤为困难。

3. 客户细分或市场细分事业部制结构

客户事业部制结构通常与销售部门和销售工作相关,批销企业或分包企业也可能采用这种结构,在这些企业中由管理者负责联系主要客户。另一个例子是,将不同类型的市场按照客户进行划分,比如企业客户、零售客户或个人客户等。

假设某银行在设置部门时,按照对公业务和对私业务分别设置为不同的部门,对公业务的部门主要负责企业的业务往来,而对私业务的部门主要负责个人业务往来,则该银行采取的组织结构类型为客户细分事业部制结构。

4．M型企业组织结构（多部门结构）

通过产品线的增加，企业会不断扩张；随着企业规模的扩大，前面三种相对简单的事业部制结构将不再适用。在这一阶段，具有多个产品线的企业应采用M型结构。M型结构将该企业划分成若干事业部，每一个事业部负责一个或多个产品线。

下面来看A企业的例子。该企业的组织结构曾经非常简单，仅拥有三个产品事业部：燃气系列产品、洗衣系列产品以及电子系列产品。但是通过收购B公司（一家空调、冰箱和火炉生产商）和C公司（一家小型家电制造商），企业不断扩张产品线，如果继续采用原来的组织结构将会面临事业部过多的问题。因此，该企业转变为M型组织结构将是一种不错的选择。如图9.4所示，M型结构包含了若干事业部，而每一个事业部都含有一个或多个产品线。

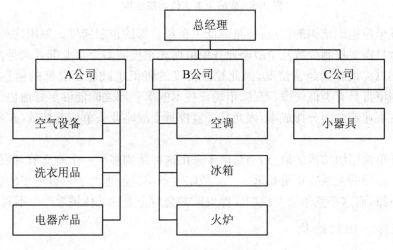

图9.4　M型组织结构

M型组织结构的优点：一是便于企业的持续成长。随着新产品线的创建或收购，这些新产品线可以被整合到现有的事业部中，或者作为新开发的事业部的基础。二是由于每一个事业部都有其自身的高层战略管理者，因此首席执行官所在的总部员工的工作量会有所减轻。这样，首席执行官就有更多的时间分析各个事业部的经营情况以及进行资源配置。三是职权被分派到总部下面的每个事业部，并在每个事业部内部进行再次分派。四是能够通过诸如资本回报率等方法对事业部的绩效进行财务评估和比较。

M型组织结构的缺点：一是事业部分配企业的管理成本比较困难并略带主观性。二是由于每个事业部都希望取得更多的企业资源，因此经常会在事业部之间滋生职能失调性的竞争和摩擦。三是当一个事业部生产另一事业部所需的部件或产品时，确定转移价格也会产生冲突。

转移价格是指一个事业部就其向另一事业部提供的产品或部件收取的价格。销售事业部通常希望收取稍高的转移价格来增加利润，而购买事业部则希望支付稍低的价格来降低成本。

（四）战略业务单位组织结构

企业的成长最终需要将相关产品线归类为事业部，然后将这些事业部归类为战略业务单位。战略业务单位组织结构尤其适用于规模较大的多元化经营的企业(如图9.5所示)。

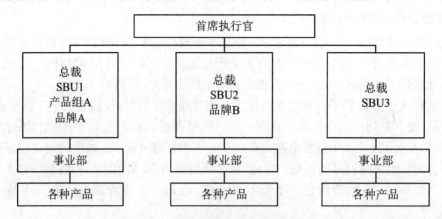

图9.5　战略业务单位组织结构

战略业务单位组织结构的优点：一是降低了企业总部的控制跨度。采用这种结构后，企业层的管理者只需要控制少数几个战略业务单位而无须控制多个事业部。二是由于不同的企业单元都向总部报告其经营情况，因此控制幅度的降低也减轻了总部的信息过度情况。三是这种结构使得具有类似使命、产品、市场或技术的事业部之间能够更好地协调。四是由于几乎无须在事业部之间分摊成本，因此易于监控每个战略业务单位的绩效(在职能制结构下也如此)。

战略业务单位组织结构的缺点：一是由于采用这种结构多了一个垂直管理层，因此总部与事业部和产品层的关系变得更疏远。二是战略业务单位经理为了取得更多的企业资源会引发竞争和摩擦，而这些竞争会变成职能性失调并会对企业的总体绩效产生不利影响。

(五)矩阵制组织结构

矩阵制组织结构是为了处理非常复杂项目中的控制问题而设计的。这种结构在职能和产品或项目之间起到了联系的作用。这样，员工就拥有了两个直接上级，其中一名上级负责产品或服务，而另一名负责职能活动。如图9.6所示。

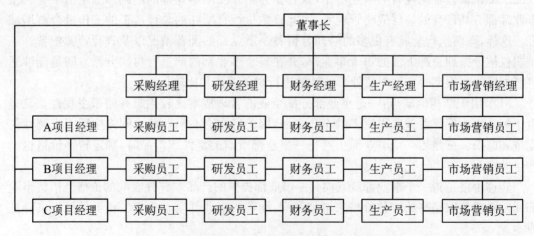

图9.6　矩阵制组织结构

在上述小组中，开发和生产产品C的员工不仅对产品C的项目主管负责，还要对所属职能部门的主管负责。矩阵制组织结构的目标就是充分利用企业中专门技术的结合,而普通的分级结构就难以实现这一目标。矩阵制组织结构将个人或单元横向归类为小组,并由小组处理正在进行的战略事务,从而实现这一目标。这一混合制结构在保持职能制结构和 M型结构的优点方面做出了尝试。简言之,矩阵结构是一种具有两个或多个命令通道的结构,包含两条预算权力线以及两个绩效和奖励来源。

矩阵制组织结构的优点:一是由于项目经理与项目的关系更紧密,因而能更直接地参与到与其产品相关的战略中来,从而激发其成功的动力。二是能更加有效地优先考虑关键项目,加强对产品和市场的关注,从而避免职能型结构对产品和市场的关注不足。三是与产品主管和区域主管之间的联系更加直接,从而能够做出更有质量的决策。四是实现了各个部门之间的协作以及各项技能和专门技术的相互交融。五是双重权力使得企业具有多重定位,这样职能专家就不会只关注自身业务范围。

但是,这种结构也存在缺点:一是可能导致权力划分不清晰(比如谁来负责预算),并在职能工作和项目工作之间产生冲突。二是双重权力容易使管理者之间产生冲突。如果采用混合型结构,非常重要的一点就是确保上级的权力不相互重叠,并清晰地划分权力范围。下属必须知道其工作的各个方面应对哪个上级负责。三是管理层可能难以接受混合型结构,并且管理者可能会觉得另一名管理者将争夺其权力,从而产生危机感。四是协调所有的产品和地区会增加时间成本和财务成本,从而导致制定决策的时间过长。

(六)控股企业/控股集团组织结构(H型结构)

当企业不断发展时,可能会实施多元化的战略,业务领域涉及多个方面,甚至上升到全球化竞争层面上,这时企业就会成立控股企业。其下属子企业具有独立的法人资格。控股企业可以是对某家企业进行永久投资的企业,主要负责购买和出售业务。在极端形态下,控股企业实际上就是一家投资企业。或者,控股企业只是拥有各种单独的、无联系的企业的股份,并对这些企业实施较小的控制或不实施控制;还有些时候,控股企业是一家自身拥有自主经营的业务单位组合的企业。虽然这些业务单位组合属于母企业的一部分,但是它们都独立经营并可能保留其原本的企业名称。母企业的作用仅限于做出购买或出售这些企业的决策,而很少参与它们的产品或市场战略。

母公司的员工和服务可能非常有限。控股企业与其他企业类型相区别开来的一个关键特点就是其业务单元的自主性,尤其是业务单元对战略决策的自主性。企业无须负担高额的中央管理费,因为母公司的职员数量很可能非常少;而业务单元能够自负盈亏并从母公司取得较便宜的投资成本,并且在某些国家如果将这些企业看成一个整体,业务单元还能够获得一定的节税收益。控股企业可以将风险分散到多个企业中,但是有时也很容易撤销对个别企业的投资。

(七)跨国经营企业的组织结构

跨国经营企业组织结构的选择受到母公司对海外经营的本土独立性和适应能力以及全球协作两个主要问题权衡取舍的影响。当本土独立性和适应能力相对于全球协作而言具有优先性时,跨国经营企业往往会选择"本土"结构。当加强全球协作对企业战略目标实现更有意义时,跨国经营企业往往会选择有利于进行全球协作的组织结构。图 9.7 是跨国结构的不同类型。

	本土独立性和适应能力	
全球协作程度	低	高
低	国际事业部结构	国际子企业
高	全球产品企业	跨国企业

图9.7 跨国结构的四种类型

1. 国际事业部

当国外生产和销售增加，经营范围和经营规模日益增大，尤其是企业积累了越来越多的国际经营的管理经验，并且进一步将国际经营列为本企业的战略发展目标时，在总部设立国际事业部，加强对国外事务的管理，协调国内外关系。国际事业部是与其职能部门、产品/地区部门并行的机构，通常由一名副总裁兼任主管，代表总部管理、协调国外业务。其缺点是缺少产品或技术的本地化。当不同国家或地区对产品的需求类似时，这种结构的效果最好。

2. 国际子企业

国际子企业以地理位置为基础并在各国国内独立经营。在这些企业中，基本上所有的管理职能都以国家为基础，从而实现高度的本土反应能力。母企业的控制权可能依赖于计划体系和报告体系，并且母企业可能对国际战略拥有最终否决权，但全球协作水平可能比较低。

3. 全球产品企业

在全球产品企业型结构下，国外下属公司的运营并没有太大的自主权，他们只是全球组织中的一个组成部分，谈不上发挥独立的战略作用。在这种情况下，母公司和国外下属公司之间的协调就变得十分关键。从优势的角度看，全球产品企业型结构的好处是获得了更高的全球效率。全球产品企业型结构最大的弱点是，随着时间的推移，下属公司越来越对母公司依赖，母公司与下属公司的互动缺乏创造力，从而导致子公司对当地市场的反应能力受到限制。

4. 跨国企业

跨国企业型结构旨在将国际子企业的本土反应能力与全球产品市场的协作优势结合起来。其关键在于为相互依赖的资源和能力创建一个整合网络并从中取得收益。

四、战略实施与企业组织结构的选择

管理层可参考企业内部决策的层级结构进行分析。大型企业通过集权和分权的运用而与较小规模的企业在特性上区别开来。

（一）集权型与分权型

集权型企业拥有多级管理层，并将决策权分配给顶部管理层；其管理幅度比较窄，从而呈现出层级式结构。较为典型的集权型职能式企业包括多个专门小组，比如营销、销售、工程、产品、研发、人事和行政小组。产品线数量有限且关系较为密切的企业更适合采用集权型结构，而专业化就意味着收益和节约。然而，当企业规模变得很大、产品线数量过多或者专业化并非企业的重要资产时，集权型结构的效果就略为逊色了。

企业所必须制定的主要战略决策与其结构的集权或分权程度有关。这通常取决于企业所处的特殊行业、环境和采用的技术。

1. 集权型结构的特点

（1）集权型结构的优点：一是易于协调各职能间的决策；二是对上下沟通的形式进行了规范，比如利用管理账户；三是能与企业的目标达成一致；四是危急情况下能进行快速决策；五是有助于实现规模经济；六是这种结构比较适用于由外部机构（比如专业的非营利性企业）实施密切监控的企业，因为所有的决策都能得以协调。

（2）集权型结构的缺点：一是高级管理层可能不会重视个别部门的不同要求；二是由于决策时需要通过集权职能的所有层级向上汇报，因此决策时间过长；三是对级别较低的管理者而言，其职业发展有限。

2. 分权结构的特点

分权型结构包含更少的管理层，并将决策权分配到较低的层级，从而具有较宽的管理幅度并呈现出扁平型结构。事业部制结构就是一种以产品或市场分组为基础的分权型结构。每个事业部都具有其自身的职能资源。控股企业型结构就是分权型结构的扩展，其中每个业务单元都是一家独立经营的企业。事业部制结构在企业的成长方面更为灵活。如果一家新事业部的创新比较重要，则可以为其分配新的人员、体制和文化，这一点与母企业组织是不同的。

近年来，组织结构的设计多倾向于分权和员工授权程度更大的结构，而不太采用独裁型和集权型结构。这种转变的基础理念是：企业应当将权力分配给较低层级来授权和激励员工，这样企业能对其所在市场做出更快反应。一个比较典型的例子如下：一个企业想要为客户提供高品质的服务，但是却未授权低级别的员工利用其主动性为客户服务。客户联系这家企业时，他会希望处理问题的人就能够帮助他。但是，如果客户的所有要求都要报告给高级别的员工来处理，那么这个低级别雇员和客户都会产生敌对情绪。

分权制减少了信息负载，提高了企业反应能力，为决策提供了更多的信息并对员工产生了激励效应。在分权型业务单元中，将活动按照业务线和产品线进行分类。多元化经营会使职能型结构变得太过复杂而难以管理，因此该结构中的基础构建模块是单一业务企业。

类似地，近年来分权理论提倡将非关键性活动外包出去。采用这一方法的前提是某些情况下由外包者提供服务可以比企业内部提供服务更好、更有效率。当企业需要实施战略控制来培养战略能力并实现竞争优势时，采用外包的方式能够使企业将其资源和精力集中在关键的价值链活动上。这一过程会降低内部等级制，并使组织结构扁平化。批评的观点认为，外包过量会使企业成为皮包企业，从而受外部供应商的支配，并丧失主宰自身市场地位的技术和能力。

上述情况关注的是决策者而不是结构。企业采用以产品为基础的结构并由总经理进行所有决策，这种情况是可能的。比较重要的一点是，企业不仅应选择适当的结构还应对各个级别的权力做出适当的分配。决策权力与责任的大小也与企业的文化密切相关。比如，分权型企业要想成功，其员工必须在实际中承担责任，但是仅仅要求他们承担责任是远远不够的。这种管理文化上的变化是一个企业成功的关键要素。同样，组织结构是波特价值链理论中的支持性活动，并且我们必须考虑组织结构对企业的成功起到了怎样的帮助或阻碍作用。

(二)环境的影响

实现企业策略、企业设计、组织结构以及企业环境间的相互匹配是非常必要的。就企业环境而言,环境是企业设计过程中的主要决定因素。在该领域内的研究(Mintzberg and Quinn,1996)已发展出两种相对立的企业形式:机械式企业和有机式企业。

对不同的企业形式而言,企业设计的基本原则或将系统与其组成部分相结合的要素都各不相同。在机械式系统中,企业设计的原则是层级控制;而在有机式系统中,企业设计的原则是自动调节。

机械式系统适用于稳定的环境,不将变化的管理视作重要因素。机械式系统的特点:一是将人力视为待管理的资源,如同机器的组成部件一样,每个人的职责都有严格精确的限定;二是具有许多规则和规定;三是激励技术多来自外部;四是非常重视企业层级的能力,并发展忠诚和服从;五是高度集权化和规范化;六是主管在将高层信息传达给下属时具有选择性;七是通过正式的授权和影响来实施权力。

有机式系统能更好地对变化做出反应,因此当企业的技术、市场定位或任务进入快速变化阶段时,推荐企业采用这一系统。有机式系统的特点:一是技能、经验和专业知识被视为特有的、最为重要的资源;二是以咨询和参与为基础的领导风格是解决问题的常用方法;三是高度重视企业文化,并采用指引和标志的方式而不是采用规则和规定的方式来强化企业文化;四是强调工作成果、企业的生存和成长高于忠诚和服从;五是管理风格为参与性管理法;六是组织结构是分权型的结构;七是有机式系统更具弹性并更能适应不确定性;八是通过专门技术来实施权力。

这些系统类型并不是完全对立的,并且在这两个极点之间可以存在中间形式。举世公认的是,当企业外部环境发生变化时,企业可以从一种系统转为采用另一种较好的系统,并且一些企业还能采用两种系统同时进行经营。

组织所面对的环境类型在一极与另一极之间存在从"简单"和"稳定"到"复杂"和"动荡"的类型,如图9.8所示。

	稳定	动荡
分权	分权型机械式组织	分权型有机式组织
集权	集权型机械式组织	集权型有机式组织

图9.8 环境对组织设计的影响

组织在这些"隔间"中的相对位置取决于其所处的外部环境。处于稳定环境中的成功企业大多具有机械式设计的特点。比如,金融机构多具有较为机械式的结构,以确保遵守规则和规定,从而以严谨的方式来管理其投资或客户存款。当复杂性增加时,可通过将决策职责向下分配给专家来解决复杂性问题。这就是说,处于复杂环境的企业采用的结构更为分权化。

而处于变动环境中的成功企业多具有较为有机式设计的特点。换言之,由于企业环境可能会迅速变化,企业需要有机式管理系统的快速性和灵活性,因此企业的组织设计对环境的适应性越强,企业的运营就越有效。例如,广告代理商多采用有机式企业设计,以促进企业的创造性和创新能力,而创造性和创新能力正是广告企业取得成功的关键要素。

(三)权变理论

权变理论为现代企业的组织结构设计提供了有用的指南。这就意味着在某些组织中可以存在若干不同类型的结构。组织内的某些领域是等级型和角色决定型的,而其他领域可呈现出有机式结构的特点。结构的类型必须适于任务绩效和个人/小组满意度。Bums和Stalker认为在稳定条件下经营的组织(比如教会)与在动态条件下经营的企业相比(比如技术企业)应采用更为官僚和传统的组织结构。企业所处的经营环境越不稳定,其业务管理就越需要灵活性和权变思想。

下面是在确定最适当的组织结构时所应考虑的重要变量:

(1) 复杂性。一个在产品、市场和地理位置方面具有多元性的企业,其最适合的结构很可能是分权型事业部制结构。

(2) 规模。企业的规模越大,其越有可能采用规范化的结构来进行授权。由于控制结构倾向于官僚型,因此专门化也成为其一大特点。

(3) 环境。根据权变理论,采用不同的设计方法有利于实现高绩效,这取决于企业所处的环境性质是动态的、复杂的,还是稳定的、简单的。

(4) 人力资源政策。管理行为理论认为工作越充实,员工被激励得越多,工作满意度越高,员工的工作效果就越好。

(5) 技术。约翰·伍华德(Joan Woodward)的研究表明,当组织结构与其技术相适应时,企业能实现高水平的绩效。

总而言之,权变理论所推崇的灵活性和考虑因素都是在设计和重新设计现代组织结构时非常有用的框架。

(四)结构构型的五个元素

明茨伯格认为组织结构比仅仅区分级别类型更为复杂。他认为构建模块和协调机制构成了具体的结构构型。这些模块的重要性和相对大小因企业而异。从本质上来说,这些构建模块有一种以规模为导向的配置方式,这种方式能够适应不同类型的企业所面临的各种环境。

(1) 作业核心。由组织成员组成,并由他们直接参与商品生产和劳务供应。

(2) 顶点。指组织内的高层管理层。他们随组织的扩张而发展,其任务包括战略制定和边界管理。

(3) 技术结构。指提供技术支持但不直接参与核心活动的员工。这一小组的成员工作标准化,但实际不监督具体生产。这些成员包括会计人员和计算机专家。

(4) 中间层。指位于顶点与作业核心之间的权力层。这一部分的人员负责管理已完成的工作,从而将战略顶点的愿望转变为作业核心的工作。

(5) 支持性人员。支持性人员提供正常工作流程以外的支持,不属于作业核心但却是企业环境必不可少的部分。例如律师、秘书、书记员以及餐饮人员。

虽然明茨伯格认为上述五个部分是一种分析工具,但在实务中存在多种工作联动机制:一是正式确定的决策、权力和职责的层级;二是组织周围正式的信息流;三是非正式的沟通网络;四是正式的工作格局,其中企业的各个部门建立并运行正式的协调机制,诸如工作小组和委员会等;五是专门的决策流程系统,其中当组织遇到问题时会以一种特殊的方式做出反应。该系统旨在限定问题并找出特殊问题的解决方案。

（五）组织构型

明茨伯格的结构构型理论的用处在于其涵盖了关于正式的组织结构的多种问题：一是组织所做的工作类型（定制的或标准化的）；二是任务的复杂性（简单的或复杂的）；三是所处环境（稳定的或动态的）。

为支持企业战略而选择的构型取决于构建模块与协调机制的结合。明茨伯格讨论了六种构型，这六种构型广泛地涵盖了已讨论的组合以及组织所面临的环境、工作类型和任务复杂性等。他提出的六种组织构型如下：

1. 简单型结构

它与创业型组织相对应。战略顶点可能由小型企业中单一业主经理人构成，该业主经理人直接控制作业核心，而其他职能都降到最低。这种结构较少存在或不存在中间层，并且也不存在技术结构和支持性人员。通过直接监督实现协调这一事实说明这种结构具有灵活性，并且适于处理动态环境。

2. 机械型企业

它是一种以战略顶点的优势为基础的简单结构，因此机械型企业依靠技术结构的权力。它更强调规章制度，并由机械化的运营流程来管理企业内部的所有活动。这意味着机械型企业对变化做出快速反应是不可行的，并且这种结构最适于简单、稳定的环境。例如，一家纸张制造商通过推行流水线式的生产和管理，提升效率并为其在竞争中带来成本优势。这是机械型企业的典型例子。

3. 专业型企业

这种组织结构依靠作业核心的优势。专业型企业的名称很恰当，因此采用这一类型结构的组织通常拥有许多专业资质较高的员工。例如，医院或软件开发商多采纳专业型组织构型，这些组织都是根据客户要求提供个性化服务的。

4. 部门型结构

其特点是具有有力的中间层，在中间层的大量中层管理者负责具有一定自主性的部门。根据部门的自主程度，管理层能够使战略顶点对部门的干涉最小化。

5. 灵活型企业

灵活型企业是指一种复杂无序的结构，其程序和流程都未规范化，并且核心活动由项目小组执行。这种结构适用于复杂动态的环境，而不适用于标准化工作。例如，一家为客户提供营销服务的公司，共有五位合伙人，另有营销主管、广告策划、派对策划以及负责联系媒体的专员等员工。在需要营销服务时，客户会联系其中一位合伙人，该合伙人会根据项目的大小，组织专门的团队来解决客户的问题，但不会亲自参与其中。

6. 使命型企业

使命型企业以企业中所有员工分享的共同信念和价值为基础。对行为规范的坚定信念意味着不愿意妥协或改变，这也表明这种组织只能够在简单稳定的环境下取得成功。

第三节 战略实施的领导与资源配置

由于战略管理是整个企业参与的管理过程,因此战略管理者包括公司层、事业层和最基本的运营层管理者。其中,企业高层管理者(领导)是企业战略管理的核心,高层管理者直接参与企业战略分析与制定的全过程,同时还是组织者和领导者。在战略实施的过程中,高层管理者的推动和促进力量是保证成功的关键因素,对一家企业实现其战略目标起巨大作用。

一、企业领导者与战略实施

优秀的领导者是企业赢得并保持竞争优势的重要资源。领导者运用自己卓越的思维能力为企业决策能带来竞争优势的战略,设计与建构与战略实施相匹配的组织结构、薪酬系统,激励和指导中层和基层管理者娴熟地实施战略,保证战略的成功实施。

优秀的企业领导人往往对企业经营和发展有深刻的洞察力,善于创造及发现机遇,有创造及寻找机遇的执著,而不管目前可利用的资源是否充足。除此之外,优秀的企业领导人拥有很强的领导能力,包括组织、领导、计划、激励、控制的能力,以及很强的执行力。在定了很好的战略后,要有很强的执行力,以确保企业战略的有效执行,否则一切只是空谈。

(一)高层管理团队的构成和特征

企业高层管理团队由负责实施战略的主要人员组成。高层管理团队的决策质量将影响企业创新和实施战略变革的能力。高层管理团队的素质与战略绩效存在一定的相关性,尤其是团队是否具备战略实施必需的某些专业技能,对战略实施成功与否有关键性的影响。

企业高层管理者既需要了解企业外部环境特征,又要把握内部经营管理的全局,这种要求显然不可能仅仅落在一个人的肩上。异质性的管理团队对企业有效实施战略是十分必要的。异质性指团队具有不同的背景、经验、专业等,异质性的团队比个体或者同质性管理团队更有能力对战略实施进行领导。高度异质性的管理团队更有助于推动企业的创新和战略变革。因为他们视野更开阔,把握机会和威胁的能力更强,也能够科学地分析战略实施过程中出现的各种问题,从不同角度提出诊断方案,解决问题的思路更灵活。

(二)首席执行官

作为高层管理团队核心的首席执行官对企业战略的影响更为重要。首席执行官的来源可以分为内部选聘和外部选聘两种。针对不同企业的具体情况,两种方式各有优劣。从战略发展的角度看,从内部选聘的首席执行官更倾向于沿袭过去的企业战略,而外部选聘来的管理者则较容易导致战略变革的发生。

如果新选聘的首席执行官是内部提升的,并且公司高层管理团队具有同质性,企业战略更可能趋向稳定;相反,若新任的领导来自外部,并且高层管理团队具有很高的异质性,新的企业战略顺利实施的可能性将大为增加。

(三)企业领导者在战略实施中的作用

企业领导层在整个战略管理全过程中都扮演了非常重要的角色。包括确认企业是否需要做出改变，给企业全体成员和利益相关者提供清晰的关于未来的展望，以及确保战略的有效实施等。

战略实施的关键任务包括制定新政策和预算，以便指导行动和资源在重要领域中的再分配。强大的领导能力必须确保政策得以执行和资源有效利用。没有有效的作用模式和纪律，企业中的成员就不愿意参与变化。必须设计和利用制度来获取对分析和绩效衡量有用的战略信息。采用包括人员的角色和职责以及企业层级的结构，将导致相当大的变动。因此，必须有效沟通和了解这些变化对员工的影响。应当积极对待冲突和阻力，保证他们不干扰策略的实施过程。需要强大的领导能力将计划变成现实，领导层在战略实施中的作用是：

1．沟通

整个战略实施过程中领导的重要作用之一就是沟通和分享他们对整个企业的理解和看法。这是一个连续的过程，必须利用一切正规和非正规的沟通渠道，包括行动和语言。只有有效地传达他们的战略目标，领导者才能得到对自己的战略是支持或接受的反馈。因此，沟通对于战略的成功实施至关重要。

作为战略的发起人，有必要建立一种紧迫感。这需要对现有战略的差距进行有效的沟通。由于高层管理团队是整个企业中的行为模范，首先应当在他们当中进行沟通，进而说服其他受到战略实施影响的人。

2．清晰表达观点和战略

表达对于变革的需求必须和沟通对未来有益的观点和战略有效地结合起来，这一点考虑了脱离过去走向未来的改革所带来的影响。为了确保有效的沟通，领导需要提供涉及两个关键领域的信息：一是当前的状况，包括当前的工作、存在的问题或者未来需要进行变革的问题；二是将要发生的改变，包括概况、收益、风险和问题等。系统考虑每个关键领域，就会增加成功实施战略的可能性。试图强行越过问题而不是积极解决和处理会带来更多的问题。

3．选择和培养接班人

战略性领导的关键任务是知人善任，任用那些能够有效胜任并承担领导和管理责任的人才是非常重要的。领导必须确保领导能力的不断发展和继承，以确保企业战略决策的一致性和战略实施的连贯性。

（四）企业领导层在战略实施中的任务

1．开发和维持企业核心竞争力

核心竞争力是企业赢得竞争优势所依赖的重要资源与能力，它使得企业可以为顾客提供具有独特价值的产品和服务。核心竞争力可能来自企业多项职能领域，比如研发、生产、营销、分销、服务、财务等。企业在不同的领域建立和发展核心竞争力能够有效地促进战略的实施。

2．激励和指导中、基层管理者

虽然战略实施的主要行动由高层管理团队完成，但还要依赖中层和基层经理们的支持与合作以保持关键活动的良好运作，以推动战略变革。中层和基层管理者决定着战略实施的娴熟程度，高层管理者应该激励和指导中基层经理执行好他们在战略实施中应有的角色。

3. 发展企业人力资本

核心竞争力的开发与企业的人力资本水平是密切相关的。人力资本指企业所有劳动力所拥有的知识和技能。人力资本对企业发展的贡献远大于其他资本要素。员工应当被视为企业需要不断投资的资源。有效开发和管理人力资本是成功实施企业战略的主要决定因素。

4. 培育支撑战略的企业文化

新的战略取代旧的战略,变革时期的由于企业文化而带来的新旧冲突是难免的。企业文化代表了企业的价值取向、行为准则,它制约和规范着人们的行为,是竞争优势的一项来源。研究表明,新的经营战略往往是被市场驱动的,并且会受到竞争力量的支配。因此,改变企业文化使其适应新战略比改变战略使其适应现有文化更为有效。塑造并贯彻支撑战略实施的企业文化是高层管理者的一项重要任务。

二、战略实施与资源配置

企业资源配置是指企业根据战略期所从事的经营领域,以及确立竞争优势的要求,对其所掌握的各种经济资源,在质和量上的分配。其目的是形成战略所需要的经营结构或战略体系。

实际上,每个组织都是独特的资源和能力的结合体,这一结合体形成了战略实施的基础。战略资源是战略实施的基础,离开战略资源谈战略实施是没有意义的。企业的战略实施,必须充分了解这些战略资源的内在特质,培植企业对自身拥有的战略资源独特的运用能力,即核心能力。针对企业的竞争动态性特点对企业的战略资源进行有效的配置,保证企业战略的平稳运行。

企业资源配置的方式有很多,一般采用价值工程和作业组合两种。

（一）价值工程

价值工程(value engineering)是美国工程师麦尔斯在进行企业原材料采购过程中对短缺材料寻找代用品时发现的一种价值分析体系。

价值工程成功地被世界各国所推广运用,其中主要原因之一是基于价值工程对"生产产品所消耗的资源是有限的甚至是紧缺的"的认识。被消耗资源的货币表现即是费用或成本。资源的稀缺性迫使企业节约成本,从而使"价值"上升。麦尔斯指出:"功能导向的工作,基本上是以完成人们渴望与需要的新功能为中心而利用资源的,而价值导向工作的目的,则在于用更少的物资资源和时间资源来完成这些预定的功能。"实际上,成本是一种衡量资源消耗数量的尺度。价值工程则作为一种更优利用资源的研究,帮助人们合理使用每个单位资源以满足更多的需要。由此可见。价值工程是企业资源配置的有效手段之一。它主要是运用在产品设计和生产准备阶段,主要是以价值提升高度阐述成本（费用）的节约和资源配置的方式。

（二）作业组合

作业组合是围绕着企业生产经营而必须开展的各种活动的合理组合。这些活动是以产品生产为中心的,需要各种资源供给,是一种资源的组合。价值工程突出某一种资源的功能替代,而作业组合关注的是多种资源的合理组合以达到资源配置的有效性。作业组合之所

以成为企业资源配置的手段之一,是因为作业组合的成因是适应围绕产品而开展生产经营的需要。产品的生产需要各种活动(或作业)来完成,企业的经营同样需要各种活动(或作业)来完成。同时,作业也具有替代性,也就是说,同样的目的可以采取不同的行为和活动来完成或达到,但是不同的行为或活动将会需要不同的资源。因此,不同的作业选择和组合必然会对资源用途采取不同的选择。

作业组合这一配置方式与价值工程方式一样必然受到特定产品、特定工艺技术要求的制约,会受到社会资源配置方式的制约。企业设立、产品选定时必须遵循社会资源配置的规律,而一旦确定,企业资源配置在日常工作中就主要采用价值工程和作业组合这两种方式。从中可以看出,企业资源配置更多地追求对企业资源消耗的节约,企业资源配置的有效性是企业资源配置的真正目标所在。

作业组合方式源于生产经营的需要,但是要以价值工程方式为基础,而价值工程方式主要源于产品功能组合的需要。作业组合方式对于价值工程方式也必然有"反作用"。有时会出现这样的情况:价值工程方式从资源替代角度认为更换某种资源重新配置有效且节约,但是作业组合达到产品功能却很困难或可以组合实现功能但成本很高。也就是说作业组合方式使得资源配置出现无效或浪费。如何看待这一问题,就要求我们将两种配置方式互相协调去考察整体企业资源配置的有效和节约。这一方面要求我们预先进行价值工程配置方式和作业组合配置方式的结合,另一方面要充分展开项目可行性研究和企业预算工作。

第四节 战略实施与企业文化

所谓企业文化,是在一定的条件下,企业生产经营和管理活动中所创造的具有该企业特色的精神财富和物质形态。它包括企业愿景、文化观念、价值观念、企业精神、道德规范、行为准则、历史传统、企业制度、文化环境、企业产品等。其中价值观是企业文化的核心。

一般认为,企业文化是由四个不同的层次部分组成的。第一层核心层是呈现观念形态的价值观、信念,体现在企业经营哲学、宗旨、方针、目标等方面,称为企业精神;第二层是体现在企业行为准则的企业制度,它是企业价值观和信念的反映;第三层是呈现行为形态的员工的工作方式、社会交往方式、应变方式等,通常称为企业作风;第四层是呈现物质形态的产品设计、质量、厂容厂貌、员工服饰等,通常称为企业形象。

企业战略的实施不能脱离企业的文化环境。实际上,每个企业都有自己的文化,不管这种文化是成熟的,促进企业发展的;或者是零散的,未加整理和提炼的,阻碍企业发展的。管理大师托马斯·彼得斯说:"一个伟大的组织能够长久生存下来最主要的条件并非结构形式或管理技能,而是我们称之为信念的那种精神力量,以及这种信念对于组织的全体成员所具有的感召力。"对于一个实施战略管理的企业来讲,与之相匹配的优秀的企业文化是必不可少的,企业文化和企业的发展战略相匹配,会促进企业的发展,反之,则会阻碍企业的发展。

一、企业文化的作用

企业文化具有多种管理功能,可以在企业管理中发挥物质资源等硬件所起不到的作用和功能。

（一）导向功能

企业文化在较长时间内形成的共有价值观、信念和行为准则可以为企业决策提供正确的思想观念指导和健康的精神气氛，能对企业整体和企业每个成员的价值取向及行为取向起引导作用，具体表现在两个方面：一是对企业成员个体的思想行为起导向作用；二是对企业整体的价值取向和行为起导向作用。这是因为一个企业的企业文化一旦形成，它就建立起了自身系统的价值和规范标准，如果企业成员在价值和行为取向上与企业文化的系统标准产生悖逆现象，企业文化会将其纠正并将之引导到企业的价值观和规范标准上来。

（二）约束作用

企业文化对企业员工的思想、心理和行为具有约束和规范作用。通常情况下，企业会通过一系列规章制度来约束员工的行为，但是这种硬约束很难规范每个员工的每一个行为，如同一个国家需要"法治"，同样也需要"德治"，通过倡导和建立与企业战略相匹配的企业文化会形成对员工的软约束，这种约束力产生于企业的文化氛围、群体行为准则和道德规范，群体意识、社会舆论、共同的习俗和风尚等精神文化内容，会造成强大的使个体行为从众化的群体心理压力和动力，使企业成员产生心理共鸣，继而达到行为的自我控制。

（三）激励作用

企业文化具有使企业成员从内心产生一种高昂情绪和奋发进取精神的效应。优秀的企业文化把尊重人作为中心内容，以人的管理为中心。企业文化给员工多重需要的满足，并能对各种不合理的需要用它的软约束来调节。所以，积极向上的思想观念及行为准则会形成强烈的使命感、持久的驱动力，成为员工自我激励的一把标尺。

二、战略实施与企业文化的关系与协调

（一）企业战略与企业文化的关系

一个组织的文化会影响其战略的实现方式。战略和企业文化的配合越紧密，战略就越有效。某些文化能使一个组织比其他组织更加有效地利用环境，所以在战略上也更适合。组织的战略和结构及它们的实施受被界定为文化的设想、信念和价值观念所影响，文化具有束缚或帮助组织走向成功的能力。

战略管理和战略方案受顾客需求、竞争力和其他周围环境力量的影响。它们也受组织文化的影响，并且它有助于加强或塑造这种文化。一个组织要想成功，不仅要有强有力的、合适的文化，还必须不断地适应环境。

(1) 优秀的企业文化是企业战略制定获得成功的重要条件。优秀的文化能够突出企业的特色，形成企业成员共同的价值观念，而且企业文化具有鲜明的个性，有利于企业制定出与众不同的、克敌制胜的战略。

(2) 企业文化是战略实施的重要手段。企业战略制定以后，需要全体成员积极有效地贯彻实施，正是企业文化具有导向、约束、凝聚及激励等作用，激发起员工的热情，统一了企业成员的意志及欲望，为实现企业的目标而努力奋斗。

(3) 企业文化与企业战略必须相互适应和相互协调。严格地讲，当战略制定之后，企业文化应该随着新战略的制定而有所变化。但是，一个企业的文化一旦形成以后，要对企业文

化进行变革难度很大,也就是说企业文化具有较大的刚性,而且它还具有一定的持续性,会在企业发展过程中又逐渐强化的趋势。因此从战略实施的角度来看,企业文化要为实施企业战略服务,又会制约企业战略的实施。当企业制定了新的战略要求企业文化与之相配合时,企业的原有文化变革速度非常慢,很难马上对新战略做出反应,这使企业原有的文化就有可能成为实施新战略的阻力,因此在战略管理的过程中,企业内部新旧文化的更替和协调是战略实施获得成功的保证。

(二) 企业战略和企业文化相协调的模式

企业战略和企业文化相协调的模式涉及两个方面,即战略的稳定性和企业文化的适应性。战略稳定性反映企业在实施一个新的战略时,企业的结构、技能、共同价值、生产作业程序等各种组织所发生的变化;文化适应性反映企业所发生的变化与企业目前的文化相一致的程度。战略稳定性和文化适应性之间的模式可以用图9.9来表示。在矩阵中,纵轴表示企业战略的稳定性状况,横轴表示文化的适应性状况。

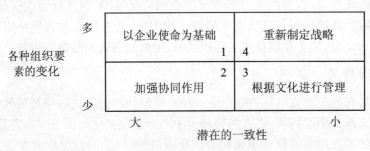

图 9.9 战略稳定性与文化适应性

1. 以企业使命为基础

在第一象限中,企业实施一个新的战略时,重要的组织要素会发生很大的变化。这些变化大多与企业目前的文化有潜在的一致性。这种企业多是那些以往效益好的企业,可以根据自己的实力,寻找可以利用的重大机会,或者试图改变自己的主要产品和市场,以适应新的要求。这种企业由于其固有文化的大力支持,实行新战略没有大的困难,一般处于非常有前途的地位。

2. 加强协调作用

在第二象限中,企业实施一个新的战略时,组织要素发生的变化不大,又多与企业目前的文化相一致。这类情况往往发生在企业采用稳定战略(或维持不变战略)时,处在这种地位的企业应考虑两个主要问题:一是利用目前的有利条件,巩固和加强企业文化;二是利用文化相对稳定的这一时机,根据企业文化的需求,解决企业生产经营中的问题。

3. 根据文化的要求进行管理

在第三象限中,企业实施一个新战略,主要的组织要素变化不大,但多与企业组织目前的文化不大一致。例如,当企业准备推行某种新的激励方式,虽然这种方式与过去的激励方式相比并没有根本性的变化,但某些利益相关者基于对自身利益的考虑,可能会反对实施新的方法。此时,企业需要研究这些变化是否可能给企业带来成功的机会。在这种情况下,企业可以根据经营的需要,在不影响企业总体文化一致的前提下,对某种经营业务实施不同的文化管理。同时企业要对像企业结构这样与企业文化密切相关的因素进行变革时,也需要根据文化进行管理。

可以说企业文化是理解为什么一些公司能够成功落实其战略而另外一些公司却不能落实的关键。一个重要的因素是成功的公司有支持其战略的文化,因此对公司战略转变的管理而言,文化是一个积极因素而不是实施转变的一种障碍。很难引进一种可以忽略组织当前文化的战略,除非它是一个新公司,尚没有时间去形成鲜明的企业文化,或者它所雇用的员工有了某种重大变化。

4. 重新制定战略

在第四象限中,企业在处理战略与文化的关系时,遇到了极大的挑战。企业在实施一个新战略时,组织的要素会发生重大的变化,又多与企业现有的文化很不一致,或受到现有文化的抵制,对于企业来讲,这是个两难问题。

在这种情况下,企业首先要考察是否有必要推行这个新战略。如果没有必要,企业则需要考虑重新制定战略。反之,在企业外部环境发生重大变化,企业考虑到自身长远利益,必须实施不能迎合企业现有文化的重大变革,企业则必须进行文化管理,使企业文化也做出相应重大的变化。

另外一种选择是努力围绕文化而管理,这种选择在对于该组织成功克服组织战略与文化的冲突有决定性意义的情况下是可取的。调整企业文化以适应战略是一个长期的、艰难的过程,而调整战略以适应文化则容易得多。在公司战略的实施道路上存在多种文化障碍的情况下,这种选择是必要的。

课后案例

杰克·韦尔奇的成功之道

杰克·韦尔奇是通用电气(GE)董事长兼CEO。在短短20年间,这位商界传奇人物使GE的市场资本增长30多倍,达到了4100亿美元,排名从世界第10位提升到第1位。他所推行的"六西格玛"标准、全球化和电子商务,几乎重新定义了现代企业。杰克·韦尔奇2001年9月退休。他被誉为"最受尊敬的CEO"、"全球第一CEO"、"美国当代最成功最伟大的企业家"。

1981年4月,杰克成为通用电气公司历史上最年轻的董事长和首席执行官。那年他45岁,而这家已经有117年历史的公司机构臃肿,等级森严,对市场反应迟钝,在全球竞争中正走下坡路。

杰克深知官僚主义和冗员的恶果,从他第一年进入通用时,他就已经尝到这种体制的恶果。首先,杰克改革的就是内部管理体制,减少管理层次和冗员,将原来8个层次减到4个层次甚至3个层次,并撤换了部分高层管理人员。此后的几年间,通用电气砍掉了25%的企业,削减了10多万份工作,将350个经营单位裁减合并成13个主要的业务部门,卖掉了价值近100亿美元的资产,并新添置了180亿美元的资产。

当时正是IBM等大公司大肆宣扬雇员终身制的时候,从GE内部到媒体都对杰克的做法产生了反感或质疑,这是一个"优秀"的企业应该做的吗?他是不是疯掉了?因为太过于强硬的铁腕裁员,杰克被人气愤地冠以"中子弹杰克"的绰号。

这就是杰克的经营理念——数一数二市场原则,立于不败之地。任何事业部门存在的条件是在市场上"数一数二",否则就要被砍掉——整顿、关闭或出售。

在管理上,杰克更是独创了许多方法,最为著名的莫过于"聚会""突然视察""手写便条"了。杰克懂得"突然"行动的价值。他每周都突然视察工厂和办公室,匆匆安排与比他低好几级的经理共进午餐,无数次向公司员工突然发出手写的整洁醒目的便条。所有这一切都让人们感受到他的领导并对公众的行为施加影响。尤其是这些小小的便条,更给人以无比的亲切和自然,形成了一种无名的鞭策和鼓励。

当然还有人才,这是杰克最重视的地方了。他说:"领导者的工作,就是每天把全世界各地最优秀的人才延揽过来。他们必须热爱自己的员工,拥抱自己的员工,激励自己的员工。"作为一个过来人,韦尔奇给公司领导者传授的用人秘诀是他自创的"活力曲线":一个组织中,必有20%的人是最好的,70%的人是中间状态的,10%的人是最差的。这是一个动态的曲线,即每个部分所包含的具体人一定是不断变化的。但一个合格的领导者,必须随时掌握那20%和10%里边的人的姓名和职位,以便做出准确的奖惩措施。最好的应该马上得到激励或升迁,最差的就必须马上走人。

目前,通用公司每位员工都有一张"通用电气价值观"卡。卡中对领导干部的警戒有9点:痛恨官僚主义、开明、讲究速度、自信、高瞻远瞩、精力充沛、果敢地设定目标、视变化为机遇以及适应全球化。这些价值观都是通用公司进行培养的主题,也是决定公司职员晋升的最重要的评价标准。

资料来源:根据百度百科"杰克·韦尔奇"词条资料编写。

案例分析题

1. 作为企业领导者,杰克·韦尔奇在战略实施中发挥了哪些作用?
2. 杰克·韦尔奇是如何对待企业人力资源的?

◆ **本章思考题**

1. 高新技术企业采取集权式还是分权式的组织结构,哪个好一些?试说明你的观点。
2. 领导者在战略实施中的主要任务有哪些?
3. 资源配置在战略实施中有何作用?

第十章 战略控制

> 导入案例

百年张裕重提百亿目标谋重振

高端白酒一路高歌猛进,葡萄酒却在艰难求生,国产酒市场处于严重的两极分化境地。

2020年,葡萄酒龙头张裕A交出24年来最糟糕的成绩单。根据预告,公司预计实现归属于上市公司股东的净利润(简称净利润)为4.68亿元至5.71亿元,较上年同期出现腰斩。净利润降幅超过50%,创1997年以来之最。

张裕A被誉为红酒中的茅台,有着129年的历史,其股价曾一度力压贵州茅台,如今,却已被"甩出十万八千里"。

早在2010年,张裕A就提出百亿营收目标,但近8年来,其净利润基本处于原地踏步状态。

长江商报记者发现,张裕A的落幕,与其战略摇摆有关,也与市场环境变化有关,更与公司未能积极顺应时代潮流加以变革有关。这些因素,导致公司曾经的布局未能取得实效。

10年后,张裕A重提百亿销售目标,希望重拾辉煌,但似乎已失先机。业内人士称,中国消费者对国产红酒品质存在偏见。张裕A想要翻身,道阻且长。

净利降速创24年之最

2020年,受疫情冲击,张裕A经营业绩有些悲惨。

近日,张裕A发布2020年度业绩预告。公司预计,全年盈利约4.68亿元至5.71亿元,上年盈利11.14亿元,同比下降59%～50%。扣除非经常性损益的净利润(简称扣非净利润)预计为3.93亿元至4.96亿元,上年同期为9.04亿元,同比下降56.52%～45.15%。

长江商报记者发现,自从2011年达到业绩巅峰后,张裕A历经连续三年下滑,剔除2020年受疫情冲击因素,2013年至2020年的8年,张裕A的经营业绩基本上是原地踏步。

数据显示,2013年至2019年,公司实现的净利润分别为10.48亿元、9.8亿元、10.30亿元、9.82亿元、10.32亿元、10.43亿元、11.30亿元。扣非净利润表现得更为明显。上述同期,其实现的扣非净利润分别为10.17亿元、9.50亿元、9.93亿元、9.42亿元、9.86亿元、9.65亿元、8.92亿元。

去年以来,A股市场上,包括贵州茅台等大部分白酒股股价翻了一倍多。但作为葡萄酒龙头,张裕A似乎早已被资金抛弃。

战略飘忽不定重提百亿目标

张裕A的没落,既有市场变化的客观因素,也有自身未能顺势而为的主观因素,而战略飘忽不定更是其致命原因。

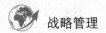

2010年张裕也曾豪情万丈，提出未来五年产能扩大至40万吨，2014年销售收入达百亿，净利润破30亿元。

但即使在2011年业绩巅峰时刻，距百亿目标也很遥远，更不谈上近几年。

长江商报记者发现，百亿销售目标提出后，张裕A多次宣示其发展战略。

2012年，张裕在120周年庆上宣布调整未来十年的公司战略：自有品牌葡萄酒、白兰地、进口葡萄酒并驾齐驱，共同拉动张裕未来十年发展。

2015年，张裕推出三大系列新品，旨在构建进口葡萄酒战略蓝图。2016年，张裕又开始战略布局大众价位、大单品葡萄酒。2019年，张裕A经历了管理层动荡。

由此可见，张裕A的战略频繁调整，这也导致先前巨量资金投入的项目被取消或被削弱，不能产生收益。

2012年，张裕A葡萄酒曾被曝出农药残留事件，又恰逢进口葡萄酒在国内市场发起争夺战，这让消费者对国产葡萄酒的品质产生偏见。

分析人士称，行业龙头张裕A原本坐拥先天优势，但未能在市场环境变化时前瞻性地布局，引领消费者习惯，以致止步不前。

对于未来，张裕A依旧乐观，称国内葡萄酒市场总体处于上升趋势。备受关注的是，2020年11月，张裕A董事长周洪江还表示，到"十四五"末主营业务销售收入超百亿。时隔10年，重提百亿目标，张裕A能顺利重拾辉煌吗？

资料来源：https://finance.sina.com.cn/stock/s/2021-02-01/doc-ikftpnny3143832.shtml.

案例思考题

张裕A为什么没有实现其战略目标？

第一节　战略控制概述

一、战略失效

（一）战略失效的概念及类型

在战略实施过程中，不容忽视的就是战略失效。战略失效，是指企业战略实施的结果偏离了预定的战略目标或战略管理的理想状态。

按照时间顺序，战略失效可分为早期失效、偶然失效和晚期失效三种类型。在战略实施初期，一方面，由于新战略还没有被全体员工理解和接受；另一方面，战略实施者对新的环境、工作还不适应，就有可能导致较高的早期失效率。晚期失效是指当战略推进一段时间之后，之前对战略环境条件的预测与现实变化发展的情况之间的差距会随着时间的推移变得越来越大，战略所依赖的基础就显得越来越糟，从而使失效率大为提高。在战略实施过程中，偶然会因为一些意想不到的因素导致战略失效，这就是偶然失效。

（二）战略失效的原因

导致战略失效的原因很多，主要有以下几点：

(1) 企业内部缺乏沟通，企业战略未能成为全体员工的共同行动目标，企业成员之间缺乏协作共事的愿望。

（2）战略实施过程中各种信息的传递和反馈受阻。

（3）战略实施所需的资源条件与现实存在的资源条件之间出现较大缺口。

（4）用人不当，主管人员、作业人员不称职或玩忽职守。

（5）公司管理者决策错误，使战略目标本身存在严重缺陷或错误。

（6）企业外部环境出现了较大变化，而现有战略一时难以适应等。

应当注意的是，一个原始战略是否有效，并不在于它是否能原封不动地运用到底，也不在于它的每个细小目标和环节是否都在实际执行中得以实现，而在于它能否成功地适应不可知的现实，在于能否根据现实情况做出相应的调整和修正，并能最终有效地运用多种资源实现既定的整体目标，这就需要进行战略控制。

二、战略控制的概念、特征及其作用

（一）战略控制的概念

战略控制主要是指在企业经营战略的实施过程中，检查企业为达到目标所进行的各项活动的进展情况，评价实施企业战略后的企业绩效，把它与既定的战略目标与绩效标准相比较，发现战略差距，分析产生偏差的原因，纠正偏差，使企业战略的实施更好地与企业当前所处的内外环境、企业目标协调一致，使企业战略得以实现。

从企业经营的层面上说，在预算的时候通常遇到控制问题。在预算费用的控制中，一年或者更短的一个期间内，使用定量方法来决定实际费用是否超过了计划支出，重点是内部经营，通常在预算期结束之后采取正确的行动。

但是战略控制通常从几年到十几年不等，并且定性和定量的方法都要采用。而且，对内部经营和外部环境都要进行评估。采用这个过程是因为正确的间歇作用对于保持企业正常运转非常重要。表10.1中总结了这些差异。

表10.1 战略控制和预算控制之间的差异

战略控制	预算控制
期间比较长，从几年到十几年以上	期间通常为一年以下
定性方法和定量方法	定量方法
重点是内部和外部	重点是内部
不断纠正行为	通常在预算期结束之后采用纠正行为

（二）战略控制的特征

1. 适宜性

判断企业战略是否适宜，首先要求这个战略具有实现公司既定的财务和其他目标的良好的前景。因此，适宜的战略应指向公司希望经营的领域，必须与公司的企业文化相协调，如果可能的话，必须建立在公司优势的基础上，或者以某种人们可能确认的方式弥补公司现有的缺陷。

2. 可行性

可行性是指公司一旦选定了战略,就必须认真考虑企业能否成功地实施,公司是否有足够的财力、人力或者其他资源、技能、技术、诀窍和组织优势,换言之,企业是否有有效实施战略的核心能力。如果在可行性上存在疑问,就需要将战略研究的范围扩大,并将能够提供所缺乏的资源或能力的其他公司或者金融机构合并等方式包括在内,通过联合发展达到可行的目的。特别是管理层必须确定实施战略要采取的初始的实际步骤。

3. 可接受性

可接受性强调的问题是:与公司利益攸关的人员,是否对推荐的战略非常满意并给予支持。一般来说,公司越大,与公司有利益关系的人员就越多。要保证得到所有的利益相关者的支持是不可能的,但是,所推荐的战略必须经过最主要的利益相关者的同意,而在战略被采纳之前,必须充分考虑其他利益相关者的反对意见。

4. 全局性

企业的整体是由局部构成的。从理论上讲,整体利益和局部利益是一致的,但在具体问题上,整体利益和局部利益可能存在着一定的不一致性。企业战略控制就是要对这些不一致性的冲突进行调节,如果把战略控制仅仅看作一种单纯的技术、管理业务工作,就不可能取得预期的控制效果。

5. 多样性和不确定性

战略具有不确定性。公司的战略只是一个方向,其目的是某一点,但其过程可能是完全没有规律、没有效率和不合理的,因此这时的战略就具有多样性。同时,虽然经营战略是明确的、稳定的及持续性的,但在实施过程中由于环境变化,必须适时地对战略进行调整和修正,因而也必须因时因地地提出具体控制措施,此之谓战略控制具有多样性和不确定性。

6. 弹性和伸缩性

战略控制中如果过度控制,频繁干预,容易引起消极反应。因而针对各种矛盾和问题,战略控制有时需要认真处理,严格控制,有时则需要适度的、弹性的控制。只要能保持与战略目标的一致性,就可以有较大的回旋余地而具有伸缩性。所以战略控制中只要能保持正确的战略方向,尽可能地减少干预实施过程中的问题,尽可能多地授权下属在自己的范围内解决问题,对小范围、低层次的问题不要在大范围、高层次上解决,反而能够取得有效的控制。

(三)战略控制的作用

(1)企业经营战略实施的控制是企业战略管理的重要环节,它能保证企业战略的有效实施。战略决策仅能决定哪些事情该做,哪些事情不该做,而战略实施的控制的好坏将直接影响企业战略决策实施的效果好坏与效率高低,因此企业战略实施的控制虽然处于战略决策的执行地位,但对战略管理是十分重要的、必不可少的。

(2)企业经营战略实施的控制能力与效率的高低又是战略决策的一个重要制约因素,它决定了企业战略行为能力的大小。企业战略实施的控制能力强,控制效率高,则企业高层管理者可以做出较为大胆的、风险较大的战略决策;若相反,则只能做出较为稳妥的战略决策。

(3)企业经营战略实施的控制与评价可为战略决策提供重要的反馈,帮助战略决策者明确决策中哪些内容是符合实际的、是正确的,哪些是不正确的、不符合实际的,这对于提高战略决策的适应性和水平具有重要作用。

(4) 企业经营战略实施的控制可以促进企业文化等企业基础建设,为战略决策奠定良好的基础。

三、战略控制的一般步骤和关键环节

(一) 战略控制的一般步骤

(1) 设定绩效标准。根据企业战略目标,结合企业内部人力、物力、财力及信息等具体条件,确定企业绩效标准,作为战略控制的参照系。

(2) 绩效监控与偏差评估。通过一定的测量方式、手段、方法,监测企业的实际绩效,并将企业的实际绩效与标准绩效对比,进行偏差分析与评估。

(3) 设计并采取纠正偏差的措施,以顺应变化着的条件,保证企业战略的圆满实施。

(4) 监控外部环境的关键因素。外部环境的关键因素是企业战略赖以存在的基础,这些外部环境的关键因素的变化意味着战略前提条件的变动,必须充分注意。

(5) 激励战略控制的执行主体,以调动其自我控制与自我评价的积极性,以保证企业战略实施的切实有效。

(二) 战略控制的关键环节

1. 战略目标的识别和分解

根据企业的使命和目标,识别各个阶段业绩的里程碑(即阶段性的经营目标),给诸如市场份额、品质、创新、客户满意等要素进行定量和定性。下面列出了"里程碑"的特征:

(1) 它是在标出关键性的成功因素之后识别出来的。

(2) 它应当是长期目标的短期步骤。

(3) 它使管理者监视行动(如是否启动了一个新项目)及其结果(例如成功启动了项目)。

设定目标的实现层次,不需要专门定量。目标必须合理准确,应该提出建议的战略和对策。竞争的基准是和竞争有关的对策。

2. 对关键性成功要素的重视

关键性成功要素对于企业的成功是至关重要的少数关键目标。例如,"必须做对的事情"。识别关键成功要素具有如下好处:

(1) 识别关键性成功要素的过程可以提醒管理层关注那些需要控制的事项,并显示出次要的事项。

(2) 传统的预算控制可能使报告的成本与标准成本存在差异。而关键性成功要素能够转化为按照相同方式定期报告的关键性业绩指标。

(3) 关键性成功要素能够保证管理层定期收到有关企业的关键信息,以指导信息系统的发展。

(4) 它们能够用于将组织的业绩进行内部对比或者与竞争对手比较。

例如,连锁餐厅的关键性成功要素包括餐厅的地点、餐点、形象及知名度、突出特性、服务水准等。

3. 企业经营业绩的衡量

衡量企业业绩是战略分析中的一个步骤。企业战略关注的是企业目标的实现,因而战略分析中很有必要考察企业的业绩,特别是长期业绩。

业绩衡量可能基于财务信息,也可能基于非财务信息。业绩衡量已经公认为企业日常经营中的一部分,以至于我们有时候忽视了它的目的。业绩衡量的主要目的有以下几点:

(1) 业绩评价是整体控制或者反馈控制系统的一部分,提供了刺激任何必要的控制行为的必要反馈。

(2) 业绩评价是与利益相关者群体沟通的重要组成部分。

(3) 业绩评价与激励政策以及业绩管理系统紧密相关。

(4) 由于管理层追求获得评价为满意的业绩,这会增加管理层的动力。

然而当考虑如何来衡量企业业绩的时候,我们会发现关于业绩的不同定义会导致结果差别相当大,而管理人员对于怎样定义业绩好坏也存在不同认识。

从多角度衡量业绩时,应当为每一个关键成功因素建立一个或多个的关键性业绩指标,以便于比较。表 10.2 列出一些常用的财务和非财务性的关键业绩指标,可以作为参考。

表 10.2 财务和非财务性的关键业绩指标

活动	关键业绩指标
市场营销	销售数量;毛利率;市场份额
生产	产能利用能力;质量标准
物流	物流设施利用能力;服务水平
顾客认同	投诉率;回购率
广告计划	到达率;影响购买意愿程度
管理信息	报告时限;信息准确度

对于战略控制来说,战略性业绩比一般的财务业绩更加重要。战略性业绩计量的特征是:

(1) 它重点关注长期的事项,对大多数企业而言可能是股东财富。

(2) 它有助于识别战略成功的动因,如企业是如何长期创造股东价值的。

(3) 它通过企业提高业绩来支持企业学习。

(4) 它提供的奖励基础是基于战略性的事项而不仅仅是某年的业绩。

战略性业绩计量必须是可计量的、有意义的、持续计量的、定期重新评估的、战略定义或者与之相关的,并且是可接受的。

4. 业绩比较与评价

在确定了衡量方法以及按照此方法计算出具体的业绩后,又该怎样评价企业的业绩呢?例如,计算出了企业在过去三年 ROE 的平均值为 10%,或者顾客满意度为 85%,那么这个结果是好还是不好呢?

高级管理层需要将业绩与其他因素比较后,才能够回答上述问题。业绩的比较方法包括:

(1) 在一个时点上的衡量结果需要与相应的值进行比较,比如过去的业绩、内部设定的目标、行业的平均水平、行业最好的水平甚至世界最好的水平。

(2) 衡量一段时间内的业绩可以使用趋势分析,结果可能是:改善的、不变的、下降的和不稳定的。衡量一段时间内的业绩也需要与相应的标准进行比较。例如,业绩从趋势上来讲可以说成是不断上升的,但仍然低于行业平均水平。

在对单个部分进行评价后,接下来要做的就是对企业总体业绩的评价。由于我们要考察的是战略业绩,因此我们感兴趣的是企业的长期业绩,从而应该考察至少三年的信息,并做出相应的趋势分析。然而不幸的是,这些单个指标的趋势常常不是一个方向的,要做出综合的评价并非易事,但是我们又必须做出综合评价。

第二节 战略控制方法

一、预算控制

预算控制是根据预算规定的收入与支出标准,来检查和监督各部门活动,以保证组织经营目标的实现,并使费用支出受到严格有效约束的过程。预算控制通过编制预算并以此为基础,执行和控制企业经营活动并在活动过程中比较预算和实际的差距及原因,然后对差异进行处理,是管理控制中运用最广泛的一种控制方法。

(一) 预算的概念及类型

预算就是财务计划。短期计划试图在长期战略计划的框架内提供一个短期目标。目标通常是用预算的形式来完成的。预算是一个多目标的活动,并在每个企业中广泛应用。常见的预算分类有以下几种:

1. 增量预算和零基预算

(1) 增量预算。这种预算是指新的预算使用以前期间的预算或者实际业绩作为基础来编制,在此基础上增加相应的内容。资源的分配是基于以前期间的资源分配情况。这种方法并没有考虑具体情况的变化。这种预算关注财务结果,而不是定量的业绩计量,并且和员工的业绩并无联系。

增量预算的优点包括:① 预算是稳定的,并且变化是循序渐进的;② 经理能够在一个稳定的基础上经营他们的部门;③ 系统相对容易操作和理解;④ 遇到类似威胁的部门能够避免冲突;⑤ 容易实现协调预算。

而增量预算的缺点在于:① 它假设经营活动以及工作方式都以相同的方式继续下去;② 不能拥有启发新观点的动力;③ 没有降低成本的动力;④ 它鼓励将预算全部用光以便明年可以保持相同的预算;⑤ 它可能过期,并且不再和经营活动的层次或者执行工作的类型有关。

(2) 零基预算。这种预算方法是指在每一个新的期间必须重新判断所有的费用。零基预算开始于"零基础",需要分析企业中每个部门的需求和成本。无论这种预算比以前的预算高还是低,都应当根据未来的需求编制预算。

零基预算通过在企业中的特定部门的试行而在预算过程中实施高层次的战略性目标。

此时应当归集成本,然后根据以前的结果和当前的预测进行计量。

零基预算的优点包括:① 能够识别和去除不充分或者过时的行动;② 能够促进更为有效的资源分配;③ 需要广泛地参与;④ 能够应对环境的变化;⑤ 鼓励管理层寻找替代方法。

而零基预算的缺点在于:① 它是一个复杂的耗费时间的过程;② 它可能强调短期利益而忽视长期目标;③ 管理团队可能缺乏必要的技能。

2. 固定预算与弹性预算

(1) 固定预算。固定预算又称静态预算,是指根据预算期内正常的、可能实现的某一业务量水平而编制的预算。固定预算的基本特征是:不考虑预算期内业务量水平可能发生的变动,而只按照预期内预定的某一业务量水平为基础确定相应的数据,并将实际结果与按预算期内某一固定的业务量水平所确定的预算数进行比较分析,据以进行业绩评价、考核。

但是,未来实际发生的业务量并非一个恒定不变的数值,如果实际发生的业务量与预算的固定业务量不同,则固定预算的控制作用会大幅度减弱。为了克服固定预算过于机械呆板和可比性差的缺点,弹性预算应运而生。

(2) 弹性预算。弹性预算又称变动预算,是指通过历史数据或实际情况的分析,给出预算因素与业务量之间的关系,以便确定在不同业务量下预算数值的方法。这种方法给了预算更大的活动空间,从而使预算更富有弹性和应变能力。

弹性预算的基本特征是:按预算期内某一相关范围内的可预见的业务量确定不同的预算额,或可按其实际业务活动水平调整其预算额。待实际业务量发生后,将实际指标与相对应的预算额进行对比,使预算执行情况的评价与考核建立在更加客观而可比的基础上,从而更好地发挥预算的控制作用。

与固定预算相比,弹性预算具有预算范围宽的优点。它能够反映预算期内可预见的多种业务量相对应的不同预算额,从而扩大了预算的适用范围,便于预算指标的调整。

3. 定期预算与滚动预算

(1) 定期预算。如前所述,日常业务预算、特种决策预算和财务预算的编制通常以一年为期,与会计年度相配合,这样的预算称为定期预算。

定期预算的优点是便于把实际数和预算数进行对比,有利于对预算的执行情况进行分析和评价,但也存在着一定的缺陷:首先,编制预算时往往对计划年度后半期的经济业务不够明确,只能提出一个大概的轮廓和笼统的数字。其次,当经营活动在预算期内发生重大变化时,由于定期预算不能随情况的变化及时调整,就会造成预算滞后过时,使之成为虚假预算。还有,定期预算在执行一段时期后,往往会使管理人员只考虑剩余期间的经济活动,从而缺乏长期打算。为了克服这些缺陷,很多企业开始使用"滚动预算"。

(2) 滚动预算。滚动预算又称永续预算或连续预算。它的基本原理是,使预算期永远保持 12 个月,每过 1 个月,立即在期末增列 1 个月的预算,逐期向后滚动,因而在任何一个时期都能使预算保持 12 个月的时间跨度。这种预算能使企业各级管理人员对未来永远保持整整 12 个月时间的考虑和规划,从而保证企业的经营管理工作能够持续稳定进行。

在基期编制滚动预算时,先按年度分季,并将其中第一季度按月划分,建立各月的明细预算数字,至于其他三季的预算则可以粗一点,只列各季总数。待第一季结束后,再将第二季度的预算按月细分,后面季度的预算以此类推。这样有利于管理人员对预算资料做经常性的分析研究,并根据执行情况加以修订。

（二）预算控制的基本步骤

预算控制包括预算编制和预算执行。实施预算控制的步骤是：编制预算、执行预算、预算差异分析、分析总结、评价和考核预算控制的绩效。

其中，预算编制是预算控制的主要方面。预算编制应采取自上而下、自下而上的方法，预算编制的一般程序如下：

（1）确定制订预算的依据。一般来说，由销售部门按预测的计划期销售数量，根据已确定的目标利润编制销售预算；生产部门根据销售部门确定的销售预算及期初、期末存货量编制生产预算和制造费用预算；采购部门根据生产预算编制直接材料采购预算；人事部门根据计划期的生产任务、配备工人等编制直接人工预算；财务部门根据各部门的预算及经济活动情况，合理安排资金、编制有关费用预算、财务预算和专门决策预算。

（2）在预测与决策分析的基础上，由预算领导小组拟定组织预算的方针、政策及组织的总目标与分目标（如利润目标、销售目标、成本目标），制订组织总预算并下发到各有关部门。

（3）层层分解、审议预算并上报。组织各生产业务部门按具体要求编制本部门预算草案，并上报预算领导小组。由预算领导小组平衡，协商调整各部门的预算草案，并进行预算的汇总分析。

（4）确定预算方案，并将审查批准后的综合预算和各部门预算下达给各级各部门执行，组织贯彻落实。

（三）预算控制的优缺点

1. 预算控制的优点

（1）它可以对组织中复杂纷繁的业务，采用一种共同标准——货币尺度来加以控制，便于对各种不同业务进行综合比较和评价。

（2）它采用的报表和制度都是早已被人们熟知的，是在会计上常用的方式。

（3）它的目标集中指向组织业务获得的效果。

（4）它有利于明确组织及其内部各单位的责任，有利于调动所有单位和个人的积极性。

2. 预算控制的缺点

（1）它有管得过细的危险。预算控制只能帮助企业控制那些可以计量的，特别是可以用货币单位计量的业务活动，而企业文化、企业形象、企业活力等则不适合用预算控制。

（2）它有管得过死的危险。企业活动的外部及内部环境是在不断变化的，这些变化会改变企业获取资源的支出或销售产品实现的收入，从而使预算变得不合时宜。因此，缺乏弹性、非常具体、特别是涉及较长时期的预算可能会过度束缚决策者的行动，使企业经营缺乏灵活性和适应性。

（3）它有让预算目标取代组织目标的危险。项目预算或部门预算不仅对有关负责人提出了希望他们实现的结果，也为他们得到这些成果而能够开支的费用规定了限度，这种规定可能使得主管们在活动中精打细算，小心翼翼地遵守，不得超过支出预算的准则，而忽视了部门活动的本来目的。

（4）它有鼓励虚报、保护落后的危险。在编制费用预算时通常会参照上期已经发生过的本项目费用，同时，主管人员也知道，在预算获得最后批准的过程中，预算申请多半是要被削减的。因此他们的费用预算申报数要多于其实际需要数，特别是对于那些难以观察、难以量化的费用项目更是如此。费用预算总是具有按现额递增的习惯,如果在预算编制过程中,没有仔细地复查相应的标准和程序,预算可能会成为低效的管理部门的保护伞,达不到对费用支出有效控制的目的要求。

总而言之,预算的实质是用统一的货币单位为企业各部门的各项活动编制计划,因此它使得企业在不同时期的活动效果和不同部门的经营绩效具有可比性,可以使管理者了解企业经营状况的变化方向和组织中的优势部门与问题部门,从而为调整企业的活动指明了方向。但如果管理者只着眼于预算目标而忽视组织的整体目标的话,预算管理则有可能偏离原来控制的目标方向,预算可能成为低效的管理部门的保护伞。

需要强调的是,作为一种传统的管理控制工具,把预算控制应用于战略控制领域还存在有些战略目标和战略业绩难以量化等难题。只有充分认识了预算控制的优缺点,理解其有效性和局限性,才能在实际战略控制工作中有效地利用预算这种控制手段,并辅之以其他控制工具。

因此,预算控制系统通常是和其他绩效管理体系相辅相成的,从而产生了基于平衡计分卡的战略控制方法。

二、基于平衡计分卡的战略控制方法

(一)平衡计分卡的基本概念

卡普兰和诺顿于 20 世纪 90 年代提出了平衡计分卡的方法。平衡计分卡(balanced score card),简称 BSC,是常见的绩效考核方式之一。平衡计分卡是从财务、客户、内部运营、学习与成长四个角度,将组织的战略落实为可操作的衡量指标和目标值的一种新型绩效管理体系。

平衡计分卡方法打破了传统的只注重财务指标的业绩管理方法。平衡计分卡认为,传统的财务会计模式只能衡量过去发生的事情(落后的结果因素),但无法评估组织前瞻性的投资(领先的驱动因素)。在工业时代,注重财务指标的管理方法还是有效的。但在信息社会里,传统的业绩管理方法并不全面,组织必须通过在客户、供应商、员工、组织流程、技术和革新等方面的投资,获得持续发展的动力。正是基于这样的认识,平衡计分卡方法认为,组织应从四个角度审视自身业绩:创新与学习、内部流程、顾客、财务。

平衡记分卡的四个维度如图 10.1 所示。

一般来说,平衡计分卡包含了以下五项平衡:

(1)财务指标和非财务指标的平衡。企业考核的一般是财务指标,而对非财务指标(客户、内部流程、学习与成长)的考核很少,即使有对非财务指标的考核,也只是定性的说明,缺乏量化的考核,缺乏系统性和全面性。

(2)企业的长期目标和短期目标的平衡。平衡计分卡是一套战略执行的管理系统,如果以系统的观点来看平衡计分卡的实施过程,则战略是输入,财务是输出。

(3)结果性指标与动因性指标之间的平衡。平衡计分卡以有效完成战略为动因,以可衡量的指标为目标管理的结果,寻求结果性指标与动因性指标之间的平衡。

(4)企业组织内部群体与外部群体的平衡。平衡计分卡中,股东与客户为外部群体,员工和内部业务流程是内部群体,平衡计分卡可以发挥在有效执行战略的过程中平衡这些群体间利益的重要性。

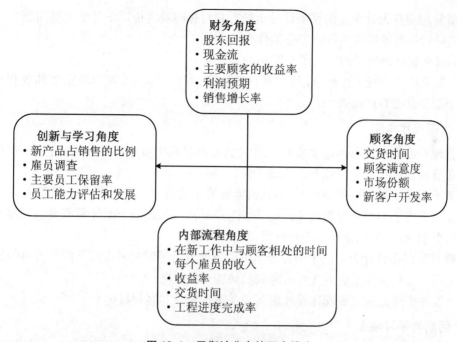

图 10.1 平衡计分卡的四个维度

（5）领先指标与滞后指标之间的平衡。财务、客户、内部流程、学习与成长这四个方面包含了领先指标和滞后指标。财务指标就是一个滞后指标，它只能反映公司上一年度发生的情况，不能告诉企业如何改善业绩和可持续发展。而对于后三项领先指标的关注，使企业达到了领先指标和滞后指标之间的平衡。

（二）对平衡记分卡四个维度的说明

1. 财务角度

平衡计分卡在财务角度中包含了股东的价值。企业需要股东提供风险资本，它也同样需要顾客购买产品和服务及需要员工生产这些产品和服务。财务角度主要关注股东对企业的看法，以及企业的财务目标。用来评估这些目标是否已达到的方法主要是考察管理层过去的行为，以及这些行为导致的财务上的结果，通常包括利润、销售增长率、投资回报率以及现金流。

2. 顾客角度

运用平衡计分卡从更广、更平衡的角度来考虑企业的战略目标和绩效考核时，一定要非常重视客户。企业的平衡计分卡最典型的客户角度通常包括：定义目标市场和扩大关键细分市场的市场份额。

客户角度的目标和指针可以包括目标市场的销售额（或市场份额）以及客户保留率、新客户开发率、客户满意度和盈利率。卡普兰和诺顿把这些称为滞后指标。他们建议经理人要明确对客户提供的价值定位。在明确价值定位的过程中，卡普兰和诺顿定义了几个与客户满意度有关的驱动指标：时间、质量、价格、可选性、客户关系和企业形象。他们把这些称为潜在的领先指标。领先指标的设定取决于企业的战略和对目标市场的价值定位。在开发平衡计分卡时，需要考虑到这些领先指标。

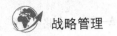

高级管理层在设计企业的平衡计分卡的客户目标时要考虑以下几个关键问题:
(1) 对目标市场提供的价值定位是什么?
(2) 哪些目标最清楚地反映了对客户的承诺?
(3) 如果成功兑现了这些承诺,在客户获取率、客户保留率、客户满意度和盈利率这几个方面会取得什么样的绩效?

3. 内部流程角度

把管理重心放在流程再造上将对促进组织改进起到十分重要的作用,运用平衡计分卡的一个重要原因就在于它对业务流程的关注。

业务流程角度包括一些驱动目标,它们能够使企业更加专注于客户的满意度,并通过开发新产品和改善客户服务来提高生产力、效率、产品周期与创新。至于重点要放在哪些方面或设定哪些目标,必须以企业战略和价值定位为依据。

高级管理层在设计企业的平衡计分卡的业务流程目标时要考虑以下两个关键问题:
(1) 要在哪些流程上表现优异才能成功实施企业战略?
(2) 要在哪些流程上表现优异才能实现关键的财务和客户目标?

4. 创新与学习角度

平衡计分卡最大的优点就是能够把创新与学习列为四个角度中的一个。多年来,知识型领导一直提倡把人力资源管理提升到企业的战略层面。卡普兰和诺顿通过平衡计分卡确定了创新与学习的战略重要性。

创新与学习角度对任何企业能否成功执行战略都起到了举足轻重的作用。平衡计分卡能否成功运用的关键就是能否把企业战略和这个角度很好地衔接起来。很多企业都对人力资源投入了很多精力,但它们没能将企业战略与组织的学习和成长衔接起来。卡普兰和诺顿在对其创立的平衡计分卡工具进行描述时,特别强调了这个问题。

高级管理层在设计企业的平衡计分卡学习和成长目标时要考虑以下几个问题:
(1) 经理(和员工)要提高哪些关键能力才能改进核心流程,达到客户和财务目标从而成功执行企业战略?
(2) 如何通过改善业务流程,提高员工团队合作、解决问题的能力以及工作主动性来提高员工的积极性和建立有效的组织文化,从而成功地执行企业战略?
(3) 应如何通过实施平衡计分卡来创造和支持组织的学习文化并加以持续运用?

企业的成长与员工和企业能力素质的提高息息相关,从长远角度来看,企业唯有不断学习与创新,才能实现长远的发展。

像所有的业绩衡量方案一样,平衡计分卡可以激励管理层的行为,使之符合企业战略的要求。由于其应用的广泛性,它可以被用来作为企业变革的修正动因。平衡计分卡强调作业的过程而不是企业的部门,它可以支持以能力为基础的战略,但这可能会给管理层造成困惑,这样就很难得到管理层的支持。平衡计分卡不仅可以应用于以营利为目的的企业,还可以应用于非营利的组织,这是因为平衡计分卡同样看重财务与非财务指标在企业实现其战略目标中的作用。

下面的例子是一家寿司店的平衡计分卡。

快乐寿司店是一家处于成长期的公司,其主要通过电话或网络订购的方式销售日本生鱼片和寿司。该公司决定采用平衡计分卡来计量来年的绩效。其平衡计分卡共包括四个方面及每个方面的首要两个计量：

(1) 财务角度：收入的增长；顾客订单的增加。

(2) 顾客角度：订单到交货所需的时间；产品新鲜度（按照食品包装处理的天数计量）。

(3) 内部业务流程角度：处理单个订单的时间；产品可得性信息更新到网站上的速度。

(4) 创新与学习角度：所提供的产品范围内不同产品的数量；送货团队覆盖的送货区域。

三、统计分析与专题报告

（一）统计分析报告

统计分析结果可以通过表格式、图形式和文章式等多种形式表现出来。文章式的主要形式是统计分析报告，是全部表现形式中最完善的一种。这种形式可以综合而灵活地运用表格、图形等形式；可以表现出表格式、图形式难以充分表现的不确定情况；可以使分析结果鲜明、生动、具体；可以进行深刻的定性分析。

统计分析报告，就是指运用统计资料和统计分析方法，以独特的表达方法和结构特点，表现所研究事物本质和规律性的一种应用文章。

统计分析报告的特点包括：

(1) 统计分析报告是以统计数据为主体。统计分析报告主要以统计数字语言来直观地反映事物之间的各种复杂的联系，以确凿的数据来说明具体时间、地点、条件下社会经济领域的成就和经验、问题与教训、各种矛盾及其解决办法。它是以统计数字为主体，用简洁的文字来分析叙述事物量的方面及其关系，并进行定量分析。

(2) 统计分析报告是以科学的指标体系和统计方法来进行分析研究说明。统计是认识社会的武器，着眼于社会经济现象总体的量的方面，并在质与量的辩证统一中进行研究。因此，统计分析报告是通过一整套科学的统计指标体系进行数量研究，进而说明事物的本质。在整个分析研究中，运用一整套科学的方法，进行灵活、具体的分析。

(3) 统计分析报告具有独特的表达方式和结构特点。统计分析报告属于应用文体，基本表达方式是叙述事实，让数字说话，在阐述中议论，在议论中分析。表现事物时，不用夸张、虚构、想象等手法，而是用较少的文字、精确的数据，言简意赅、精练准确地表达丰富的内涵。

(4) 统计分析报告在结构上的突出特点是脉络清晰、层次分明。一般是先摆数据、事实，进行各种科学的分析，进而揭示问题，亮出观点，最后有针对性地提出建议、办法和措施。统计分析报告的行文，通常是先后有序，主次分明，详略得当，联系紧密，做到统计资料与基本观点统一，结构形式与文章内容统一，数据、情况、问题和建议融为一体。

（二）专题报告

专题报告是根据企业管理人员的要求，指定专人对特定问题进行深入、细致的调查研究，形成包括现状与问题、对策与建议等有关内容的研究报告，以供决策者参考。例如，"关于房地产开发战略的研究""关于企业形象战略的研究""关于企业市场竞争力的调查报告"等。

专题报告有助于企业对具体问题进行控制，有助于企业管理人员开阔战略视野，有助于

企业内外的信息沟通。专题报告可以由企业内部自己完成；也可以用课题、项目的形式委托大学、科研院所或咨询机构的专业人员完成；可以企业为主，聘请有关专业人员参与来完成；也可以由外部专家牵头，企业有关人员参与来完成。这要视企业的具体情况而定。无论外部还是内部专业人员完成专题报告，都要有一定的投入，但这与因盲目决策而导致的战略失控所造成的损失相比要经济、划算得多。

经验证明，一份好的专题报告，不仅能揭示有关降低成本、提高市场份额或更好地运用资本的奥秘，而且对战略目标的实现、战略时空的选择、战略措施的实施都有很大的益处。

第三节 战略变革管理

企业战略变革是战略控制活动中一个非常重要也非常特殊的领域。所谓企业战略变革，是指企业为了获得可持续竞争优势，根据所处的外部环境或内部情况已经发生或预测会发生或想要使其发生的变化，结合环境、战略、组织三者之间的动态协调性原则，并涉及企业组织各要素同步支持性变化，改变企业战略内容的发起、实施、可持续化的系统性过程。

一、企业战略变革的动因

1. 外部环境的变化

包括竞争者业务的变化、消费者消费目标和方式的变化、政策和法律的变化、社会行为和态度的变化、经济发展状况的变化等。

2. 技术和工作方法方面的变化

这些变化也可能是环境变化所造成的，如新技术的出现和关于工作安全的新法规的出现。

3. 产品和服务方面的变化

这是由于消费者需求、竞争者行为、新技术的出现等所导致的。例如，一家移动电话制造商从以产品为中心转向以客户为导向时，服务方式的转变可能不会导致公司产品的变更，却可能需要对组织文化做出重大改变。

4. 管理及工作关系的变化

例如，领导风格与员工工作方式的改变，以及教育培训方式的改变等。

5. 组织结构和规模的变化

包括设立新的部门、更多的授权或集权、计划方式的改变、管理信息的提供和控制的执行等。

6. 并购带来的变化

未来的管理层希望改善现有结构并将公司整合到新的母公司结构和体系中。这将包括名称和标志的变化，也包括组织结构、企业文化、员工数量和管理体系等更深刻的变化。

二、企业战略变革的类型

（一）按战略变革的时间选择来分

一般来说，战略变革时机有三种选择，有远见的企业应该选择第一种，这样能避免因过迟变革而付出代价。

1. 提前性变革

这是一种正确的变革时机选择。在这种情况下，管理者能及时地预测到未来的危机，提前进行必要的战略变革。国内外的企业战略管理实践证明，及时地进行提前性战略变革的企业是最具有生命力的企业。

2. 反应性变革

在这种情况下，企业已经存在有形的可感觉到的危机，并且已经为过迟变革付出了一定的代价。

3. 危机性变革

如果企业已经存在根本性的危机，再不进行战略变革，企业将面临倒闭和破产。因此，危机性变革是一种被迫的变革，企业往往付出较大的代价才能取得变革的成效。例如，Windows 操作系统的出现打破了某家计算机制造商对图形界面的控制，并出现了数种互不兼容的操作系统大战。因此，计算机制造商要重新协调战略、组织结构、走出单一产品的经营模式，销售范围更广的产品，才能让公司能够摆脱倒闭厄运，这是一种危机性变革。

信息是管理者认识变革力量大小的根据。财务报告、质量控制数据、预算和标准成本信息是主要的内容。这些数据可以显示外部和内部力量的变化状况。利润率下降、市场份额下降明显地表明企业竞争力量减弱和需要进行战略变革的迹象。遗憾的是，在许多企业里，直到发生了大规模的危机才会认识到战略变革的重要性。

（二）按战略变革的紧迫程度来分

1. 渐进性变革

渐进的变化是一系列持续、稳步前进的变化过程，使企业能够保持平稳、正常运转。渐进的变化往往在某些时间段，影响企业体系当中的某些部分。渐进性变革的一般过程如图 10.2 所示。

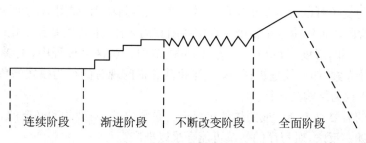

图 10.2　渐进性变革的四个阶段

2. 革命性变革

革命性的变革是全面性的变化过程，使企业整个体系发生改变，一般在企业生命周期中不常发生。

（三）按企业战略变革涉及的领域来分

1. 技术变革

技术变革往往涉及企业的生产过程，包括开发使之有能力与竞争对手抗衡的知识和技能。技术变革涉及工作方法、设备和工作流程等生产产品和服务技术。

2. 产品和服务变革

此是指企业的产出变革，包括开发新产品或改进现有产品。

3. 结构和体系的变革

此是指企业运作的管理方法的变革，包括结构变化、政策变化和控制系统变化。

4. 人员变革

此是指企业员工价值观、工作态度、技能和行为方式的转变，目的是确保职工努力工作完成企业目标。

（四）按企业管理层对待变革的态度来分

按企业管理层对待变革的态度，企业战略变革可以分为积极主动和消极被动两种。积极主动管理的重要性在于它适用于企业变革发生在受到事件的影响之前，事实上，可能是由于预测过程和对期望发展的反映所导致的。企业在变革中不采取积极主动的姿态可能是因为发现自己处于被迫的地位，被迫变革是充满了风险的。

变革的需要会影响企业的各个方面。创造新产品或新服务是一种明显的变革，因为它们在发展的过程中被创造和传递出来。然而，变革也可以发生在支持活动及价值链中的必要环节，因为这些领域可以开发出核心竞争力。不可避免的是，在这些模糊领域中，人类的行为是至关重要的。因此，变革管理是最为重要也最为困难。

三、战略变革过程

（一）变革的三个阶段

人类行为的变革可以分为三个阶段：解体、变革、重新巩固，如图 10.3 所示。

（1）解体阶段。解体阶段是整个过程中最困难的阶段，主要关系到变化的推广，促使个人或团体改变他们的态度、价值观、行为、体系或结构。在这个过程中，主要有以下四项要求：① 有一个导火索，如一场危机；② 有人来挑战和揭露现有的行为模式的负面影响；③ 外部人的介入；④ 权力结构的轮换。

如果变革的需要对于个人或团体的生存而言是紧迫的、明确的和必要的，将大大加快旧行为模式的解体。反之，对程序的变革可能会难以推广。

（2）变革阶段。鼓励个人和团体把新的创意体现在工作中。

（3）重新巩固阶段。这是最后的阶段，即巩固或加固新的行为。可以使用积极的加固，如赞美及奖励，或消极的加固，即对于偏离进行制裁。

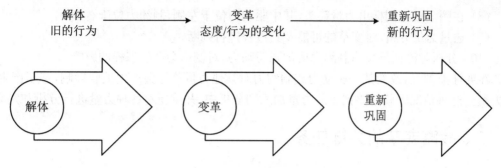

图 10.3 变革过程三步法

例如,一家售卖嫁女饼的老字号,一直以来都是以传统的方式运作。最近,这家老字号的接班人方先生希望扩张饼铺,由一家主店经营模式转型为连锁店的经营方式,利用企业化的管理、主动销售的政策去争取最大的生意额。但是,方先生担心这次改革会遇到阻力,特别是来自几个创业元老的阻力。为此,方先生应在变革中调整管理人员的行为:

① 解体阶段——执行 PEST 分析,以确定来自外部环境的各种威胁的本质,比如可能威胁公司未来业绩的市场竞争。应向创业元老强调这些问题及其后果,并就公司在不实施变革的情况下的市场表现预测与之进行沟通。

② 变革阶段——需要引入新的工作做法。某些程序可能需要重新设计,需要对所有老员工以及新入职员工开展培训。应当努力改变组织文化,并建立强大的销售团队。

③ 重新巩固阶段——变革过程中应尽可能确保计划之中的变革成为规范。应制定奖励制度,比如销售佣金制度,以促进变革的成功。应开展继续教育,定期为员工提供培训或召开会议以提高他们的销售技巧。

(二)力场分析法

这一方法是库尔特·勒温(Kurt Lewin)首先提出来的。他对群体动力学以及行动研究法做出了杰出贡献,被认为是现代心理学的奠基人之一。然而,勒温最著名之处还是他的力场分析法以及力场分析图。根据勒温的研究,任何事物都处在一对相反作用力之下,且处于平衡状态,其中推动事物发生变革的力量是驱动力,试图保持原状的力量是制约力。

勒温视组织为一动态系统(而非静止),这一系统同样处在二力作用的动态平衡之中。为了发生变革,驱动力必须超过制约力,从而打破平衡。力场分析法适用于不同层次的变革力量分析,如个人、项目、组织、网络等,能够帮助识别出促进或阻碍变革的各种力量。运用力场分析法实现企业战略变革的步骤如下:

(1)描述当前状态。
(2)描述期望状态。
(3)辨认如果不采取任何行动的后果。
(4)列出朝向期望状态发展的所有驱动力。
(5)列出朝向期望状态发展的所有制约力。
(6)对所有力量逐一进行讨论与研究:它们是否真实有效?它们能否被改变?它们中的哪些是最为关键的?
(7)用 1~10 之间的数字对每种力量的强度进行打分,其中 1 代表力量最弱,10 代表力量最强。

(8) 在图上按比例标出力量箭头,其中驱动力位于左侧,制约力位于右侧。

(9) 通过力量分析,对变革的可能及其过程进行判断。

(10) 分析讨论如果减弱制约力或加强驱动力,对变革会产生怎样的影响。

需要注意的是,改变某一驱动力或制约力对其他力量可能会产生关联影响,甚至产生新的力量。这种情况下就需要把新的力量加入到分析中,并重新对各种力量进行分析和判断。

三、战略变革的关键任务

(一) 调整企业理念

企业战略变革首选的理念是得到社会普遍认同的,体现企业自身个性特征的,促使并保持企业正常运作以及长足发展而构建的反映整个企业经营意识的价值体系。它是企业统一化的可突出本企业与其他企业差异性的识别标志,包含企业使命、经营思想和行为准则三部分。

调整企业理念,首先要确定企业使命,即企业应该依据怎样的使命开展各种经营活动,它是企业行动的原动力;其次要确立经营思想,指导企业经营活动的观念、态度和思想,给人以不同的企业形象;最后要靠行为准则约束和要求员工,使他们在企业经营活动中必须奉行一系列行为准则和规则。调整企业理念要给企业全新定位,这是一种企业适应社会经济发展的变革,只有在这种不断地演化、渐进变革中,才能够构建新的企业战略,企业才能重生,才能得到发展和壮大。在重新调整企业理念时,首先与行业特征相吻合,其次在充分挖掘原有企业理念的基础上赋予其时代特色,最后就是企业理念和竞争对手有所区别。

(二) 企业战略重新进行定位

如何实施战略定位是战略变革的重要内容,根据迈克尔·波特的观点,帮助企业获得竞争优势而进行的战略定位,实际上就是在价值链配置系统中从产品范围、市场范围和企业价值系统范围三方面进行定位的选择过程。

首先是产品的重新定位,对于明星产品,由于企业竞争力和市场吸引力强,也是高速成长的市场领先者,对其要多投资,促进发展,扩大市场份额;对于"现金牛"产品,由于具有规模经济和高利润优势,但有风险,对其维持市场份额,尽可能多地获取市场利润;对于问题产品,虽然产品市场吸引力强,但由于要加大投资,因此主要考虑在尽可能短的时间内收回成本;对于"瘦狗"产品,企业的对策就是尽快地售出剩余产品然后转产。

对于市场和企业价值系统的重新定位,由于企业作为一个独立的组织,其竞争优势来源于研发、生产、营销和服务等过程,来源于企业的价值链配置系统,就是这个系统在市场与企业之间不断地传递有关价格、质量、创新和价值的信息,从而为企业营造和保持新的竞争优势。

(三) 重新设计企业的组织结构

在进行组织结构设计时,要围绕战略目标实现的路径来确定不同层级的管理跨距,适当的管理跨距并没有一定的法则,一般是 3~15 人。在进行界定时,可以依据管理层级的不同、人员的素质、沟通的渠道、职务的内容以及企业文化等因素。在设计组织结构时,还要充分考虑企业各部门顺利完成各自目标的可能性,以及在此基础上的合作协调性、各自分工的平衡性、权责明确性、企业指挥的统一性、企业应变的弹性、企业成长的稳定性和效率性、企业的持续成长性。通过重新设计企业的组织结构,厘清各部门的管理职责,改变指挥混乱和权责不对等的现象,从而提高管理效率。

四、战略变革的实现

(一) 变革模式的支持者

变革模式的支持者认为个人或团体领导的变革很重要。这个过程分为:

第一步,高级管理层是变革的战略家并决定应该做什么。需要极力拥护战略高端的变革。而这只有在高级管理层认为需要变革的时候才会发生。这个角色需要对将要进行的变革有一个清晰的了解。

第二步,指定一个代理人来掌握变革。高级管理层通常有三种作用:① 如果变革激化了代理人和企业中的利益团体之间的矛盾,高级管理层应当支持代理人;② 审议和监控变革的进程;③ 签署和批准变革,并保证将它们公开。

第三步,变革代理人必须赢得关键部门管理人员的支持,因为变革需要后者在他们的部门中介绍和执行这些变革。变革的支持者应当提供建议和信息,以及不再接受旧模式的证据。

第四步,变革代理人应督促各管理人员立即行动起来,并给予后者必要的支持。部门管理人员应保证变革在其管理的领域有效地执行。如果变革涉及对客户服务方式的变化,每名责任人员都应当确保变革程序是有效的。

应该认识到,成功的变革不仅仅来自上述内容。中级和低级的管理人员是变革的接受者,是由他们来执行新的方法。然而,他们本身也是变革代理人,有着各自的责任领域。他们必须保证某个部分的变革过程的成功实施。

(二) 变革的障碍

变革可能会对人们的境遇甚至下列领域的健康产生重要的影响:

(1) 生理变化。这是由工作模式、工作地点的变化造成的。

(2) 环境变化。住新房子、建立新的关系、按照新的规则工作,这种新规则包括学习新的工作方式等。

(3) 心理变化:

① 迷失方向,例如,当变革涉及设定一种新的角色或者新的关系时。

② 不确定性可能导致无安全感,尤其是变革涉及工作或者快速的环境适应性,一个短期学习曲线可能导致感觉能力有限。

③ 无力。如果观察到外力或者代理反对个人是无力的,变革就会受到威胁。

基于上述的不同因素,变革会面临如下障碍:

(1) 文化障碍。结构惯性是企业确保一贯性和质量的累积效果。这些都是变革的障碍。例如,系统程序选出某些人,晋升程序有规则地奖励某些人。当变革和团队或部门的规范不一致时,或使某些专业人士或技术团队的技能和专业能力弱化甚至冗余时,团体惯性就可能阻碍变革。

(2) 私人障碍。除了文化障碍之外,也有一些影响个人的障碍,导致他们认为变革是一种威胁。

① 习惯,因为工作的习惯是很难改变的,新的不熟悉的工作方式通常让人感觉不舒服。安全也不可避免地受到威胁。

② 变革对个人收入的影响可能相当大。

③ 对于未知的恐惧降低了人们学习新技能和程序的意愿和兴趣,因为他们可能缺乏自信去迎接新的挑战。

④ 选择性的信息处理导致员工去选择应当听什么和忽略什么来判断他们的处境,从而忽略管理层对于变革的要求。

下面例子是一个变革分析的应用。

某铝业公司最近刚刚任命的首席执行官决心对公司实施变革以提高竞争力。他认为目前公司的经营业绩是低于可接受的水平的。他指出,公司正面临成本太高、生产率又太低的问题。市场上对铝的需求在不断增长,特别是在出口市场上。该首席执行官还认为,公司应当利用这一有利环境。为此,他认为应当对公司的工作条件实施变革。而且,要想从交易中获取利润,还需要降低某些拟出口市场的进口关税。代表该公司工人的工会得到工人拥护,并已向工人承诺将保护他们的工资水平和工作条件不受影响。

在上述情形中,该铝业公司中支持变革的力量和阻力的来源概括如下:

(1) 支持变革的力量:① 外部:出口需求大,国内需求则比较平稳;② 内部:强有力的新首席执行官、经营业绩不佳、成本高、生产率低。

(2) 变革阻力:① 外部:某些出口市场的进口关税过高;② 内部:长期任职的管理人员安于现状以及工会表现出保护工人的态度。

(三) 克服变革的阻力

在处理变革的阻力时,管理层应当考虑变革的三个方面:变革的节奏、变革的管理方式和变革的范围。

1. 变革的节奏

变革越是循序渐进,就越有更多的时间来提出问题,提供保证并进行管制。如果得到个人的关注和支持,将降低对于变革的计划和立即实施阶段的阻力。但是,如果这种变革是激进的就会导致一种撤退反应,从而被看作一种威胁,并可能在变革被合并后表现出来,如怨恨感增强。

2. 变革的管理方式

变革的管理方式非常重要,必须具备良好的氛围、明确需求、平息恐惧,如果可能的话,应当积极鼓励个人接受这些变革。

鼓励冲突领域的对话是有效控制抵制的方法,这可以促进有用的观点和接受良好的变革程序。压制抵制只能将抵制转为地下,变成谣言并转化为敌对状态。

此外,通知员工也不容忽视。管理层应告知员工变革的原因、变革的预期结果和可能的后果。这些信息应当是合理的、明确的、一贯的和现实的,不能发布错误的信息。在变革过程中,要让员工确信他们的态度和行为需要变革。必须克服员工的反对态度,甚至可以让员工积极支持变革。如果有关员工认为存在一个真实的问题,将会对企业和他们自身产生威胁,那么解决方案应当是合理的,并且能够保证他们具有学习能力和实施计划的能力和资源。甚至有可能通过注入竞争因素或者单独提供奖励和激励来强调挑战和机遇,让人们感到兴奋。

面对变革,管理层为员工提供针对新技能和系统应用的学习课程可减少他们对变革的抵制情绪。这是因为只有很少数人能够真正从宏观角度看待变革。

最后,鼓励个人参与。因为咨询或参与的程度有可能依赖于管理层对于竞争和工作动力的可信度的态度。

3. 变革的范围

应当认真审阅变革的范围。大转变会带来巨大的不安全感和较多的刺激。可以考虑隐藏的变化,例如,技术的改变可能需要改变工作方式,反之可能导致工作团体的破裂。管理层必须了解其员工的各个方面,从而了解变革可能面临的抵制因素。

课后案例

美的的战略执行能力为什么这么强?

一、美的的战略:先把内部的管理能力、经营能力搞清楚

1. 战略本身就是一个动态的过程

美的的品类居于行业前列,看起来是多元化的战略了。相比之下,很多的家电企业,至少放到中国来看,"多元化"并不成功,有一个产品做得很好,但是要做别的产品就很难做成。这是一个很有意思也值得研究的现象。

做企业经常会去思考的一个问题,就是"多元化战略"还是"专业化战略"?我认为,从企业经营的角度说,不存在"多元化战略"和"专业化战略"之分,或者说这不是上升到战略层面的界定。从专家的角度可能需要进行辨识、分解,但我觉得这只是一种理论上的理解而已。企业的经营其实很难分清楚专业化还是多元化。

中国企业确实是非常喜欢谈战略,国外企业好像没有声势浩大讲战略的。我看到很多公司做的战略,不论是内部人做的还是外部专家做的,都非常详尽,几乎完美。但是中国企业的战略执行的效果,都是比较弱的。问题出在哪?是战略规划做得不好吗?关键在于,战略本身就是一个动态的过程,不是说做出100亿元、200亿元的战略规划书,把路径都设计好,战略就能够自然实现的。

2. 从战略到执行,核心的要素是经营能力

很多企业之所以强调专业化,是因为它多元化的能力不强!那些经营能力强的,都不会说什么多元化、专业化,早就干起来了。这不是一个外向的战略选择问题这么简单,而是企业内生的能力、资源匹配以及抓住市场机会的问题。我们在做战略的过程当中,在做战略沟通、规划的时候,不要简单地去探讨多元还是专业,要先把内部的管理能力、经营能力搞清楚。没有这样的能力,什么样的战略都是空架子。

我们可以思考一下,对很多企业来讲,对行业的判断一定会出现巨大的偏差吗?或者说真的有什么机会,只有一两个人看到而其他的人都没有看到吗?更何况很多优秀的企业,一开始几乎都是跟随者,没有靠什么原创的独有的东西干起来的。

就像家电行业,经常有人会说,美的之所以成功,是因为房地产的黄金20年,给了家电行业巨大的机会。但是反过来讲,房地产的黄金20年给家电带来机会,我相信只要在家电行业里的,恐怕没有一个老板不会认识到。大家不会看不到这个趋势,也绝对不会在这个趋势面前无动于衷。

那为什么这个黄金20年对美的、格力来说是黄金20年,但是对更多的高达80%以上的

中国家电企业,却是灾难性的20年、消失了的20年呢?核心还是经营能力的问题。这也是从战略到执行的最核心的要素。

3. 经营能力是有数据可衡量的

那么,到底什么是经营能力?怎么去评价和衡量这个经营能力?企业做大了就是有经营能力吗?赚钱了就叫有经营能力吗?销售好就叫有经营能力吗?我认为不是。以下是我对如何去衡量、如何去评价经营能力的思考。

第一,这一定是数学题,一定是用数字去检测的。就像评价一个人是否健康,一定是拿数据说话。

第二,一定要看"里子",不只看"面子"。这个面子就是指销售收入等面上的指标。很多知名的企业、品牌,一次事件就倒下了,是完全正常的。比如曾经的"三株",因为一个危机事件而倒下,尽管最后证实是冤枉了三株,好像三株的老板很冤、运气太差。实际上真的不冤,为什么?因为你本身做的东西就不是那么正道,抗风险能力又不强。在家电行业更是如此了,有很多这样的案例。

第三,既要看效益,更要看效率。效益就是指销售、利润,包括现金流。最近很多人关注现金流,但有现金流就足够了吗?如果你没有创造现金流的能力,那你积累的现金流迟早是撑不下去的。

所谓效率,是评价企业能力的动态指标。企业经营能力,或者说组织能力,是有这些指标的。说实话,很多企业搞组织能力建设,都是从某个职能部门、从理想化的角度去看的,搞了很多概念、做了很多方案、写了很多书、做了很多模型,但是对企业提高组织能力可能没什么用处,因为摸不着边。

我理解的组织能力是什么呢?可以通过效率指标来看,它可以体现出组织能力的高下。举例来看,什么叫组织能力变得越来越强?一定是有一些指标可以衡量的,比如企业的人均销售越来越高、人均利润越来越高、库存周转越来越快、现金周期越来越短、投入产出比越来越高,等等。而且这个"越来越"是两个维度:第一个是跟自己比,今年比去年好,这个数据在变好;第二个跟同行比,不断在优化。这样才代表你的组织能力上去了。

二、美的战略转型中的"数字密码"

1. 优化与企业的效率有关的指标

美的2011年与2016年的数据是我经常用的一组数据,也是美的在经营管理中一直不断改善与提升的。我们进行了详细分析,这五年间,美的其实在经营上也遇到了一些问题,所以整个五年销售增长才19%。美的以前每年增长都不会低于这个数,这个速度是美的史上从未有过的。

但是在这些数据里面可以看到,除了营业收入这个数据不理想之外,其余我认为都是跟企业的效率有关的这些指标,全部都在优化。营业成本的增长是6.6%,远远低于收入的增长,因为成本控制住了,还有净利润翻倍、人均销售增长近1.5倍,在人员数量方面,原来是19.6万人做1340亿元的规模,现在10万人做1590亿元的规模。周转率等指标,也说明整个企业的经营效率在不断增强。

2. 全面预算管理:上接战略、下接绩效

当时,美的转型确定了三个主轴——"产品领先、效率驱动、全球运营"。这些在2010年甚至更早时就一直在做,其中的重点就是效率驱动。从相关数据中可以看到,美的整个经营效率在大幅度提高。当然,经营效率提高是一个系统工程,比如减少产品的型号、增加自动化投入、控制固定资产投资、提升固定资产的投入产出比,又如提高制造效率、缩短现金周期、压缩管理层级等。通过这一系列的动作,才使美的转型成功。

(1) 财务逻辑是企业经营的基本逻辑。但转型过程中有个非常重要的抓手,就是全面预算管理。没有全面预算管理,是没办法把战略转型的动作落实到位的。经营预算的内涵与价值,就在于上接战略、下接绩效。通过预算,才能把这一项项动作细化、解码,相关的部门才能一项项去承接、去落实,管理部门也才能去检查。这样一个转型,涉及很多方面,要做详细的测算,绝对不是董事长或者高管们说一说、喊一喊、提一提、逼一逼,就能干得成的。

(2) 通过预算来规划利润。利润也是可以规划出来的,按照逻辑、方向去做就有可能得到正常的结果。比如,现在利润率是5%,五年之后希望做到10%,那就必须要去分析利润的结构,然后再看哪里能够给利润带来改善空间:通过产品结构的优化可以提高毛利率,能影响净利润1.8%;通过制造效率提高,可以提高1.4%……

这里有两个维度:一个是数字结构层面,通过做这些管理动作,才能提高5%;第二个是时间维度,绝对不是说一年时间我对产品结构进行优化,就能够直接贡献1.8%的增长率,第二年对制造效率进行提升,再贡献1.4%的增长率,而是这些动作都要做,明年产品结构优化,提升0.2%的效益增长率;后年再继续优化,提升0.3%的效益增长率;管理费用下降贡献0.1%的效益增长率,再持续优化。它绝不是立竿见影一年两年就能改善,而是一系列动作坚持的结果。

(3) 经营分析会:验证和调整预算。美的转型,预算是重要的手段和工具,都是通过预算去进行测算和验证。当然,绝对不是预算一出来,就可以了,还要通过经营分析(主要是经营分析会)来不断检查分析。预算是拆到每个月的,每个月再开经营分析会,针对性分析当时的预算是不是得到了有效的执行?偏差在哪里?为什么有偏差?为什么有的完成了,有的没完成?问题出在哪里?这是一定要搞清楚的,然后就一项项针对性来改善。管理就是这样进步的,经营能力就是这样一点点积累起来的。

美的这些预算指标是分解到月的,美的需要关注的重点指标每个月都会有,比如各种费用率、库存、现金周期、毛利率等,而且要一层一层提供,像库存,事业部层面要有数据,工厂层面要有数据,工厂库存还分型号,渠道的库存也要有数据。那么美的这么大的公司,怎么样解决库存的问题?可能每一个产品、每一个型号,每一个核算单位的库存,都能算得清清楚楚,每一个市场的情况都算得清清楚楚。通过这样一个体系,每个月都能够看到,我们当时制定的战略计划、转型的措施,有没有在做?有没有效果?要不要调整?整个美的就是一个逻辑化、数字化的决策体系,都是看数据去找问题、做分析、拍板决策的。从另外一个角度看,美的培养人也变得非常容易,就是在这样一种数据导向的经营框架下,通过这种方式,周而复始地计划、预算、分析、总结,只要这个人不蠢、不懒,就能够在这个体系下有效地成长起来。

3. 预算管控和考核兑现的双管齐下

经过预算的逻辑验证、经营分析的过程管理之后,要落实到考核上。以这个转型的三大主轴为例,不能只喊口号,一定要有一些指标来说明。

比如说什么叫产品领先?或者说评价产品领先的维度有哪些?我们就列了这三个(当然有一些不同的事业部会有所区别):市场占有率得上去,高端产品的占比也要上去,研发投入占比要达到一定的规模,做到这些,才叫产品领先。效率驱动也是如此,现金周期要缩短、期间费用率要下降、单个SKU产出要提升,这些都是效率的核心指标。这样一来,就把大的战略举措拆细成各种指标,然后进行测算、进行分解,最后要明确到部门与责任人,进行考核。

我把它称为预算管控和考核兑现的双管齐下。用公司创始人在20年前的原话讲,预算出来了,经营的重点就出来了,风险点、价值点也出来了,同时对管理人员、对经营单位的考核指标也出来了。

三、美的从战略到执行的"5311"法则

1. "5311"——从战略到执行的有效滚动

基于以上,我把美的从战略到执行的过程总结为"5311":

"5"是五年规划,美的每个五年都会做一个规划。

"3"是三年滚动规划,就是每一年都做下一个三年的规划。五年规划一般比较远,很难保证企业一定能够按照预想的在做,所以用三年滚动规划来衔接。这个滚动规划是基于五年战略规划的大方向,同时也会结合当年的经营情况来做调整。

第一个"1"是一个年度的经营计划和全面预算。

第二个"1"是分解到每个月度的经营预算和月度的经营分析会。

通过"5311",不断地把从战略到执行整个系统有效地滚动起来。远近结合,细致简化,反复验证,可调可控。形象地说,相当于把一个5年的规划,变成了60个月的计划。而且这个计划,不是那种重点工作计划,不是工作表格,而是一个预算,每个月都有详细数据与逻辑。这样就更加有效地去管控一个比较长期的目标。

2. 用财务语言解码战略和业务过程

这里面非常关键的就是要用好财务管理工具,用好预算管理这个"抓手"。这些战略规划要用财务的逻辑进行解码、编码。没有预算管理,从战略到执行,我觉得就是碰运气,经营能力更没办法提高。

很多企业评价它的战略执行能力、经营能力,就看它的财务管理。如果没有预算管理,没有清晰的核算,开不好经营分析会,没有与此对应的绩效考核的话,可能它很多经营管理都是"假动作"。就是说企业还是在靠要素资源禀赋,或者说靠老板能力,靠高管团队的个人能力,或者靠资本门槛,总之绝对不能说明这个公司是有组织能力的、是有经营能力的。一个企业不能有效地使用财务管理工具推进经营效率改善的话,是不可能提升得了组织能力的。

四、美的从战略到执行的五个环节

总结美的的经营实践,从战略到执行就是五个环节:

第一,是要确定战略目标。

第二,是要细化到年度的经营计划。

第三,要根据年度经营计划去做全面预算。预算就是两个方面,一是对战略、计划进行解码,二是相当于提前一年把财务报表做出来,不断按照这个逻辑去做,预算的准确性也会越来越高,经营就变得越来越可控。

第四,是经营分析,主要是以月度经营分析会为主。

第五,是考核评价。

这五个环节形成了从战略到执行的闭环。我认为,一个企业要真正由战略到执行,也是这五个环节,缺一不可。

资料来源:https://www.sohu.com/a/382465703_479829.

案例分析题

1. 美的战略控制的方法有哪些?
2. 你认为美的如果要进行战略变革的话,方向是什么?

◆**本章思考题**

1. 战略失效的原因有哪些,你还能想出更多的原因吗?
2. 平衡记分卡方法有哪些优点?
3. 人们为什么会抵制变革?应如何应对?

参 考 文 献

[1] 中国注册会计师协会. 公司战略与风险管理[M]. 北京：经济科学出版社，2020.
[2] 迈克尔·波特. 竞争战略[M]. 陈丽芳，译. 北京：中信出版社，2014.
[3] 钱·金，勒妮·莫博涅. 蓝海战略[M]. 吉宓，译. 北京：商务印书馆，2005.
[4] 马浩. 战略管理学精要[M]. 2版. 北京：北京大学出版社，2015.
[5] 赵自强，等. 战略管理与风险控制案例教程[M]. 北京：北京大学出版社，2018.
[6] 苗丽. 战略管理[M]. 大连：东北财经大学出版社，2019.
[7] 朱伟民，李玉辉，朱树海，等. 战略管理[M]. 大连：东北财经大学出版社，2017.
[8] 杨锡怀，王江. 企业战略管理[M]. 北京：高等教育出版社，2016.
[9] 孙惠，张洪涛. 企业战略管理[M]. 西安：西北工业大学出版社，2017.
[10] 斯蒂芬·罗宾斯，玛丽·库尔特. 管理学[M]. 刘刚，等译. 北京：中国人民大学出版社，2017.
[11] 周三多，陈传明，刘子馨，等. 管理学：原理与方法[M]. 7版. 上海：复旦大学出版社，2018.
[12] 揭筱纹. 企业战略管理[M]. 北京：高等教育出版社，2016.